DAS GROSSE BUCH DER
DINOSAURIER

paletti

paletti

Paletti ist ein Imprint des Karl Müller Verlages –
Silag Media AG, Liebigstr. 1-9, 40764 Langenfeld

Englische Originalausgabe
Dinosaur Encyclopedia
Copyright © 2009 Eisbär Verlag

Deutsche Erstausgabe
Übertragung ins Deutsche: Dr. Martin Baehr, München
Herstellung der deutschen Ausgabe: Maasburg GmbH, München

ISBN: 978-3-940984-29-6

Druck und Herstellung in China

Inhalt

Im Text sind manche Begriffe mit **fetter Schrift** markiert. Mehr Information zu diesen Begriffen ist im Glossar zu finden.

Zeittafel der Dinosaurier

Gewaltige vulkanische Eruptionen führen zum Aussterben von 90 % der Meerestiere und 70 % der Landtiere!

Die ersten Dinosaurier. Die meisten sind kleine, unter 6 m lange, schnelle Zweibeiner. Zur gleichen Zeit entstehen die ersten Meeresreptilien wie die Ichthyosaurier und Plesiosaurier.

Dinosaurier dominieren. Die ersten Säugetiere.

Mesozoikum

248 Mio. – 65 Mio.

Trias	**Jura**
248 Mio. – 206 Mio.	**206 Mio. – 144 Mio.**

Sauropsiden wie die Archosaurier sind häufig. Die ersten Cynodontier entstehen.

Eoraptor
Coelophysis

Megalosaurus

Apatosaurus
Centrosaurus
Seismosaurus
Allosaurus

Compsognathus
Diplodocus
Brachiosaurus

Stegosaurus

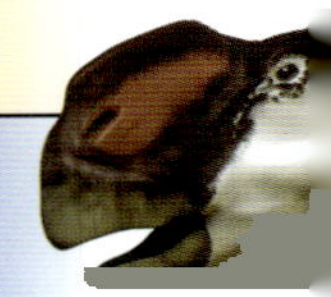

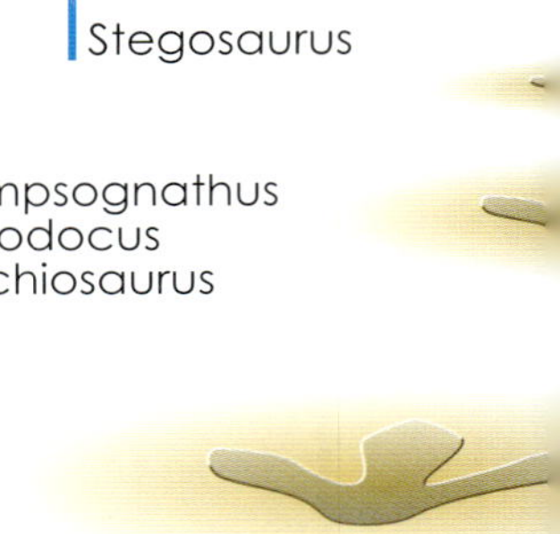

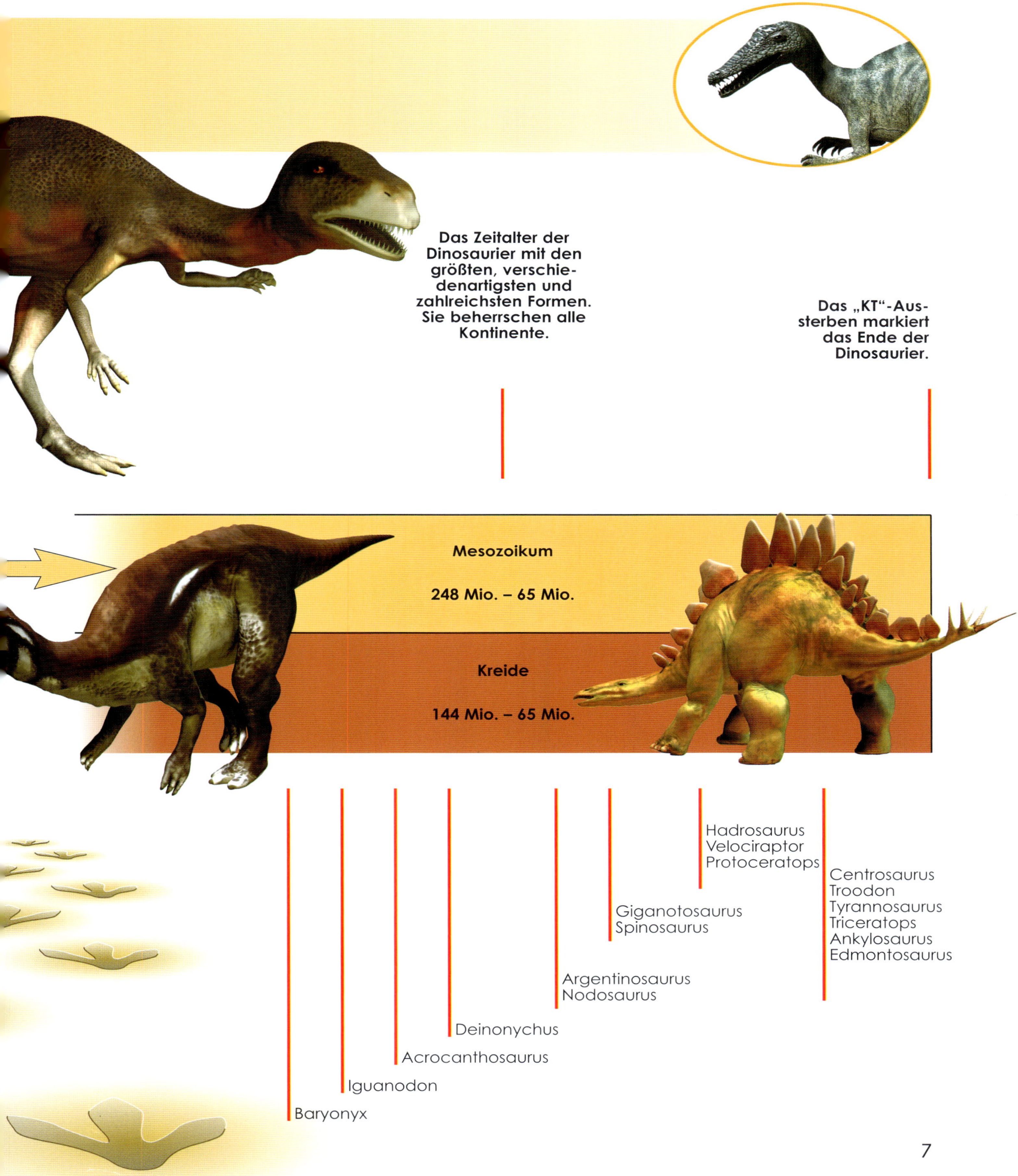
Das Zeitalter der Dinosaurier mit den größten, verschiedenartigsten und zahlreichsten Formen. Sie beherrschen alle Kontinente.
Das „KT"-Aussterben markiert das Ende der Dinosaurier.
Mesozoikum
248 Mio. – 65 Mio.
Kreide
144 Mio. – 65 Mio.
Baryonyx
Iguanodon
Acrocanthosaurus
Deinonychus
Argentinosaurus
Nodosaurus
Giganotosaurus
Spinosaurus
Hadrosaurus
Velociraptor
Protoceratops
Centrosaurus
Troodon
Tyrannosaurus
Triceratops
Ankylosaurus
Edmontosaurus

Gesamte Zeittafel

Entstehung der Ozeane und der Atmosphäre. Das erste Leben in den Ozeanen.

Trilobiten dominieren im Meer. Noch kein Leben an Land.

Die ersten Landpflanzen.

Insekten sind häufig. Die ersten Reptilien. Farne und altertümliche Bäume bedecken das Land.

Gewaltige vulkanische Eruptionen führen zum Aussterben von 90 % der Meerestiere und 70 % der Landtiere.

Präkambrium vor 4,5 – 3,9 Mrd. Jahren			**Paläozoikum vor 540 Mio. – 248 Mio. Jahren**					
Hadaikum	**Archaikum**	**Proterozoic**	**Kambrium**	**Ordovizium**	**Silur**	**Devon**	**Karbon**	**Perm**

Entstehung der Erde!

Marine Pflanzen beginnen mit der Photosynthese.

Die ersten Fische.

Fische sind in den Ozeanen häufig. Die ersten Landtiere sind Spinnen und Milben. Die ersten Amphibien. Entstehung der ersten Wälder.

Synapsiden wie Dimetrodon und Amphibien wie Eryops sind die dominanten Landtiere.

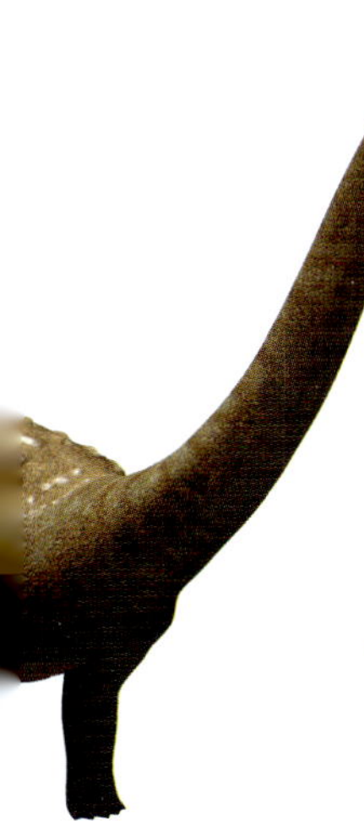

Dinosaurier dominieren. Die ersten Säugetiere.

„KT"-Aussterben (s. S. 206). Ende der Dinosaurier.

Säugetiere, wie frühe Pferde, Fledermäuse und Wale, entstehen.

Die meisten modernen Säugetiere sind da.

Die „Eiszeit". Neandertaler und moderne Menschen (Homo sapiens) leben gemeinsam mit dem Säbelzahntiger Smilodon, den Mastodons und Mammuts.

Mesozoikum vor 248 Mio. – 65 Mio. Jahren			**Känozoikum vor 65 Mio. Jahren – heute**						
			Tertiär (vor 65 Mio. – 1,8 Mio. Jahren)					**Quartär (1,8 Mio. – jetzt)**	
Trias	**Jura**	**Kreide**	**Paläozän**	**Eozän**	**Oligozän**	**Miozän**	**Pliozän**	**Pleistozän**	**Holozän**

Sauropsiden wie die Archosaurier sind häufig. Die ersten Cynodontier wie Cynognathus entstehen. Die ersten Meeresreptilien.

Das Zeitalter der Dinosaurier mit den größten, verschiedenartigsten und zahlreichsten Formen. Sie beherrschen alle Kontinente.

Säugetiere nehmen zu. Die ersten Raubtiere.

Die ersten Creodontier. Moderne Säugetiere nehmen zu.

Die ersten affenartigen Vorfahren des Menschen. Säbelzahntiger wie Thylacosmilus entstehen.

Ende der letzten Eiszeit. Beginn der menschlichen Zivilisation.

Evolution

Die Erde und das Leben auf ihr verändern sich ständig. Leben gibt es auf der Erde mindestens 3260 Mio. Jahre vor dem Erscheinen der Dinosaurier. Das Paläozoikum ist der Zeitraum zwischen 540 bis 250 Mio. Jahren.

Im **Mesozoikum**, seit 245-235 Mio. Jahren, bewohnten viele verschiedene Reptilien die Erde, darunter pflanzenfressende **Rhynchosaurier** und räuberische **Archosaurier**.

Dinosaurier tauchen in der Trias (s. S. 22) vor etwa 230 Mio. Jahren auf und überdauerten die Jura- und Kreidezeit (s. S. 24-27), insgesamt 165 Mio. Jahre. Dinosaurier beherrschten die Kontinente wie keine andere Tiergruppe davor oder danach. Bisher sind 800 Arten bekannt.

Aussterben

Vor etwa 65 Mio. Jahren, am Ende der Kreidezeit, starben 70 % der Tierarten urplötzlich aus, darunter die Dinosaurier und Flugsaurier. Krokodile und viele andere Reptilien dagegen überlebten.

Brecher eines Tsunami

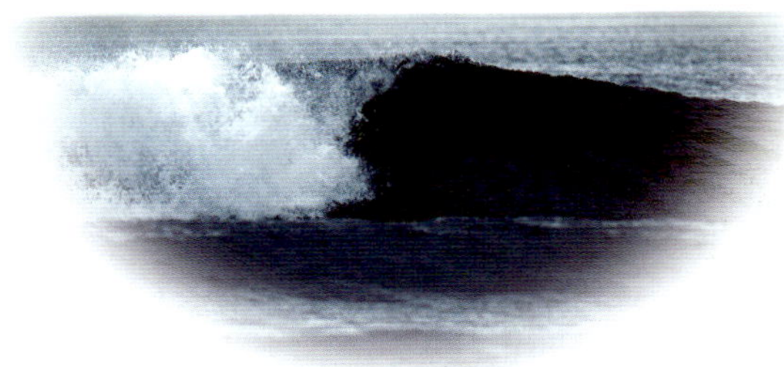

Dimetrodon

Archaeopteryx

Krokodil

Die wahrscheinlichste Erklärung für dieses Aussterben ist, dass vor 65 Mio. Jahren ein Asteroid oder enorm großer Meteorit auf die Erde stürzte. Vielleicht waren es auch Trümmer einer Asteroidenkollision oder eines Kometen. Der Einschlag würde gewaltige Staubmengen aufgewirbelt haben, die das Sonnenlicht blockiert und die Erde in mehrmonatige Finsternis gehüllt hätten.

Sicher hätte es auch andere Katastrophen wie Tsunamis und Erdbeben gegeben. Alle Pflanzen wären vernichtet worden, und Pflanzenfresser wären verhungert. Das wiederum hätte auch die Fleischfresser verhungern lassen.

Andere Theorien rechnen mit gewaltigen Vulkanausbrüchen, die zum Beispiel eine starke Erderwärmung zur Folge gehabt hätten. Danach hätte ein Absinken des Meeresspiegels zu einem extremen Klima-wandel geführt, allerdings ist das schwer vorstellbar. Eine dritte Theorie rechnet ebenfalls mit starken Klimaveränderungen, wonach die Erde zu kalt oder zu heiß für Reptilien geworden wäre; sie erklärt aber nicht, weshalb einige Reptilien überlebten, z. B. die Krokodile.

Das Känozoikum begann vor 65 Mio. Jahren und wird oft als „Zeitalter der Säugetiere" bezeichnet, weil diese ihre größte Blütezeit hatten.

Wissenschaftler glauben, dass die Vögel von Dinosauriern abstammen, vermutlich von kleinen, fleischfressenden Arten wie Compsognathus (s. S. 62). Dies wird deutlich beim Vergleich der Skelette von Dinosauriern mit dem des Urvogels Archaeopteryx (s. S. 192), der vor etwa 140 Mio. Jahren lebte.

Eryops

Ein primitives Amphib

FOSSILIEN

Fossilien von Eryops finden sich in den südwestlichen und südöstlichen USA.

Eryops gehörte zur Familie Eryopidae und lebte im Perm (etwa vor 270 Mio. Jahren). Das war lange bevor die Dinosaurier auftauchten. Er war ein ursprüngliches Amphib und erinnerte im Aussehen an heutige Alligatoren. Sein Name bedeutet „langes Gesicht", weil der Schädel vor den Augen sehr verlängert ist.

Lebensraum

Weil Eryops zu den Amphibien gehörte, lebte er wahrschein lich in Sümpfen, damit er dort seine Eier ablegen konnte. Die Eier der Amphibien haben keine feste Schale und müssen daher im Wasser oder an feuchten Stellen deponiert werden, damit sie nicht austrocknen.

Aussehen und Nahrung

Obwohl dieser Räuber nur einen kurzen, gedrungenen Körper besaß (etwa 1,5 m lang), war er außerordentlich kräftig und gehörte damals wohl zu den größten Lebewesen. Er besaß dicke Knochen, vier kurze, kräftige Beine und einen kurzen Schwanz. Eryops hatte einen langen, breiten Schädel, und die Kiefer waren mit zahlreichen scharfen Zähnen besetzt.

Eryops war perfekt an das Tauchen im Wasser angepasst, wo er auch seine Beute suchte. Auch an Land konnte er sich gut verteidigen. Er fing wohl hauptsächlich Fische und kleinere Reptilien und Amphibien.

Feinde

Eryops hatte wegen seiner Größe kaum Feinde, vielleicht gehörte nur Dimetrodon (s. S. 16) dazu, der sich an Land viel schneller bewegen konnte.

Im Wasser konnte ihm nur der **Orthacanthus** gefährlich werden, der aber wohl langsamer war. Es scheint, als ob Eryops im Wasser schneller war als an Land, wo er sich wohl eher mühsam fortbewegte.

FAKTEN

- Eryops besaß ein einfaches Ohr, das Geräusche aus der Luft aufnehmen konnte.
- Die spitzen Zähne waren nicht zum Kauen geeignet. Eryops packte seine Beute, hob den Kopf und schluckte sein Beutetier im Ganzen herunter wie heutzutage die Krokodile.
- Trotz seiner Stärke lauerte Eryops wahrscheinlich am Ufer auf unvorsichtige Fische und kleine Reptilien in seiner Reichweite.
- Seine Fußspuren wurden in Gesteinen des Karbon gefunden und zeigen, dass Eryops mit kurzen, schweren Schritten lief. Daher haben sich diese Tiere wohl ziemlich mühsam and langsam fortbewegt.

DATEN

Zeitalter:	Perm
Unterordnung:	Euskelia
Familie:	Eryopidae
Charakteristik:	Alligatorähnliches Amphib
Merkmale:	Klein, aber kräftig
Nahrung:	Fische, kleine Reptilien und Amphibien

Gerrothorax

Altertümliches Amphib

FOSSILIEN

Fossilien wurden in Schweden und Süddeutschland gefunden.

Gerrothorax war kein Dinosaurier, sondern ein sehr altertümliches Amphib und lebte in der Trias vor etwa 200 Mio. Jahren. Amphibien schlüpfen aus Eiern, sind Wirbeltiere und besitzen vier Beine. Die Jungtiere leben im Wasser und verlassen es erst als Erwachsene, wie die heutigen Frösche.

Gerrothorax war ein larvenartiges Amphib und lebte in Flüssen und Bächen. Anders als unsere Frösche verließ es wohl niemals das Wasser.

Aussehen

Gerrothorax gehörte zu den Plagiosauriden. Er wurde etwa 1 m lang – so groß wie ein heutiger Seehund. Er sah aus wie eine riesige Kaulquappe, hatte aber einen viel

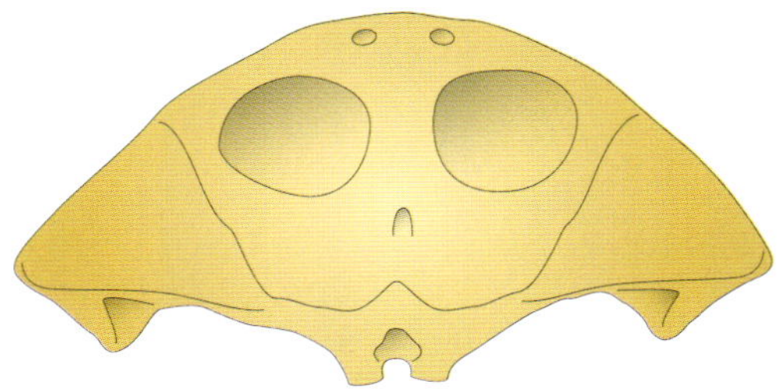

Perm	Trias	Jura	Kreide
(vor 290-248 Mio. Jahren)	(vor 248-206 Mio. Jahren)	(vor 206-144 Mio. Jahren)	(vor 144-65 Mio. Jahren)

flacheren Körper. Der Kopf war kurz und breit, die Augen saßen dicht beieinander auf der Kopfoberfläche.

Wie die Frösche besaß Gerrothorax Schwimmhäute an den Hinterfüßen, außerdem hatte er einen kurzen Schwanz.

Heutige Amphibien verlieren ihre Kiemen als Erwachsene, Gerrothorax aber besaß zeitlebens drei Kiemenpaare und konnte so auch als erwachsenes Tier ständig im Wasser sein.

Feinde und Nahrung

Gerrothorax war ein Räuber, der vermutlich mit weit offenem Maul am Grund der Gewässer auf Beute lauerte. Wahrscheinlich konnte er wegen seines flachen Kopfes aber nicht so schnell wie viele Fische zuschnappen.

Die kräftige Panzerung des ganzen Körpers zeigt, dass auch Gerrothorax Feinde hatte. Wegen der Panzerung aber war er sicher nicht besonders behende.

FAKTEN

- Weil die Augen dicht beieinander auf der Oberseite des Kopfes saßen, konnte Gerrothorax nur nach oben schauen, aber nicht sehen, was sich unter ihm bewegte.
- Der breite Schädel sieht aus, als hätte er seitliche Flügel.

DATEN

Zeitalter:	Trias
Unterordnung:	Trematosauria
Familie:	Plagiosauridae
Charakteristik:	Altertümliches Amphib
Merkmale:	Flach, kaulquappenartig
Nahrung:	Wahrscheinlich Fische

Dimetrodon

Vierbeiniger Räuber mit Segelflosse

FOSSILIEN

Fossilien von Dimetrodon fand man in den USA.

Dimetrodon war ein **Pelycosaurier** und lebte viele Mio. Jahre vor dem Erscheinen der ersten Dinosaurier. Der Name stammt von dem berühmten Paläontologen Edward Drinker Cope und bedeutet „zwei verschiedene Zähne“.

Dimetrodon besaß zwei verschiedene Zahntypen, Zähne mit Schneidekanten und spitze Zähne. Diese Zahntypen zeigen seine Zugehörigkeit zu den frühen Synapsiden (s. S. 208), deren einzige Abkömmlinge die Säugetiere sind.

Aussehen

Obwohl die zwei Zahntypen ein wichtiges Merkmal von Dimetrodon sind, ist das Auffälligste an ihm die große Segelflosse auf dem Rücken. Sie kann an ihrer höchsten Stelle einen Meter hoch werden und wurde von einer Reihe von Strahlen gestützt, die mit den Rückenwirbeln verbunden waren.

Das Segel wurde vielleicht zur Wärmeregulation des Körpers benutzt, vielleicht aber auch, um Weibchen anzulocken oder Feinde abzuschrecken. Vielleicht war das Segel bunt gefärbt, aber das wissen wir nicht, weil bei Fossilien im Allgemeinen die Haut nicht erhalten ist.

Nahrung

Dimetrodon lebte wahrscheinlich in Sümpfen. Fossilien zeigen, dass das Tier bis 3,5 m lang werden und etwa 250 kg wiegen konnte. Er war zu seiner Zeit ein fürchterlicher Räuber, aber nicht das größte Tier: Das war Moschops, ein bis 5 m langer **Pflanzenfresser**.

Schnelligkeit

Es wird angenommen, dass Dimetrodon der größte **Räuber** in seiner Umwelt war und keine Feinde hatte. Er besaß einen langen Schwanz, einen großen Kopf, und die vier Beine saßen seitlich am Körper, nicht darunter wie bei den Dinosauriern. Die muskulösen Beine machten Dimetrodon wahrscheinlich zu einem ziemlich schnellen Läufer, schneller als plumpe Tiere wie Eryops (s. S. 12).

Der erste Fossilfund eines Dimetrodon wurde 1887 gemacht.

FAKTEN

- Die große Segelflosse von Dimetrodon war ein vorzüglicher Wärmeaustauscher.
- Dimetrodon war nach heutigem Wissensstand der größte Räuber und hatte keine Feinde.

DATEN

Zeitalter:	Karbon
Unterordnung:	Sphenacodontia
Familie:	Sphenacodontidae
Charakteristik:	Grosser Räuber
Merkmale:	Grosse Segelflosse. 4 zur Seite gerichtete Beine. Grosser Kopf mit zwei verschiedenen Zahntypen. Langer Schwanz
Nahrung:	Andere Pelycosaurier, Insekten und sonstige Tiere

Edaphosaurus

Landlebendes Reptil

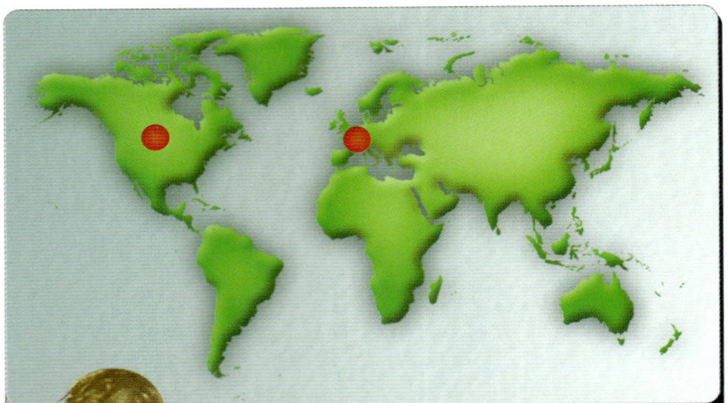

FOSSILIEN

Fossilien von Edaphosaurus wurden in Europa und Nordamerika gefunden.

Der griechische Name Edaphosaurus bedeutet „Erdeidechse“. Dieses Tier lebte im späten Karbon und frühen Perm an Land, vor etwa 320-258 Mio. Jahren, lange bevor die Dinosaurier auftraten.

Edaphosaurus war ein ursprünglicher **Pflanzenfresser**, eigentlich einer der ersten, die wir kennen. Er esaß abgeflachte Zähne zum Zermahlen von Pflanzen. Vermutlich lebte er in der Nähe von Seen oder Sümpfen.

Aussehen

Edaphosaurus glich Dimetrodon (s. S. 16) wegen seines stachligen Rückensegels. Wie bei diesem wurde das Segel durch Knochenstrahlen gestützt. Man ist nicht sicher, wozu das Segel diente, vielleicht zum schnellen Aufwärmen, vielleicht aber zur Partnersuche oder zur Abschreckung von Feinden.

Edaphosaurus besaß einen kleinen, kurzen, schmalen Kopf mit großen Augen, einen plumpen Körper und dicken Schwanz. Dieser Vierfüßer wurde etwa 3,2 m lang und wog bis 300 kg.

Wir wissen noch sehr wenig über Edaphosaurus, weil bisher nur Fragmente des Skelettes und der Knochenstrahlen gefunden wurden.

Wie Dimetrodon gehörte auch Edaphosaurus zu den **Pelycosauriern**. Das waren zunächst kleine, eidechsenartige Tiere, die sich rasch zu größeren und recht vielgestaltigen Formen entwickelten. Einige waren Fleischfresser, andere Pflanzenfresser wie Edaphosaurus.

Die Pelycosaurier starben zu Beginn des Perm aus, lange bevor die Dinosaurier in der Trias erschienen. Nur einige Arten besaßen derartige Rückensegel. Später entstanden aus den Pelycosauriern die Therapsiden, und aus diesen schließlich die Säugetiere.

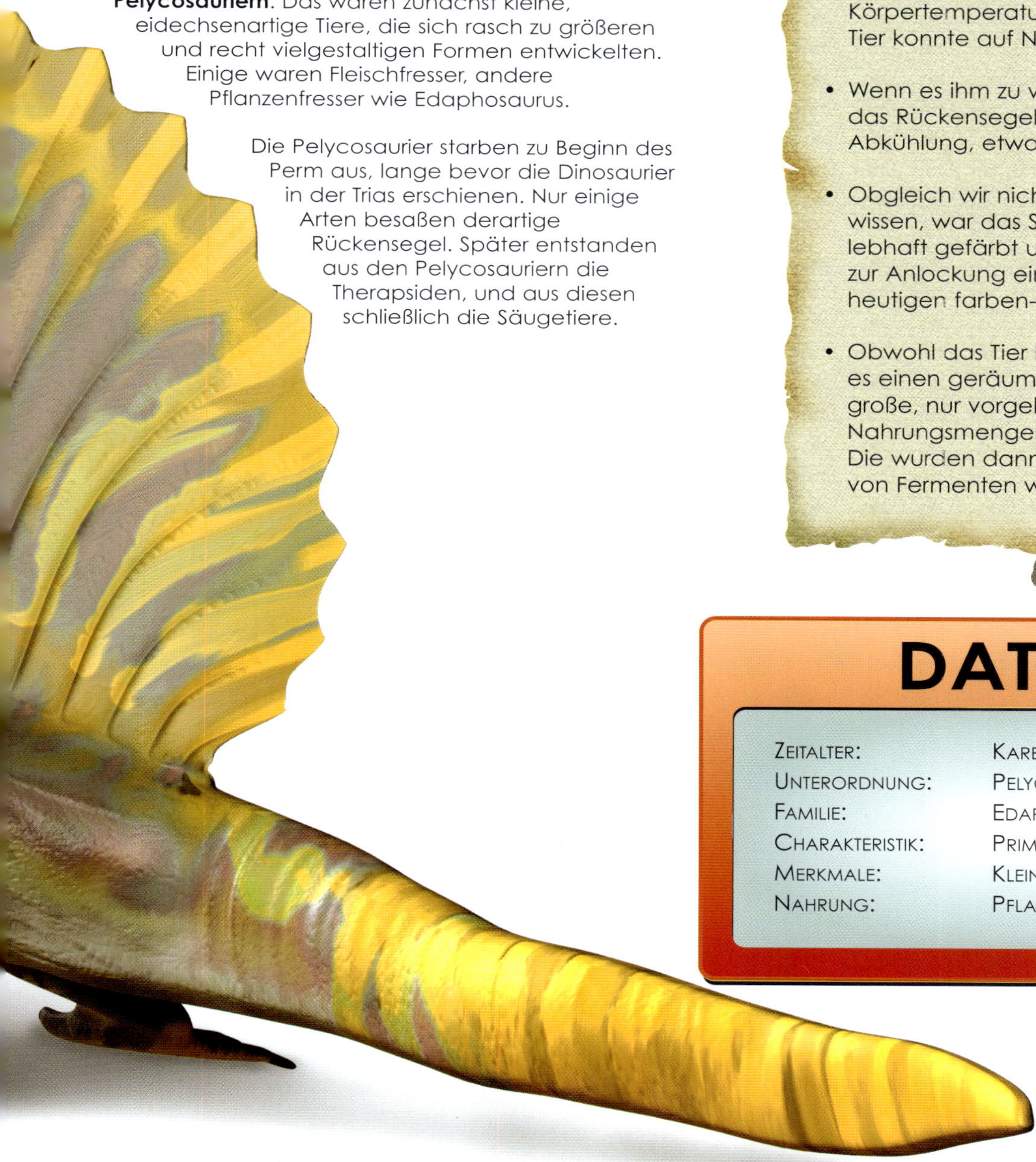

FAKTEN

- Morgens stellte Edaphosaurus sein Rückensegel im rechten Winkel zur Sonne, so dass es sehr schnell Wärme aufnehmen konnte. So heizte sich die Körpertemperatur rasch auf, und das Tier konnte auf Nahrungssuche gehen.
- Wenn es ihm zu warm wurde, diente das Rückensegel zur schnellen Abkühlung, etwa in einer kühlen Brise.
- Obgleich wir nichts über Farben wissen, war das Segel wahrscheinlich lebhaft gefärbt und diente vielleicht zur Anlockung eines Partners, wie bei heutigen farben-frohen Vögeln.
- Obwohl das Tier kauen konnte, besaß es einen geräumigen Magen, um große, nur vorgekaute Nahrungsmengen schlucken zu können. Die wurden dann im Magen mit Hilfe von Fermenten weiter abgebaut.

DATEN

Zeitalter:	Karbon
Unterordnung:	Pelycosauria
Familie:	Edaphosauridae
Charakteristik:	Primitiver Pflanzenfresser
Merkmale:	Klein, aber kräftig
Nahrung:	Pflanzen

Was sind Dinosaurier?

Dinosaurier waren prähistorische Reptilien. Sie beherrschten die Erde mehr als 150 Mio. Jahre lang, vor allem während des Mesozoikum genannten Erdzeitalters. Die ersten Dinosaurier erschienen vor etwa 230 Mio. Jahren. Alle starben vor etwa 65 Mio. Jahren aus.

Alles was wir über Dinosaurier wissen, stammt aus Fossilienfunden, vor allem von Knochen, aber auch von Fußabdrücken und Abdrücken ihrer Haut. Daher haben wir kaum Hinweise darauf, wie Dinosaurier lebten. Wir können nicht beurteilen, wie Dinosaurier gefärbt waren oder welche Laute sie ausstießen und

Falsche BehauptungenAlle Dinosaurier waren riesig

Viele waren nur mittelgroß oder klein. Der kleinste bekannte Dinosaurier war Compsognathus (s. S. 62), der nur hühnergroß wurde.

Alle großen vorzeitlichen Tiere waren Dinosaurier

Viele andere Tiere lebten im Mesozoikum mit den Dinosauriern zusammen. Pterosaurier konnten fliegen, und Ichthyosaurier lebten im Meer. Tiere wie Dimetrodon lebten im gleichen Gebiet wie die Dinosaurier.

Manche Dinosaurier konnten fliegen oder schwimmen

Alle Dinosaurier lebten an Land. Pterosaurier und Ichthyosaurier waren eine Dinosaurier. Allerdings glaubt man, dass Dinosaurier schließlich doch flogen – als Vögel!

Dinosaurier waren die größten Tiere auf der Erde

Obwohl ein pflanzenfressender Dinosaurier namens Argentinosaurus (s. S. 96) das größte jemals existierende Landtier war, erreichte er nicht die Masse des gigantischen heute lebenden Blauwals.

wie ihr Verhalten war. **Paläontologen** nennen wir die Wissenschaftsdetektive, die aus dem Studium der Fossilien auf Gestalt und Lebensweise der Dinosaurier schließen.

Der Name Dinosaurier bedeutet "Schreckensechse". Er stammt von den griechischen Wörtern; „deinos" (schreckenerregend) und „sauros" (Echse). Er wurde 1842 von Sir Richard Owen geschaffen. Vorher wusste man nicht, dass Dinosaurier überhaupt existiert hatten. Die Wissenschaft hat bisher etwa 800 Arten von Dinosauriern benannt, aber man wird sicher noch viele weitere Arten finden. Neue Fossilien werden jeden Monat entdeckt, aber es sind natürlich nicht immer neue Arten.

Die meisten Dinosaurier legten Eier und waren kaltblütig. Sie unterschieden sich sehr in Größe, Aussehen und Geschwindigkeit. Manche waren **Pflanzenfresser**, andere Räuber. Manche liefen auf vier Füßen **(quadruped)**, andere nur auf ihren Hinterbeinen **(biped)**.

FAKTEN

- Der Größte – Argentinosaurus, wog 100 Tonnen, war 34-45 m lang
- Der Kleinste – Compsognathus, wog 5,5 kg, war nur 60 cm lang
- Der Breiteste – Ankylosaurus, 1,5 m breit
- Der längste Hals – Mamenchisaurus, der Hals war 10 m lang
- Der Schnellste – Ornithomimus, rannte 64-85 km/h
- Der zuerst Entdeckte – Iguanodon, 1822 entdeckt
- Der Älteste – Eoraptor, lebte vor 227 Mio. Jahren

Die Trias

Vor ungefähr 248 Mio. Jahren starben fast 95 % aller Arten aus, darunter auch viele Meerestiere. Der Grund war eine globale Abkühlung, Vulkanausbrüche oder die Verkleinerung der Kontinentalschelfs infolge der Bildung des Pangäa-Kontinents. Dieses katastrophale Aussterben und die Veränderungen der Kontinente schufen die Voraussetzungen für das Entstehen der Dinosaurier.

Mit der Trias begann das **Mesozoikum**, das Zeitalter der Dinosaurier. Sie dauerte von 248-206 Mio. Jahren v. u. Z. In der Trias entstanden die Dinosaurier und die Säugetiere.

Eoraptor

Korallenbank

Klima

Damals gab es kein Eis an den Polen, und das Klima war durchweg warm. Die Kontinente bildeten einen einheitlichen Superkontinent **Pangäa**.

Die Bildung von Pangäa vor 220 Mio. Jahren verkürzte die Küsten, ließ Gebirge entstehen und machte das Innere der Kontinente trocken und wüstenhaft. Die Polargebiete dagegen waren feucht-gemäßigt. Das Klima insgesamt war heiß und trocken, mit ausgeprägten Jahreszeiten.

Andere Tiere

Zu Beginn der Trias gab es noch keine Dinosaurier, aber viele Amphibien und einige Reptilien und Dicynodonten (wie Lystrosaurus). In der Trias entstanden die Korallen, und die Ammoniten erholten sich von ihrem Niedergang im Perm. An Land dominierten nun die Samenpflanzen.

Perm	Trias	Jura	Kreide
(vor 290-248 Mio. Jahren)	(vor 248-206 Mio. Jahren)	(vor 206-144 Mio. Jahren)	(vor 144-65 Mio. Jahren)

Fossil eines Ammoniten

Entstehung der Säugetiere

In der späten Trias, vor 220 Mio. Jahren, entstanden die ersten Säugetiere. Wahrscheinlich entwickelten sie sich aus einer Gruppe säugerähnlicher ausgestorbener Reptilien, den therapsiden Theriodontia. Die ursprünglichsten Säugetiere waren sehr klein und waren Nachttiere.

Frühe Dinosaurier

Auch die allerersten Dinosaurier waren kleine, auf zwei Beinen laufende Räuber, wie Coelophysis (s. S. 86) und Eoraptor (s. S. 84).

Eoraptor war ein kleiner, primitiver, räuberischer Dinosaurier mit scharfen Zähnen.

Die ersten Pflanzenfresser waren Prosauropsiden wie Massospondylus und Plateosaurus.

Sie konnten sich auf die Hinterbeine erheben, um an höhere Pflanzen zu gelangen. Obwohl sie im Vergleich zu späteren Dinosauriern recht klein waren, waren die Prosauropoden bei Weitem die größten Landtiere ihrer Zeit.

Der Aufstieg der Dinosaurier in der späten Trias verdrängte andere, ehemals erfolgreiche Tiergruppen. Viele der plumperen Amphibien und Reptilien verschwanden, darunter auch die säugerähnlichen Reptilien.

Das Aussterben in der Obertrias

Die Trias endete mit einem Massenaussterben etwa vor 208-213 Mio. Jahren, begleitet von gewaltigen Vulkanausbrüchen. Der Superkontinent Pangäa brach nun auseinander. Etwa 35 % aller Arten starben aus, darunter auch die meisten frühen Dinosaurier. Dafür entstanden im Jura besser angepasste Dinosaurier.

Der Grund des triassischen Aussterbens ist unbekannt. Vermutet werden eine globale Abkühlung oder der Einschlag eines Asteroiden. Diese Aussterbewelle erlaubte es aber den Dinosauriern, nun unbesiedelte Gebiete zu erobern. Sie wurden die dominante Tiergruppe und blieben es die nächsten 150 Mio. Jahre über.

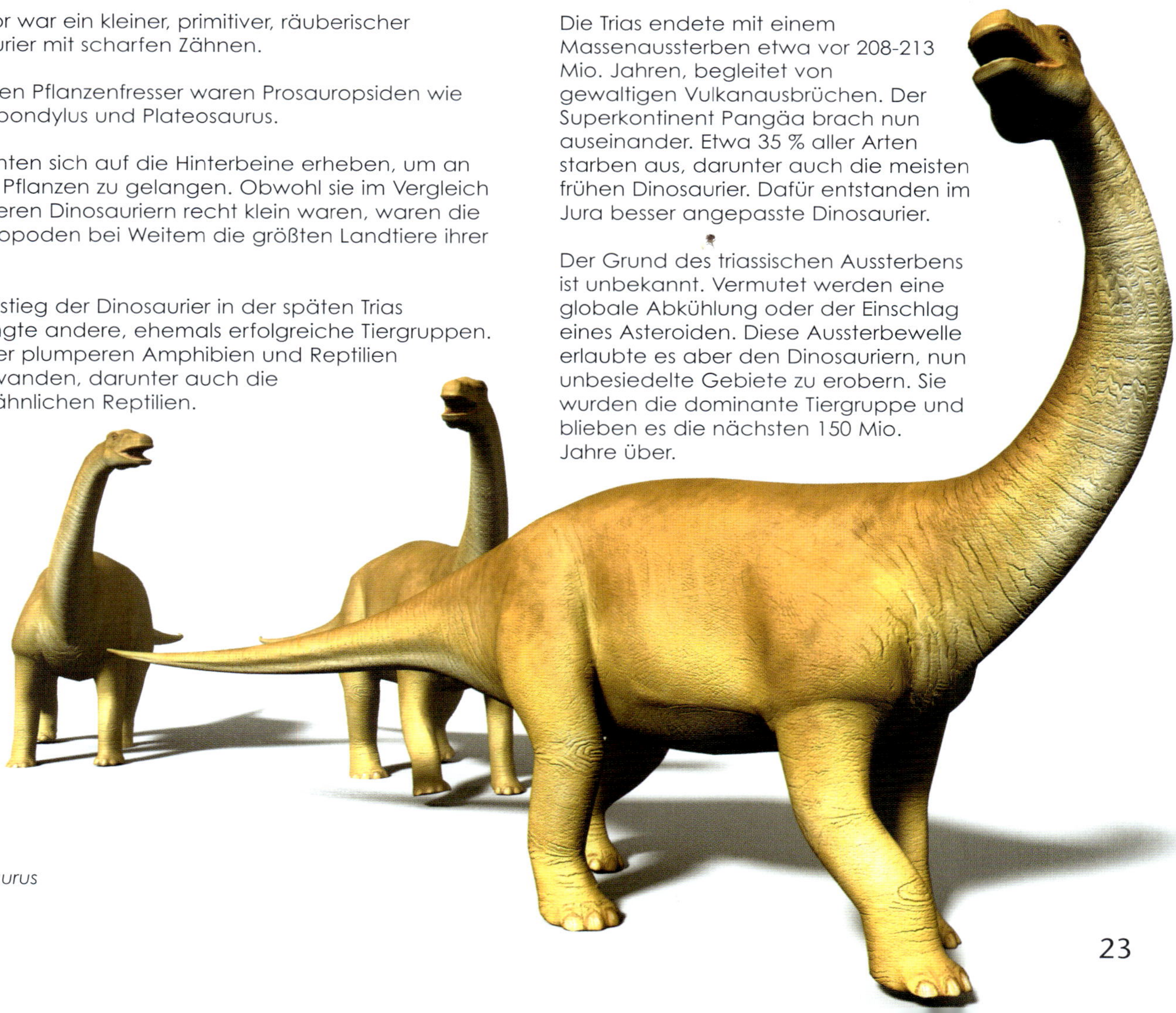

Plateosaurus

Der Jura

Auf die Trias folgte der Jura, der von 206 bis 144 Mio. Jahre dauerte. Der Jura war die Zeit riesiger, langhalsiger Dinosaurier.

Vor etwa 190-183 Mio. Jahren folgte eine weitere Aussterbewelle, bei der etwa 80 % der Meerestiere (z. B. viele Muscheln), darunter viele Flachwassertiere, ausstarben. Der Grund dafür ist unbekannt.

Im Mitteljura spaltete sich der Superkontinent Pangäa weiter auf. Ein nord-südlich verlaufender Spalt öffnete sich und im späten Jura war Pangäa in zwei große Kontinente geteilt, Laurasia im Norden und Gondwanaland im Süden. Sicher gab es einige Landbrücken zwischen den beiden Kontinenten, weil man Fossilien derselben Dinosaurierarten auf beiden Kontinenten gefunden hat.

Allosaurus

Klima

Zu Beginn des Jura war das Klima heiß und trocken, aber als Pangäa aufbrach, wurden weite Gebiete überflutet, und es entstanden Regenwälder und Korallenriffe. Diese geologischen Prozesse und das Entstehen großer Meeresgebiete beeinflussten das Erdklima.

Neue Dinosaurier

Die ausgedehnten tropischen Wälder begünstigten große Pflanzenfresser, wie die Sauropoden Apatosaurus (s. S. 100), Diplodocus (s. S. 98) und Brachiosaurus (s. S. 94).

Ihr langer Hals ermöglichte es ihnen, die Baumwipfel zu erreichen, wozu andere Dinosaurier nicht in der Lage waren.

Apatosaurus

Perm	Trias	Jura	Kreide
(vor 290-248 Mio. Jahren)	(vor 248-206 Mio. Jahren)	(vor 206-144 Mio. Jahren)	(vor 144-65 Mio. Jahren)

Stegosaurus

Viele neue Dinosauriergruppen entstanden, Fleischfresser wie Allosaurus (s. S. 72) und Compsognathus (s. S. 62), und Pflanzenfresser wie Stegosaurus (s. S. 116). Kleinere Coelurosaurier wie Coelurus (s. S. 85) und Ornitholestes jagten Eidechsen, Säugetiere und Insekten.

Diplodocus

Leben im Meer

In den Jurameeren waren Korallenriffe, Fische, Ichthyosaurier, gewaltige Meereskrokodile und Haie häufig. Die Luft wurde von Pterosauriern bewohnt, fliegenden Reptilien, die aus der gleichen Archosauriergruppe wie die Dinosaurier entstanden waren. Es waren die größten bekannten fliegenden Wirbeltiere. Auch der Urvogel Archaeopteryx, der noch viele Reptilienmerkmale aufweist, entstand zu dieser Zeit. Er beweist, dass die Vögel von Dinosauriern abstammen.

Im Jura finden sich die absolut größten Dinosaurier. Der aufrechte Gang ermöglichte den Dinosauriern, sehr unterschiedliche Formen und Größen zu entwickeln. Am Ende dieses Zeitalters hatten die Dinosaurier alle bewohnbaren Gebiete an Land besetzt.

Es gab eine kleinere Aussterbewelle am Ende des Jura, wobei die meisten Stegosaurier und die riesigen Sauropoden ausstarben. Die Gründe dafür sind aber bisher unbekannt.

Die Kreidezeit

Die Kreidezeit dauerte von 144 bis 65 Mio. Jahre v. u. Z. und bildete den Abschluss des Mesozoikum. Die meisten uns bekannten Dinosaurier stammen aus der Kreidezeit. Damals gab es auch schon viele Säugetiere, die Blütenpflanzen entstanden und veränderten das Landschaftsbild radikal. Bedeutende geolo-gische Prozesse (Plattentektonik) waren von verstärkter vulkanischer Aktivität begleitet.

Die Kreidezeit endete vor 65 Mio. Jahren mit dem Aussterben der Dinosaurier und vieler anderer Lebensformen. Diese Aussterbewelle war die zweitstärkste der Erdgeschichte.

Geografie und Klimaveränderungen

Das Aufbrechen des Superkontinentes **Pangäa** ging weiter, und am Ende der Periode waren die heutigen Kontinente in ihrem Umriss zu erkennen. In der ersten Hälfte der Kreidezeit war das Klima warm und der Meeresspiegel hoch.

Rocky Mountains, USA

In der mittleren Kreide war die tektonische und vulkanische Aktivität besonders groß, und große Gebirgsketten wie die kalifornische Sierra Nevada, die Rocky Mountains und die Alpen bildeten sich. Der Meeresspiegel stieg an, und Meere bedeckten ein Drittel der heutigen Kontinente.

Am Ende der Kreidezeit sank der Meeresspiegel, und die Klimaschwankungen wurden größer. Zugleich nahm die Aktivität der Vulkane zu.

Dinosaurier der Kreidezeit

Aus der späten Kreide kennen wir mehr Dinosaurierarten als aus allen anderen Perioden zusammen. Es gab riesige Fleischfresser wie Tyrannosaurus rex (s. S. 54) und Giganotosaurus (s. S. 56) und Pflanzenfresser wie Triceratops (s. S. 136) und viele andere Arten.

Die Anzahl und Verschiedenartigkeit der Dinosaurier war enorm. Das Auseinanderbrechen der Kontinente, aber auch die Entstehung der Blütenpflanzen (Angiospermen) bewirkten eine zunehmende Isolation der Dinosaurier auf den einzelnen Kontinenten. Aus einer Art wurden auf verschiedenen Kontinenten mehrere, wie zum Beispiel die Hadrosaurier in Nordamerika und in China oder Afrika.

Andere Lebewesen der Kreidezeit

Auch die Säugetiere nahmen zu, und es entstanden z. B. Schlangen und Schmetterlinge. Die ersten Blütenpflanzen (z. B. Magnolien) veränderten das Landschaftsbild sehr.

Die frühesten echten Vögel finden sich in der Kreidezeit; sie sahen aus wie Pelikane, Flamingos und Uferläufer.

Das gewaltige Sterben

Am Ende der Kreidezeit von 65 Mio. Jahren vernichtete eine weitere Aussterbewelle alle Dinosaurier (außer den Vögeln) und viele andere Tiergruppen. Vermutlich wurde sie durch den Einschlag eines Asteroiden verursacht, aber es gibt auch mehrere andere Theorien über die Ursache, z. B. starke Vulkanausbrüche oder Auswirkungen der Kontinentaldrift (s. S. 10). Trotzdem war diese Aussterbewelle nicht so bedeutend wie diejenige, die dem Aufstieg der Dinosaurier voranging. Das Zeitalter der Reptilien endete, und das Zeitalter der Säugetiere begann.

Das Gehirn

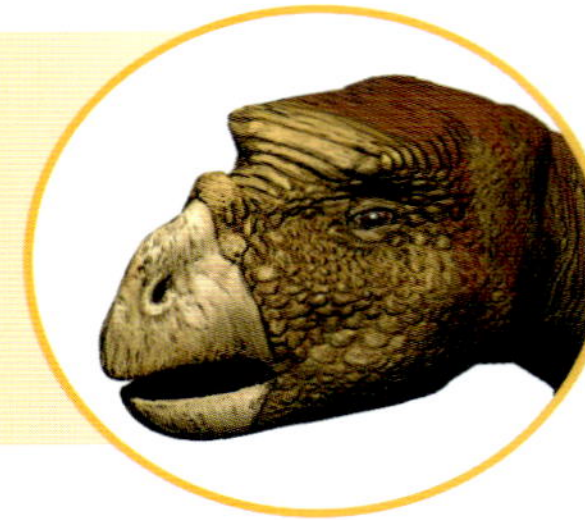

Manche Forscher glauben, dass Dinosaurier träge und dumme Geschöpfe waren, was vielleicht für die riesigen Pflanzenfresser zutrifft; jedoch sicher nicht für die kleineren, aktiven Räuber, die sich auf der Jagd schnell bewegen und auch schnelle Entscheidungen treffen mussten. Glücklicherweise besaßen die Dinosaurier feste knöcherne Schädel, die sich gut erhielten; daher wissen wir einiges über ihre Gehirne.

Kleine Gehirne

Einige der langsamen Pflanzenfresser, wie Apatosaurus (s. S. 100), besaßen riesige Körper, aber nur winzige Gehirne. Stegosaurus (s. S. 116) zum Beispiel hatte ein walnussgroßes Gehirn, das nur 70 g wog. Im Verhältnis zur Körpergröße besaß Stegosaurus das kleinste Gehirn aller Dinosaurier. Allerdings hatte er ein zweites Nervenzentrum (oft fälschlich zweites Gehirn genannt), das zur Steuerung der Hinterbeine und des Schwanzes diente.

Derartige Dinosaurier gehören zur Gruppe der **Sauropoden**, die kein großes Gehirn zum Überleben brauchten. Sie mussten ja nur Pflanzen fressen, aber nicht aktiv jagen oder auf Feinde achten. Ein anderer Pflanzenfresser, **Triceratops** (ein Hornsaurier oder **Ceratopside**), besaß ein nur 300 g schweres Gehirn bei einem Körpergewicht von 6-9 Tonnen.

Dinosaurier werden intelligenter

Herdentiere wie die pflanzenfressenden Hadrosaurier (s. S. 104) mussten sich in der Herde verständigen und brauchten daher ihr Gehirn weit mehr. Vermutlich benutzten manche Hadrosaurier, z. B. Parasaurolophus

Parasaurolophus

Deinonychus

Jäger

Raubdinosaurier, die in Herden leben und jagen, müssen vermutlich hochintelligent sein. Wahrscheinlich haben manche kleinere Raubdinosaurier in solchen Gruppen gejagt, weil sie in der Gruppe viel größere Beutetiere überwältigen konnten als allein. Aber jedes Gruppenmitglied musste sich mit den anderen verständigen können, entweder durch Laute oder bestimmte Bewegungen.

Die schnellen Lauerjäger waren die intelligentesten Dinosaurier. Kleinere **Coelurosaurier** wie Coelurus (s. S. 85) und Ornitholestes waren hochintelligent. Sie jagten Eidechsen, Säugetiere, Frösche und Insekten zwischen den Farnen, Schachtelhalmen und Moosen.

Der räuberische Deinonychus (ein **Therapode**) besaß ein großes Gehirn. Dieser mittelgroße Saurier war ein Sprinter, der auf den Hinterbeinen lief und auch schnelle Beutetiere einholen konnte. Um auf den Hinterbeinen laufen zu können, brauchte er hochentwickelte Sinnesorgane und eine schnell arbeitende Muskulatur, um die Balance zu halten. Er besaß große Augen und ein großes, kompliziert gebautes Gehirn zur raschen Koordination seiner Bewegungen.

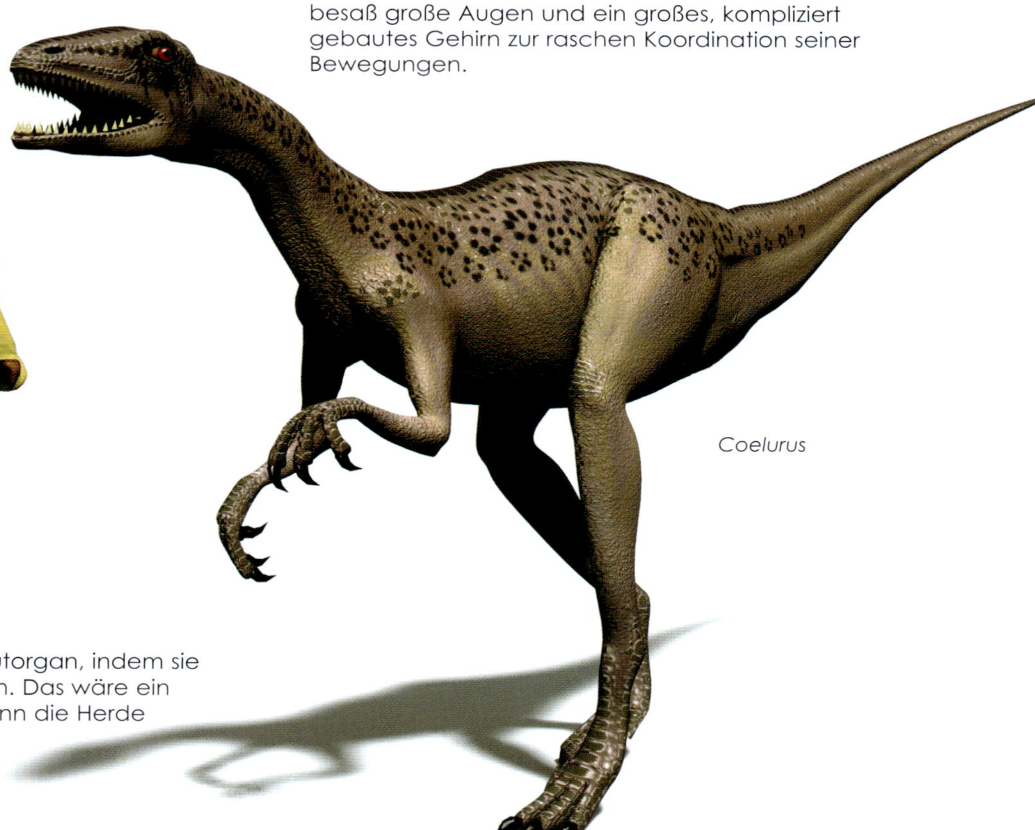

Coelurus

(s. S. 180), ihren Kopfkamm als Lautorgan, indem sie Luft durch die Kanäle darin bliesen. Das wäre ein gutes Alarmzeichen gewesen, wenn die Herde angegriffen wurde.

Da Hadrosaurier keine Panzerung besaßen, waren sie wohl recht intelligent, denn sie mussten ständig nach Feinden Ausschau halten.

Sinnesorgane

Saurornithoides

Die Räuber hatten vermutlich einen guten Geruchssinn. Sowohl Tyrannosaurus rex (s. S. 54) wie Giganotosaurus (s. S. 56), die größten Fleischfresser aller Zeiten, hatten einen guten Geruchssinn und scharfe Augen. Es könnte sein, dass sie Beute kilometerweit riechen konnten. Sie konnten auch Aas aus großer Entfernung wittern.

Wahrscheinlich haben Dinosaurier ihren Geruchssinn auch zum Finden des Geschlechtspartners benutzt. Es scheint, dass manche Arten eine spezielle Drüse besaßen, die Hormone an die Luft abgab. Diese verteilten sich über weite Strecken und können zur Anlockung des anderen Geschlechts gedient haben.

Es ist schwierig, sich Dinosaurier und ihre Lebensweise vorzustellen, weil wir sie ja nicht mehr beobachten können. Wir sind daher auf Fossilien und auf Beobachtungen an anderen Reptilien angewiesen. Sicher besaßen Dinosaurier alle fünf Sinne: Geschmack, Tastsinn, Augen, Gehör und Geruch.

Tastsinn

Der Tastsinn der Dinosaurier war wegen ihrer dicken Haut wahrscheinlich nicht hoch entwi-ckelt. Ihr Geschmackssinn war wohl besser ausgebildet, obgleich große Fleischfresser wie Allosaurus (s. S. 72) beim Hinunterschlingen großer Fleischbrocken wohl kaum auf den Geschmack geachtet haben.

Geschmack und Geruchssinn

Geschmack und Geruchssinn wurden bei den Dinosauriern vom selben Gehirnbereich gesteuert. Sie wurden von Jägern zum Aufspüren der Beute benutzt, von manchen Pflanzenfressern, um zwischen verschiedenen Pflanzen zu unterscheiden, und bei vielen Arten spielten sie bei der Paarung eine Rolle.

Troodon

Giganotosaurus

Sehen und Gehör

Die meisten Dinosaurier konnten gut zur Seite sehen, weil die Augen an den Kopfseiten saßen. Aus demselben Grund konnten sie aber Entfernungen nicht gut abschätzen, denn das geht nur bei nach vorn gerichteten Augen. Die kleineren Räuber sahen sehr gut und konnten ihre Beute sehr erfolgreich beschleichen und packen.

Troodon (s. S. 82) besaß ungewöhnlich große Augen, wenn man die Größe der Augenhöhle als Maßstab benutzt, und das größte Gehirn aller Dinosaurier, gemessen an seiner Körpergröße.

Coelophysis (s. S. 86), ein kleiner, fleischfressender Theropode, besaß im Vergleich zu seinen Vorfahren ein sehr großes Gehirn. Augen und Gehör waren hochentwickelt, und in Kombination mit seinen langen Beinen, kurzen Armen und scharfen Klauen machten sie aus ihm einen erfolgreichen Jäger kleiner Reptilien und anderer Tiere.

Dinosaurier hatten keine Ohrmuscheln wie die Säugetiere, besaßen aber ein hochentwickeltes Innenohr. Wahrscheinlich hatten die Herdentiere das beste Gehör, weil sie sich in der Herde verständigen mussten. Hadrosaurier (s. S. 104) sind bisher die einzigen Dinosaurier, von denen man aktive Lauterzeugung annimmt, da sie verschiedene Nasengänge und Luftsäcke besaßen. Laute wurden wahrscheinlich bei der Paarung, zur Verteidigung der Territoriums und zur Abwehr von Feinden benutzt.

Kopf und Schwanz

Alle Dinosaurier besaßen ein ähnliches Skelett, Körperteile wie Kopf and Schwanz unterschieden sich aber in Aussehen und Funktion.

Die größten Dinosaurier hatten häufig sehr kleine Köpfe. Ein 30 Tonnen schwerer Brachiosaurus (s. S. 94) hat vielleicht jeden Tag eine Tonne Pflanzen zum Überleben gebraucht. Aber sein Kopf war nicht größer als der eines Pferdes, und die Zähne waren nicht zum Kauen geeignet. Torosaurus war ebenfalls ein **Pflanzenfresser**, aber er besaß die kräftigsten Kaumuskeln aller Dinosaurier. Damit und mit seinem scharfen Schnabel und 600 Zähnen war er imstande,jede Pflanze zu zerschneiden, selbst Äste.

Fähigkeiten

Der Schädel unterschied sich von Art zu Art je nach Lebensweise. Deinonychus (s. S. 58) z. B. besaß einen sehrleichten Schädel.

In Kombination mit dem schlanken Hals war dieser ideal zum schnellen Zuschnappen. Tyrannosaurus rex (s. S. 54) hatte einen großen, kräftig verknöcherten und muskulösen Schädel, der gut geeignet war zum kräftigen Hineinbeißen in große Beutetiere. Sein Schädel war bis 1,2 m lang und mit zahlreichen scharfen Zähnen besetzt. Er musste seine Nahrung im Ganzen schlucken und konnte wahrscheinlich Brocken von bis zu 70 kg auf einmal hinunterwürgen.

Dinosaurier besaßen unterschiedliche Farbmuster und Körperanhänge zur Unterscheidung, zum Rivalenkampf mit anderen Männchen und zur Paarfindung. Styracosaurus (s. S. 150) besaß besonders

Styracosaurus

Schädel von Deinonychus

eindrückliche Kopfanhänge. Sein runder, knöcherner Kragen war größer als der Schädel selbst und trug am Ende mehrere lange Stacheln. Durch Heben und Senken bzw. seitliches Schwenken des Kopfes konnte Styracosaurus anderen Männchen imponieren und seine Stärke zeigen.

Schädel von *Tyrannosaurus rex*

Schutz für Kopf und Hals

Weil vor allem Kopf und Hals gefährdete Körperpartien waren, mussten sie besonders geschützt werden. Bei Euoplocephalus zum Beispiel war der Kopf durch Platten und Stacheln bewehrt. Er trug dicke Knochenplatten und dreieckige zahnförmige Auswüchse oberhalb und unterhalb des Auges. Die Augenlider waren verknöchert und konnten sich bei Angriffen fest schließen.

Schwänze

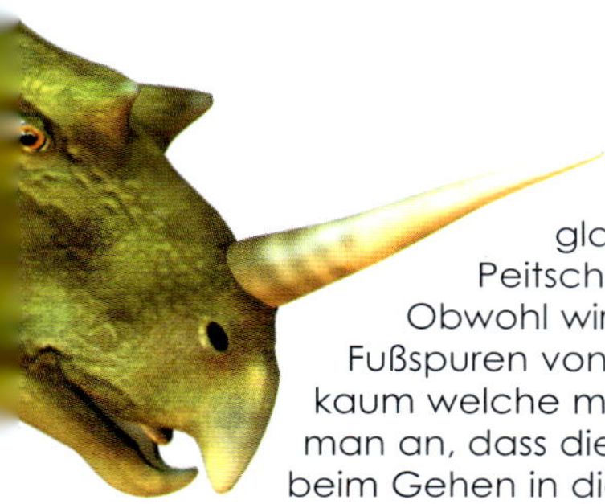

Das Schwanzende von Diplodocus war so lang und dünn, dass einige Forscher glauben, dass es wie eine Peitsche zur Abwehr benutzt wurde. Obwohl wir eine ganze Reihe von Fußspuren von **Sauropoden** kennen, gibt es kaum welche mit Schwanzspuren. So nimmt man an, dass die Sauropoden ihren Schwanz beim Gehen in die Höhe hielten. Ankylosaurus (s. S. 118) besaß einem mächtig gepan-zerten, keulenartigen Schwanz, den er zur Verteidigung schwingen konnte wie ein Ritter seinen Streitkolben. Die Schwanzkeule bestand aus verwachsenen Knochen, die stark genug waren, um selbst den größten Dinosauriern die Beine zu brechen.

Ankylosaurus

Ichthyosaurus

Ein wasserlebender Jäger

FOSSILIEN

Fossilien von Ichthyosaurus wurden in England, Deutschland, Grönland und Kanada gefunden – die ersten bereits im frühen 19. Jh. in England.

Ichthyosaurier waren echte Reptilien, aber schwammen wie Fische durch kräftige seitliche Ruderschläge ihres Schwanzes. Da sie zum Luftholen auftauchen mussten, lebten sie wahrscheinlich dicht an der Oberflache der See. Die Nasenöffnung lag an der Oberseite des langen, schnabel-förmigen Kopfes, der eine große Zahl spitzer Zähne trug.

Aussehen

Ichthyosaurus bedeutet „Fischechse". Der Name wurde 1818 von Charles König vom Britischen Museum geprägt. Er ist kein Dinosaurier, sondern ein delfinartiges Meeresreptil. Ichthyosaurier lebten vom Unteren Jura bis zur Unterkreide, also vor etwa 206 bis 140 Mio. Jahren.

Fortpflanzung und Nahrung

Ichthyosaurier hatten ungepanzerte, stromlinienförmige Körper und lange Flossen zur Erhaltung der Balance. Die Brustflossen waren doppelt so lang wie die Bauchflossen. Die Augen waren ungewöhnlich groß und von einem Knochenring umgeben. Der senkrecht stehende Schwanz war das Hauptantriebsorgan. Der Schwanz wie auch die Rückenflosse dienten zur Steuerung.

Ichthyosaurier gebaren lebende Junge – das wissen wir, weil man Fossilien mit Jungtieren im Mutterleib gefunden hat. Die Fossilien geben uns auch Aufschluss über die Nahrung – denn die unverdaulichen Haken auf den Fangarmen von Tintenfischen sind erhalten geblieben. Ein Tier hat mindestens 1500 Tintenfische gefressen, bevor es starb.

Das erste vollständige Fossil eines Ichthyosaurus wurde von einem Mädchen namens Mary Anning im frühen 19. Jahrhundert in Lyme Regis in Südengland entdeckt. Später wurde Mary Anning zu einer berühmten Fossiliensammlerin und -verkäuferin.

FAKTEN

- Die meisten waren etwa 2 m lang, manche aber erreichten 9 m. Normalerweise wogen diese delfinartigen Tiere etwa 90 kg.
- Wir wissen, dass Ichthyosaurier schnelle Schwimmer waren, weil Reste des schnell schwimmenden Fisches Pholidophorus in fossilisiertem Ichthyosaurierkot gefunden wurden. Sie erreichten 40 km/h.
- In Holzmaden in Süddeutschland gefundene Ichthyosaurierfossilien sind so gut erhalten, dass man sogar die Haut noch sehen kann.
- Im Jahr 2000 wurde das am besten erhaltene Ichthyosaurierskelett als Fälschung erkannt. Es war im vorvorigen Jahrhundert aus zwei verschiedenen Skeletten zusammengesetzt worden.

DATEN

Zeitalter:	Jura
Unterordnung:	Ichthyosauria
Familie:	Ichthyosauridae
Charakteristik:	Meeresbewohnender Räuber
Merkmale:	Riesige Augen, vier halbmondförmige Seitenflossen, eine Rückenflosse
Nahrung:	Tintenfische und andere Meerestiere

Kopf eines Ichthyosaurus

Elasmosaurus - Platyurus

Langhalsige Meeresreptilien

FOSSILIEN

Fossilien von Elasmosaurus wurden in Nordamerika und Japan gefunden. Das erste wurde 1868 entdeckt.

Elasmosaurus bedeutet „dünnplattige Echse“ und bezieht sich auf die plattenförmigen Knochen im Beckengürtel des Tieres. Er lebte vor 88-65 Mio. Jahren in dem großen Binnenmeer, das zu dieser Zeit große Teile des westlichen Nordamerika bedeckte. Der Hals ist im Verhältnis zum Körper besonders lang.

DATEN

Zeitalter:	Kreide
Unterordnung:	Plesiosauria
Familie:	Elasmosauridae
Charakteristik:	Riesiges, langsam schwim-mendes Meeresreptil
Merkmale:	Extrem langer Hals. Kleiner Kopf
Nahrung:	Fische und anderes kleines Meeresgetier

Elasmosaurus wurde von Edward Drinker Cope benannt. Leider setzte Cope beim Montieren des Skelettes den Kopf ans falsche Ende! Seine Rivalen sahen dies mit Schadenfreude, und er hatte lebenslang unter ihrem Spott zu leiden.

Aussehen

Der Hals von Elasmosaurus enthielt mehr als 70 **Wirbel**. Elasmosaurus war die längste Art der sogenannten **Plesiosaurier**. Er besaß vier lange, paddelförmige Beine und einen kleinen Kopf mit scharfen, sägeartigen Zähnen.

Der lange Hals konnte vermutlich in verschiedener Weise bei der Nahrungssuche eingesetzt werden.

Perm	Trias	Jura	Kreide
(vor 290-248 Mio. Jahren)	(vor 248-206 Mio. Jahren)	(vor 206-144 Mio. Jahren)	(vor 144-65 Mio. Jahren)

Elasmosaurus könnte an der Wasseroberfläche gelegen und Fische und andere Tiere vom Grund aufgefischt, aber auch von unten Fischschwärme angegriffen haben. Vermutlich pirschte er sich langsam an, um dann plötzlich vorzustoßen. Der kleine Kopf und schlanke Hals waren wohl nur für kleine Beutetiere geeignet. Fossilien von Elasmosaurus zeigen rundliche Steine im Magen-wahrscheinlich verschluckte Elasmosaurus diese, entweder um die Nahrung zu zerreiben oder um den Auftrieb im Wasser zu verringern.

Vermutlich war Elasmosaurus ein langsamer Schwimmer. Er musste wohl große Entfernungen zurücklegen, um sichere Paarungs- und Brutplätze zu finden.

Fortpflanzung

Lange Zeit dachte man, dass Elasmosaurus Eier an Land ablegte wie die meisten Reptilien. Inzwischen nimmt man eher an, dass er lebendgebärend war und die Jungtiere womöglich beschützte, bis sie in sich in ihrer gefährlichen Umwelt selbst behaupten konnten. Vielleicht schlossen sich mehrere Erwachsene in Gruppen zusammen, um ihre Jungen zu beschützen.

FAKTEN

- Mit 14 m Länge war Elasmosaurus der längste Plesiosaurier.
- Auf Bildern reckt Elasmosaurus häufig Kopf und Hals weit aus dem Wasser heraus. Tatsächlich war es aus Schwerkraftgründen wohl unmöglich, viel mehr als den Kopf aus dem Wasser zu strecken.
- Mit seinem langen, schlangenförmigen Hals ist Elasmosaurus ein wichtiger Kandidat für das Ungeheuer von Loch Ness (s. S. 228).

Kronosaurus

Riesiges, kurzhalsiges Meeresreptil

Kronosaurus bedeutet „Kronos' Echse". Er war kurzhalsig, hatte vier Paddelflossen, einen riesgen Kopf und einen kurzen, spitzen Schwanz.

Kronosaurus gehörte zu den Pliosauriern, einer Untergruppe der **Plesiosaurier**, war aber massiger und schneller als die meisten anderen Plesiosaurier. Er bewohnte die Meere, die damals Australien bedeckten. Er schwamm mit Hilfe der vier riesigen, paddelförmigen Flossen und war vielleicht imstande, an Land zu kriechen, wo er wahrscheinlich auch seine Eier in Nestern im Sand ablegte.

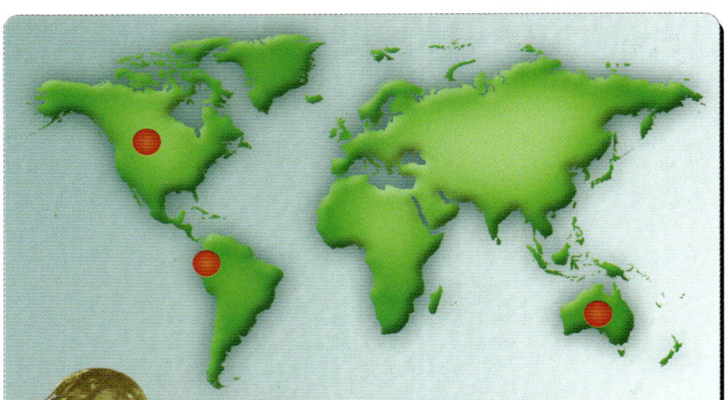

FOSSILIEN

Fossilien von Kronosaurus wurden in Australien und Kolumbien gefunden. Der erste wurde 1889 von A. Crombie in Queensland, Australien, entdeckt.

Nahrung

Kronosaurus jagte andere Meerestiere wie Tintenfische und Ammoniten. Abgerundete Zähne im hinteren Kiefer ermöglichten es ihm, harte Schalen und Knochen zu zermalmen.

In den Mägen von Kronosaurus wurden Reste von Meeresschildkröten und sogar von anderen Plesiosauriern gefunden; und es wurden Skelette von langhalsigen Plesiosauriern entdeckt, die Bissmarken von Kronosauruszähnen aufwiesen. Auch Kronosaurus hatte kleine Steine im Magen, die wohl zur Zerkleinerung der Nahrung dienten.

Kronosaurus

DATEN

ZEITALTER:	KREIDE
CHARAKTERISTIK:	MÄCHTIGER MEERESBEWOHNENDER RÄUBER
MERKMALE:	RIESIGER KOPF. KRÄFTIGER KIEFER
NAHRUNG:	RÄUBER, ANDERE MEERESTIERE

Kronosaurus konnte seine Beute möglicherweise im Wasser riechen – er besaß wassergefüllte innere Nasenöffnungen und äußere weiter hinten auf der Kopfoberseite, wo das Wasser wieder ausströmte. Auf diesem Weg konnten Geruchspartikel aufgenommen werden.

Aussehen

Der Kopf von Kronosaurus war gewaltig und maß bis zu 3 m. Weil der gesamte Körper nur etwa 9 m lang war, machte der Kopf ein Drittel der Körperlänge aus.

Ursprünglich hielt man ihn für viel länger und zugleich für den größten Plesiosaurier, aber neuere Untersuchungen ergaben eine geringere Körpergröße. Die Wissenschaftler, die den ersten Kronosaurus montierten, mussten viele Teile des Skeletts rekonstruieren, dabei fügten sie zu viele Wirbel ein und verlängerten das Skelett fälschlich.

FAKTEN

- Schnell und wild – einer der größten Räuber in den Meeren der Vorzeit.
- Einige Zähne von Kronosaurus waren 25 cm lang, allerdings saßen sie tief im Kiefer.
- Das Skelett des ersten, 1889 entdeckten Kronosaurus war so unvollständig, dass die Forscher, die das Skelett zusammensetzten, viele Teile rekonstruieren mussten.
- Das erste entdeckte Skelett von Kronosaurus war in solch schlechtem Zustand, dass die Forscher beim Aufstellen viele Teile aus Gips einfügen und dabei ihre Phantasie walten lassen mussten. Daher stammt der Spitzname „Plasterosaurus" für das Skelett, was „Gipssaurier" bedeutet.

Tylosaurus

Riesiger Meeresräuber

FOSSILIEN

Fossilien von Tylosaurus wurden in Nordamerika und Neuseeland gefunden. Die ersten Reste entdeckte man 1869 in Kansas (USA). Die gelben Punkte zeigen Orte, an denen man Fossilien fand, die Tylosaurus nahestehen – in Angola, Südafrika und Japan.

Der Name Tylosaurus stammt von den griechischen Wörtern „tylos" (Buckel) und „sauros" (Echse) und bezieht sich auf die lange und fast runde Schnauze, die an der Spitze abgerundet und verknöchert ist. Tylosaurus war ein Meeresreptil und gehörte zu den **Mosasauriern**. Er war einer der größten unter ihnen und konnte bis 12 m Länge erreichen.

DATEN

Zeitalter:	Kreide
Unterordnung:	Lacertilia
Familie:	mosasauridae
Charakteristik:	Grosser Meeresräuber
Merkmale:	Kräftiger Schwanz. Lange, rundliche Schnauze
Nahrung:	Fische, andere Meerestiere, flugunfähige Vögel

Aussehen

Er besaß einen schlanken Körper und einen langen und kräftigen Schwanz, mit dem er sich wohl schlängelnd durchs Wasser bewegte, etwa so wie ein Krokodil. Der lange und kräftige Kopf maß über 1 m. Die vier Seitenflossen waren schmal und lang. Die knöcherne Schnauzenspitze könnte zum Rammen von Beutetieren oder Artgenossen gedient haben. Die gewaltigen Kiefer trugen zahlreiche konische Zähne.

Wie die meisten Mosasaurier besaß Tylosaurus vielleicht eine gespaltene Zunge, mit der er im Wasser riechen konnte, und große Augen – das heißt, er sah sehr gut.

FAKTEN

- Tylosaurus konnte seinen Unterkiefer dehnen und daher das Maul sehr weit aufreißen und große Beutestücke verschlingen, geradeso wie die heutigen Schlangen.
- 2006 war Tylosaurus ein Teil der Ausstellung „Wilde Meere der Vorzeit" am Institut für Unterwasserforschung auf den Bermudas.
- 2002 wurde ein Tylosaurusskelett im Alabama Museum für Naturkunde ausgestellt. Es brauchte 2000 Arbeitsstunden, um das Skelett aufzustellen.
- Tylosaurus besaß nicht nur eine knöcherne Schnauzenspitze, sondern auch Knochenplatten auf dem Kopf und Knochenschuppen am ganzen Körper.

Nahrung

Diese riesigen Meeresräuber jagten Fische, Weichtiere, kleinere Mosasaurier, Schildkröten und vielleicht auch fliegende **Pteranodons**, die beim Beutefang zu nah an die Meeresoberfläche kamen.

Es wurden viele verschiedene Arten beschrieben, aber heutzutage hält man nur die folgenden vier für valid:

Tylosaurus proriger
Tylosaurus nepaeolicius
Tylosaurus haummuriensis
Tylosaurus kansasensis

Mosasaurus

Riesiger Meeresräuber

Mosasaurus wurde nach dem Fluss Maas nahe Maastricht in Holland benannt, wo das erste Fossil gefunden wurde. Der Name wurde 1822 geprägt.

Mosasaurus war ein riesiger, räuberischer Saurier, der vor 70-65 Mio. Jahren in flachen Meeren lebte, denn er musste zum Atmen an die Oberfläche kommen. Er besaß einen langen, stromlinienförmigen Körper, vier Paddelflossen und einen langen, kräftigen Schwanz. Es konnte schnell schwimmen und wurde zwischen 12 m und 17,6 m lang. Der große Kopf trug riesige Kiefer (bis 1,45 m lang), die sich wegen der einzigartigen Gelenkstruktur bis 1 m weit öffnen konnten.

DATEN

Zeitalter:	Kreide
Charakteristik:	Riesiger, schnell schwimmender Meeresräuber
Merkmale:	Locker eingelenkter Unterkiefer. Kräftiger Schwanz
Nahrung:	Haie, Knochenfische und andere Meeresreptilien

FOSSILIEN

Fossilien wurden in Nordamerika, Afrika, Neuseeland und Europa gefun-den. Das erste wurde 1780 in einem holländischen Steinbruch entdeckt.

Perm	Trias	Jura	Kreide
(vor 290-248 Mio. Jahren)	(vor 248-206 Mio. Jahren)	(vor 206-144 Mio. Jahren)	(vor 144-65 Mio. Jahren)

Kiefer

Mosasaurus besaß ein zusätzliches Gelenk in der Mitte des Unterkiefers, so dass sich dieser weit abspreizen und sogar zur Seite bewegen konnte, wie bei den Schlangen, die ihren Unterkiefer geradezu ausrenken können, um große Beutetiere zu verschlingen. Auch Warane, die nächsten Verwandten der Mosasaurier, besitzen solch einen Unterkiefer. Die Kiefer waren mit rückwärts gekrümmten Zähnen besetzt, die, wie bei den Haien, durch neue ersetzt wurden, wenn sie beschädigt waren.

Nahrung

Die erhaltenen Mageninhalte zeigen, dass Mosasaurus Haie, Knochenfische, Seeschildkröten und sonstige Meeresreptilien fraß.

Skelett

Die Wirbelsäule von Mosasaurus bestand aus etwa 100 Wirbeln (viermal mehr als beim Menschen), die jeweils gelenkig miteinander verbunden waren. Daher konnte Mosasaurus schwimmen wie ein Aal. Er war sicher einer der fürchterlichsten Räuber seiner Zeit.

Fortpflanzung

Wir wissen nicht, ob Mosasaurus Eier an Land ablegte (wie die Meeresschildkröten) oder ob er im Wasser lebende Junge gebar.

Fossilien von Mosasaurus gehören zu den ältesten entdeckten Dinosaurierresten, und sie begründeten die Diskussion darüber, ob es überhaupt möglich sei, dass Tiere aussterben können.

FAKTEN

- Mosasaurus ist nahe mit den Waranen verwandt.
- Kürzliche Untersuchungen ergaben, dass das älteste Fossil ein Teil von einem Schädel ist, der bereits 1766 bei St. Pietersburg in der Nähe von Maastricht gefunden wurde.
- 1795 wurde der Mosasaurusschädel für 600 Flaschen Wein an die französische Armee verkauft. Heute ist er in einem Pariser Museum.
- Wie Tylosaurus konnte auch Mosasaurus seinen Unterkiefer ausrenken und damit riesige Beutestücke schlucken, sogar ganze Haie.

Ophthalmosaurus

Großäugiger Meeresräuber

FOSSILIEN

Fossilien wurden in Europa und Argentinien gefunden. Der erste Fund 1874 gelang dem englischen Forscher Harry Seeley.

Ophthalmosaurus bedeutet „Augenechse“. Der Name bezieht sich auf die tellergroßen Augen – Ophthalmosaurus hatte die größten Augen aller Wirbeltiere, bezogen auf die Körpergröße: Sie maßen 23 cm im Durchmesser. Die Augenhöhlen nahmen fast den gesamten Schädel auf jeder Seite ein, und die Augen waren von einem knöchernen Ring umgeben, der sie wohl vor dem Wasserdruck schützte. Daraus schließen wir, dass Ophthalmosaurus tief tauchen konnte, um zu jagen – oder auf der Flucht vor Feinden.

Vielleicht war er ein Nachttier, weil große Augen vorteilhaft bei geringen Lichtmengen sind. Sie halfen ihm, Tintenfische, seine Hauptbeute, auch im Dunkeln zu erkennen. (Große Augen enthalten mehr Sehzellen und sind daher im Dunkeln effektiver.)

DATEN

Zeitalter:	Jura
Familie:	Ichthyosauridae
Charakteristik:	Delfinartiger Jäger
Merkmale:	Riesige Augen
Nahrung:	Tintenfische und Fische

Perm	Trias	Jura	Kreide
(vor 290-248 Mio. Jahren)	(vor 248-206 Mio. Jahren)	(vor 206-144 Mio. Jahren)	(vor 144-65 Mio. Jahren)

Aussehen

Obwohl er perfekt ans Wasserleben angepasst war, musste Ophthalmosaurus wie die heutigen Delfine und Wale Luft atmen. Er wurde etwa 6 m lang, und mit seinem glatten, torpedoförmigen Körper glich er sehr einem Delfin. Da die Vorderflossen viel länger waren als die hinteren, schwamm Ophthalmosaurus wahrscheinlich mit Hilfe des Schwanzes und steuerte mit den Vorderflossen. Der Kopf war etwa 1 m lang.

Ophthalmosaurus und Stenosaurus

Taucherkrankheit

Obgleich er sehr tief tauchen konnte, hatte er dafür einen Preis zu zahlen. Fossilien beweisen, dass er wie heutige Taucher unter der Taucherkrankheit litt: Beim zu schnellen Auftauchen bildet der gelöste Stickstoff im Blut schmerzhafte Bläschen, die Gewebe und sogar Knochen beschädigen. Manche Fossilien zeigen genau derartige Eindrücke an Gelenken und Armknochen.

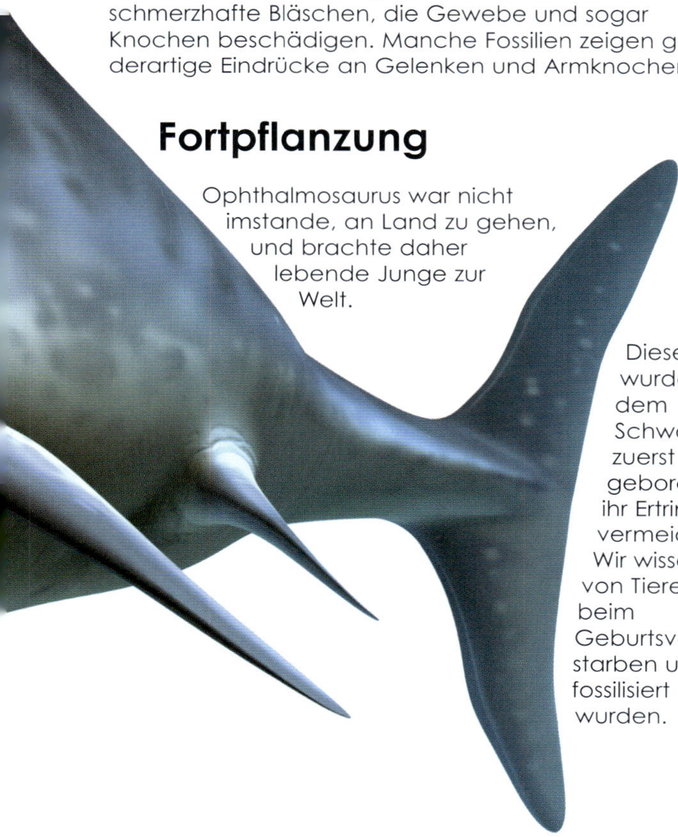

Fortpflanzung

Ophthalmosaurus war nicht imstande, an Land zu gehen, und brachte daher lebende Junge zur Welt.

Diese wurden mit dem Schwanz zuerst geboren, um ihr Ertrinken zu vermeiden. Wir wissen das von Tieren, die beim Geburtsvorgang starben und fossilisiert wurden.

FAKTEN

- Ophthalmosaurus lebte vor 165-150 Mio. Jahren.
- Er konnte vielleicht bis 4.500 m tief tauchen. Berechnungen ergaben, dass er selbst dort unten noch sehen konnte.
- Der Kiefer war fast zahnlos, wohl eine Anpassung an die Jagd nach Tintenfischen und Fischen.

Die Anzahl der Jungtiere betrug 2 bis 11, meist wurden aber nur zwei bis drei Junge geboren.

Plesiosaurus

Vierflossiges Meeresreptil

FOSSILIEN

Die ersten Fossilien wurden 1821 von Mary Anning in England gefunden.

Der Name Plesiosaurus bedeutet „fast Echse“ und kommt von den griechischen Wörtern „plesios“ (nahe) und „sauros“ (Echse). Er wurde 1821 von H. T. De La Beche und William D. Conybeare geprägt.

Aussehen

Plesiosaurus war ein Zeitgenosse der Dinosaurier. Er hatte einen langen, dünnen Hals, einen kleinen Kopf und einen ziemlich dicken Leib. Er maß etwa 2,3 m und wog vielleicht 90 kg.

Obgleich Plesiosaurus im offenen Meer lebte, musste er Luft atmen und dafür regelmäßig an die Wasseroberfläche kommen – etwa so wie die heutigen Wale und Delfine.

Vermutlich schwamm Plesiosaurus mit Hilfe der Flossen, die paarweise ruderten bzw. auf und ab schlugen, während der Schwanz steuerte. Diese Schwimmweise ist einzigartig.

Skelett eines Plesiosaurus

Fortpflanzung

Früher nahm man an, dass er Sandstrände hinaufkriechen konnte, um dort seine Eier abzulegen und sie möglicherweise mit Sand zu bedecken, etwa wie die Seeschildkröten.
Heute meint man jedoch, dass er im Meer lebende Junge zur Welt brachte. Dies wäre für die Jungtiere sicher einfacher gewesen, da sie nach dem Schlüpfen so nicht den Strand hinab ins sicherere Wasser kriechen mussten.

Nahrung

Fossilisierte Mageninhalte von Plesiosaurus zeigen, dass sie sich von Fischen und anderen Meerestieren ernährten. Sie hatten aber auch Steine im Magen, die entweder der

Perm	Trias	Jura	Kreide
(vor 290-248 Mio. Jahren)	(vor 248-206 Mio. Jahren)	(vor 206-144 Mio. Jahren)	(vor 144-65 Mio. Jahren)

Zerkleinerung der Nahrung dienten, oder der Verringerung des Auftriebes, damit die Tiere besser tauchen konnten.

Die ersten Fossilien des Plesiosaurus wurden an der englischen Kanalküste (**Juraküste**) in Juragesteinen gefunden. 2004 wurde ein völlig intaktes Jungtier 50 km nördlich der Fundstelle des ersten Plesiosaurus entdeckt.

FAKTEN

- Das erste Fossil eines Plesiosaurus wurde lange vor dem ersten Dinosaurier entdeckt.
- Ein Plesiosaurus kommt in Jules Vernes *Reise zum Mittelpunkt der Erde* vor – er kämpft mit einem Ichthyosaurier (s. S. 34)!
- Viele Menschen glauben, dass das Ungeheuer von Loch Ness (s. S. 228) ein Plesiosaurier sein könnte. Das ist aber sehr unwahrscheinlich, weil im kalten Wasser des Sees wohl kaum ein kaltblütiges Tier wie Plesiosaurus leben könnte. Außerdem bildete sich der See erst von 10 000 Jahren, während Plesiosaurus vor Millionen von Jahren ausstarb.

DATEN

Zeitalter:	Jura
Unterordnung:	Plesiosauria
Familie:	Plesiosauridae
Charakteristik:	Etwa mannsgross, Meeresräuber
Merkmale:	Langer, gebogener Hals. Vier Paddelflossen. Kleiner Kopf mit langen, scharfen Zähnen
Nahrung:	Fische und kleines Meeresgetier

Nothosaurus

Meeresreptil mit paddelartigen Flossen

FOSSILIEN

Fossilien wurden in Europa, dem Mittleren Osten, Asien und Afrika gefunden.

Nothosaurus bedeutet „falsche Echse". Trotz seines eidechsenartigen Aussehens war er kein Dinosaurier. Er gehört zu einer **Nothosaurier** genannten Reptiliengruppe, die 1834 von G. von Meunster benannt wurden.

Nothosaurier

Nothosaurier waren langhalsige und langschwänzige, fischfressende Meeresreptilien. Sie erreichten sehr unterschiedliche Größen, zwischen 20 cm und 6 m. Alle besaßen vier breite, paddelförmige Gliedmaßen, wahrscheinlich sogar mit Schwimmhäuten zwischen Fingern und Zehen. Der Hals war lang, der Kopf schmal und lang, die Nasenöffnungen befanden sich an der Oberseite, so dass die Tiere beim Schwimmen atmen konnten. Vielleicht besaßen sie sogar eine Schwanzflosse zum Steuern.

Es ist schwierig, die „typische" Größe dieser Meeressaurier zu beschreiben, weil mindestens 8 verschiedene Arten bekannt sind. Die meisten waren wohl zwischen 1 und 3 m lang.

Die Kiefer trugen lange und nach außen gerichtete Zähne, vorzüglich geeignet zum Fischen, sowie zahlreiche kürzere Zähne. Diese Zahnreihen wirkten wie eine Reuse, der kaum ein Fisch entkommen konnte.

Kräftige Paddel und der starke Schwanz machten Nothosaurus zu einem guten Schwimmer. Obgleich er

DATEN

Zeitalter:	Trias
Unterordnung:	Nothosauria
Familie:	Nothosauridae
Charakteristik:	Fischfressendes Meeresreptil
Merkmale:	Paddelartige Flossen. Langer, spitzer Schwanz
Nahrung:	Fische und Krebse

sicher im Wasser jagte, lebte Nothosaurus wahrscheinlich nicht dauernd dort wie seine Nachkommen, die **Plesiosaurier**. Zum Ausruhen kroch er wahrscheinlich auf Felsen und auf den Strand, etwa so wie Robben. Vermutlich legte er auch seine Eier an Land ab. Viele Fossilien junger Nothosaurier wurden an Stellen gefunden, die in der Trias Höhlen waren. Das Leben in Höhlen war damals sicher eine Ausnahme, allerdings waren die Eier dort recht sicher.

FAKTEN

- Wissenschaftler kennen acht verschiedene Arten von Nothosauriern.
- Die Nothosaurier starben in der Obertrias aus. Sie sind wohl die Vorfahren der Plesiosaurier.
- Zur Zeit der Nothosaurier erschienen gerade erst primitive Dinosaurier wie Herrerasaurus (s. S. 90) auf der Erde.

Liopleurodon

Meeresreptil

FOSSILIEN

Fossilien von Liopleurodon wurden in Europa gefunden. Fossilien von Shonisaurus wurden in Nevada, USA, entdeckt.

Liopleurodon war ein Pliosaurier, wie die kurzhalsigen **Plesiosaurier** bezeichnet werden. Plesiosaurier waren Reptilien, die zum Leben im Meer zurückgekehrt waren. Sie entstanden im Unteren Jura und teilten sich in zwei Gruppen: langhalsige und kurzhalsige.

Liopleurodon besaß gigantische Flossen, mit denen er wahrscheinlich langsam durch die flachen Meere auf der Suche nach Beute umherstreifte.

Er besaß eine lange Schnauze, die mit zahlreichen langen und spitzen Zähnen besetzt war. Wahrscheinlich jagte er Meereskrokodile, den riesigen Fisch Leedsichthys, Ichthyosaurier und vielleicht auch kleinere Pliosaurier.

Liopleurosaurus verließ das Meer wohl niemals, obgleich er Luft atmete. Deshalb dürfte er wohl lebende Junge geboren und dazu flache Gewässer aufgesucht haben.

Liopleurodon lebte im Mittel- und Oberjura überall in Europa. Er war vermutlich das größte Raubtier, das jemals im Meer gelebt hat, denn er konnte bis 25 m lang werden.

DATEN

Zeitalter:	Jura
Unterordnung:	Pliosauroidea
Familie:	Pliosauridae
Charakteristik:	Riesiger Meeresallesfresser
Merkmale:	Der dominante Räuber
Nahrung:	Meereskrokodile, Leedsichthys, Ichthyosaurus, wahrscheinlich andere Pliosaurier

Perm	Trias	Jura	Kreide
(vor 290-248 Mio. Jahren)	(vor 248-206 Mio. Jahren)	(vor 206-144 Mio. Jahren)	(vor 144-65 Mio. Jahren)

Shonisaurus

Meeresreptil

DATEN

Zeitalter:	Trias
Unterordnung:	Longipinnati
Familie:	Shastasauridae
Charakteristik:	Delfinartiges Meerestier
Merkmale:	Räuberisches Reptil
Nahrung:	Fische

Shonisaurus war ein Reptil, das zur gleichen Zeit wie die Dinosaurier in Nordamerika lebte. Zahlreiche Überreste dieser Tiere, vor allem Knochen, wurden in einem kleinen Gebiet um Berlin, Nevada, USA, entdeckt.

Shonisaurus war ein Ichthyosaurier der Obertrias und ähnelte sehr einem Delfin. Allerdings war er mit bis 15 m Länge riesig und daher mehr mit einem Wal vergleichbar.

Shonisaurus besaß vier Flossen, eine Rückenflosse und eine fischartige Schwanzflosse. Er hatte eine lange, schmale Schnauze, besetzt mit nadelscharfen Zähnen, allerdings nur im vorderen Bereich. Diese war bestens zum Fischen geeignet, aber vielleicht fing er auch Ammoniten, die zu dieser Zeit im Meer sehr zahlreich waren.

FAKTEN

- Man kennt Fossilien von Überresten der Beutetiere des Liopleurodon. Bissspuren an Flossen von Plesiosauriern und anderen Beutetieren zeigen, welch furchtbarer Räuber er war.
- Die Nasengänge im Schädel von Liopleurodon beweisen, dass er seine Beute im Wasser riechen konnte.
- 2003 wurde in Mexiko ein Pliosaurier gefunden, den man für ein Liopleurodon hält. Er misst 18 m, ist aber noch ein Jungtier; so könnten die Tiere noch viel größer gewesen sein.
- Bergleute entdeckten die ersten Überreste von Shonisaurus, und es wird berichtet, dass sie die Wirbel als Teller benutzten.

Angriff und Abwehr

Dinosaurier griffen sich gegenseitig an, verteidigten sich und kämpften um die Vorherrschaft im Rudel. Selbst wenn manche Arten gefährliche Räuber waren, waren doch die meisten harmlose **Pflanzenfresser**. Diese versuchten in der Regel, einem Angriff durch Flucht zu entkommen. Ihre Waffen benutzten sie entweder zur Feindabwehr oder beim Kampf um Nahrung, Territorien oder einen Geschlechtspartner.

Verteidigung

Dinosaurier verteidigten sich mittels Tarnung, Zusammenrottung in Herden oder aktiver Abwehr. Die kleineren Pflanzenfresser retteten sich normalerweise durch schnelle Flucht. Ein gutes Gehör und gutes Sehvermögen war wichtig, um beim ersten Zeichen der Gefahr fliehen zu können.

Abwehr- und Angriffsmethoden umfassten den aktiven Gebrauch von Zähnen, Klauen und Hörnern; passive Methoden waren Tarnung und Panzerung.

Viele Pflanzenfresser schützen empfindliche Teile, z. B. Hals und Wirbelsäule, mit knöchernen Halskragen, zahnabweisenden Zacken oder Platten, und viele besaßen auch scharfe Krallen, Hörner oder Stacheln zur Abwehr.

Einige Dinosaurier waren so groß, dass sie keine Abwehrwaffen brauchten, denn es gab keine Räuber, die groß genug waren, sie zu bedrohen.

Herdentiere kämpften um die Vorherrschaft in der Gruppe. Normalerweise waren diese Kämpfe nicht tödlich, weil es nicht sinnvoll war, die Herde durch solche Kämpfe zu dezimieren.

Acrocanthosaurus

Angriff

Fleischfressende Dinosaurier besaßen Waffen, mit deren Hilfe sie andere Dinosaurier töten konnten, etwa scharfe Zähne oder kräftige Beine, geeignet zum schnellen Lauf oder Sprung.

Scelidosaurus

Die Arme von Daspletosaurus waren mit zahlreichen scharfen Zähnen besetzt. Deinonychus (s. S. 58) war sehr agil und benutzte seine langen Klauen, um andere Dinosaurier aufzuschlitzen.

Therizinosaurus besaß riesige Krallen, die er hin und her bewegen konnte, um einem Feind zu imponieren.

Therizinosaurus

Compsognathus

Troodon(s. S. 82), ein kleiner, kurzfüßiger Räuber, besaß ein räumliches Sehvermögen. Dieses ermöglichte es ihm, kleine, nächtlich aktive Säugetiere zu beschleichen,was anderen Dinosauriern nicht möglich war.

Allosaurus (s. S. 72) konnte allein nur kleinere bis mittelgroße Dinosaurier überwältigen, aber in der Gruppe konnten mehrere Allosaurus selbst sehr große Dinosaurier, wie etwa Diplodocus, zur Strecke bringen.

Der schreckliche Postosuchus war ein Jäger, der imstande war, jedes Tier der gleichzeitig lebenden Arten zu töten. Er war ein Lauerjäger, der seine Beutetiere aus dem Hinterhalt überraschte.

Tyrannosaurus Rex

Der König der Raubdinosaurier

RAUBSAURIER

FOSSILIEN

Fossilien wurden an vielen Stellen in den USA und auch in Asien gefunden.

Die mächtigen Hinterbeine und sehr großen Füße gestatteten es Tyrannosaurus rex vermutlich, bei der Jagd große Entfernungen möglicherweise sogar rennend zurückzulegen. Obgleich seine Arme winzig waren, trugen sie doch scharfe Krallen, mit denen er vielleicht Fleisch von seiner Beute riß. Auch die scharfen Zähne dienten zum Abreißen von Fleisch von den erbeuteten Kadavern, außerdem konnte er mit seinen kräftigen Kiefern Knochen abbeißen und zermalmen. Er war wohl ein opportunistischer Jäger, der auch Aas nicht verschmähte, wenn andere Beute nicht vorhanden war.

Tyrannosaurus rex war einer der größten und mächtigsten Dinosaurier. Er wurde 1902 entdeckt und 1905 beschrieben.

Wahrscheinlich lebte Tyrannosaurus rex in Familienverbänden. Er jagte kleinere Dinosaurier, was wir an Bissspuren an den Knochen anderer Dinosaurier sehen können.

DATEN

Zeitalter:	Kreide
Unterordnung:	therapoda
Familie:	tyrannosauroidae
Charakteristik:	Mächtiger Fleischfresser
Merkmale:	Dominanter Räuber
Nahrung:	Jäger und Aasfresser

Perm (vor 290-248 Mio. Jahren)	Trias (vor 248-206 Mio. Jahren)	Jura (vor 206-144 Mio. Jahren)	Kreide (vor 144-65 Mio. Jahren)

Aussehen

Tyrannosaurus rex erreichte 4,5-6 m Höhe und konnte wahrscheinlich über die Wipfel der Bäume der Sumpf-wälder hinaussehen, in denen er lebte.

Der letzte Fossilfund eines Tyrannosaurus rex wurde 1990 in South Dakota gemacht. Es wurde nach der Entdeckerin Sue genannt und steht jetzt im Field Museum in Chicago.

FAKTEN

- Länge über 12 m von der Nase bis zur Schwanzspitze.
- Konnte 16-48 km/h erreichen.
- Mächtiger Kiefer mit 58 gesägten, bis 15 cm langen Zähnen, die bei Abnutzung durch neue ersetzt wurden.
- Das vollständige Skelett hatte etwa 200 Knochen – ungefähr so viele wie beim Menschen.
- Das Fossil „Sue" wurde 1997 bei Sotheby's für 7,6 Mio. $ versteigert.

Dinosaurierforscher suchen nach weiteren Fossilien und forschen auch weiter an den bereits vorhandenen, um mehr über das Leben und Sterben dieses gigantischen Räubers zu lernen.

Giganotosaurus

Riesenechse des Südens (Der neue König der Raubsaurier)

FOSSILIEN

Fossilien wurden an verschiedenen Stellen in Argentinien gefunden. Der erste wurde 1994 von Ruben Carolini in Patagonien entdeckt.

Giganotosaurus bedeutet „Riesige Südechse“ und wurde 1995 von Coria und Salgado beschrieben.

Giganotosaurus lebte zur gleichen Zeit wie der riesige Pflanzenfresser Argentinosaurus (s. S. 96), den er wahrscheinlich gejagt hat. Ähnlich wie Tyrannosaurus rex (s. S. 54), der 30 Mio. Jahre später lebte, jagte er in warmen Sumpfgebieten.

Aussehen

Giganotosaurus wurde 5,5 m hoch und maß bis 15 m. Er ist jedoch nicht der größte Dinosaurier aller Zeiten; das ist Argentinosaurus, und es mag noch größere gegeben haben, die wir noch nicht kennen. 2006 behaupteten Forscher aufgrund neuer Funde, dass Spinosaurus (s. S. 78) ein noch größerer Raubsaurier gewesen sei als Giganotosaurus.

Obgleich länger als T-Rex, war Giganotosaurus leichter gebaut, und wahrscheinlich konnte er ziemlich schnell laufen. Sein langer, dünner Schwanz half ihm, beim Laufen die Balance zu halten, und bewegte sich dabei wohl seitlich hin und her. Er unterstützte auch schnelle Drehungen. Wir wissen, dass Giganotosaurus einen guten Geruchssinn besaß und wegen seiner großen Augen auch sehr gut sah.

Giganotosaurus lief auf den Hinterbeinen, besaß einen sehr langen, dünnen Schwanz und gewaltige Kiefer an seinem bis 1,8 m langen Schädel.

Beutemachen

Die Zähne waren gesägt, bis 20 cm lang und gut zum Zerschneiden von Fleisch geeignet.

Die Kiefer besaßen vermutlich nicht die gleiche Kraft wie die des T-Rex, daher hat Giganotosaurus seine Beute wohl mit seinen dreiklauigen Armen angegriffen.

Bei der Jagd hat er wahrscheinlich versucht, Jungtiere oder Kranke von der Herde zu trennen. Da wir Fundstätten mit mehreren Individuen kennen, ist anzunehmen, dass sie in Gruppen lebten und jagten.

Giganotosaurus hat vermutlich auch seine Jungen in der Gruppe aufgezogen.

FAKTEN

- Er wog so viel wie 125 Menschen.
- Er trat im 3-D-Film „*Dinosaurier*" auf, ebenso in Sendungen wie „*Walking with Dinosaurs*", in der eine Herde Giganoto-saurus einen Argentinosaurus anfällt.
- Der größte Giganotosaurus war mehr als einen Meter länger und eine Tonne schwerer als „Sue", der größte bekannte Tyrannosaurus rex.
- Er jagte Saurier, die fast 10-mal so groß waren wie er selber.
- Giganotosaurus besaß einen Schädel so groß wie eine Badewanne, aber sein Gehirn war nur so groß (und hatte die Form) wie eine Banane.

Achtung: Das ist nicht der gleiche Dinosaurier wie der afrikanische Sauropode Gigantosaurus, der 1869 von Seeley beschrieben wurde.

DATEN

Zeitalter:	Kreide
Unterordnung:	Therapoda
Familie:	Allosauridae
Charakteristik:	Mächtiger Fleischfresser
Merkmale:	Dominanter Räuber

Deinonychus

Listiger zweibeiniger Jäger

FOSSILIEN

Die ersten Fossilien wurden 1964 von Grant E. Meyer und John H. Ostrom im südlichen Montana, USA, entdeckt.

Der Name Deinonychus bedeutet „Schreckens-klaue“ und kommt von den griechischen Worten „deinos“ (schrecklich) und „onychus“ (Klaue). Der Name wurde 1969 von John Ostrom geprägt und bezieht sich auf die lange, sichelförmige Klaue am zweiten Zeh jedes Hinterbeins.

Aussehen

Dieser räuberische Dinosaurier lief auf den Hinterbeinen. Er war etwa 1,5 m hoch, 3 m lang von derNasenspitze bis zum Schwanzende und wog etwa 80 kg. Er besaß einen großen Kopf und spitze, gesägte Zähne in seinen kraftvollen Kiefern. Die großen Augenhöhlen sprechen für ein hervorragendes Sehvermögen.

Die Füße waren vierzehig, und die zweite Zehe trug die scharfe, 13 cm lange Klaue, nach der Deinonychus benannt wurde. Beim Laufen wurde die Klaue angehoben und nur beim Angriff benutzt. Die langen Arme waren dreifingrig, und jeder Finger endete in einer langen, scharfen Klaue.

FAKTEN

- Fossilfunde zeigen, dass Deinonychus in Rudeln jagte, und Tenontosaurus erlegte einen Dinosaurier, 10-mal so groß wie er selber.
- Es gibt Hinweise darauf, dass Deinonychus Federn gehabt haben könnte.

Die große Kralle

Zunächst dachte man, dass die Sichelklaue am Fuß zum Aufschneiden der Beute benutzt wurde; jetzt aber nimmt man an, dass sie eher wie ein Dolch zum Stechen geeignet war. Wahrscheinlich sprang Deinonychus mit Hilfe der kräftigen Hinterbeine auf den Rücken des Beutetieres, krallte sich mit den sichelartigen Klauen der Finger fest und biß und stach dann immer wieder zu, um die Beute möglichst schnell verbluten zu lassen.

Der lange Schwanz war durch Knochenstäbe oberhalb der Wirbel versteift. Er diente als Gegengewicht und erlaubte es Deinonychus, die Balance zu halten und sehr rasche Drehungen auszuführen – wichtig bei der Jagd. Wir sind auch ziemlich sicher, dass Deinonychus in Rudeln jagte, weil an mehreren Fundorten ganze Gruppen von Tieren gefunden wurden. Die Jagd in Rudeln hätte es Deinonychus ermöglicht, viel größere Beutetiere zu überwältigen, als es ein einzelnes Tier gekonnt hätte.

Deinonychus

Gehirngröße

Alle Arten der Dromaeosaurier besaßen im Vergleich zum Körper große Gehirne. Sie waren wohl viel intelligenter als andere Dinosaurier. Das war wichtig für die Verständigung innerhalb des Rudels bei der Jagd.

DATEN

ZEITALTER:	KREIDE
UNTERORDNUNG:	THEROPODA
FAMILIE:	DROMAEOSAURIDAE
CHARAKTERISTIK:	SCHNELLER, ELEGANTER ZWEIBEINIGER RÄUBER
MERKMALE:	EINE SICHELKLAUE AM FUSS; GROSSES GEHIRN; LANGER, STEIFER SCHWANZ
NAHRUNG:	RÄUBER

Baryonyx

Fischfressender Dinosaurier

FOSSILIEN

Fossilien wurden in England und Spanien gefunden. Der erste Fund wurde 1983 von William Walker gemacht.

Aussehen

Trotz dieser wenigen Funde kann man eine Menge aus den Fossilien lernen, denn das erste Skelett war fast vollständig. Baryonyx war etwa 9,5 m lang, 5 m hoch und wog etwa 2,5 Tonnen. Er besaß einen langen, geraden Hals (anders als der s-förmige Hals anderer **Therapoden**), einen Schädel mit langen Kiefern und zahlreichen Zähnen, einen langen Schwanz (zum Halten der Balance), zwei lange Hinterbeine und zwei kürzere Arme, die eine 30 cm lange Klaue trugen.

Größe und Bau der Hinterbeine lassen vermuten, dass Baryonyx ein schneller Läufer war, weil der Schenkelknochen relativ kurz gegenüber dem Wadenbein ist. Der Nacken war wohl etwas nach unten gebogen.

Baryonyx bedeutet „schwere Klaue“ und kommt von den griechischen Wörtern „barys“ (schwer) und „onyx“ (Klaue). Er wurde 1987 von Angela C. Milner und J. Charig beschrieben, und der Name bezieht sich auf die 30 cm langen, gekrümmten Klauen an den Händen. Bisher wurden nur zwei Individuen entdeckt.

Perm (vor 290-248 Mio. Jahren)	Trias (vor 248-206 Mio. Jahren)	Jura (vor 206-144 Mio. Jahren)	Kreide (vor 144-65 Mio. Jahren)

Zähne und Nahrung

Die Zähne von Baryonyx unterscheiden sich von denen anderer Dinosaurier – die Schneidekanten sind viel dünner. Das bedeutet, dass sie weniger zum Schneiden als vielmehr zum Festhalten geeignet sind. Daraus schließt man, dass Baryonyx ein Fischfresser war, und man hat tatsächlich Schuppen eines etwa 1 m langen Fisches namens Lepidotus im Magen von Baryonyx gefunden. Wahrscheinlich lauerte Baryonyx am Ufer oder im Flachwasser und packte die Fische mit dem Rachen oder zog sie mit der langen Klaue aus dem Wasser. Vielleicht schnappte er sie auch mit dem Kopf unter Wasser, denn die Nasenöffnungen lagen so hoch auf dem Kopf, dass er atmen konnte, während das Maul sich unter Wasser befand.

FAKTEN

- Der Artname ist Baryonyx walkeri – benannt nach dem Amateurpaläontologen, dem der erste Fund gelang.
- Der Oberkiefer wies im vorderen Drittel eine Ecke auf, ähnlich wie bei den Krokodilen, was dem Beutetier das Entkommen erschwerte.
- Baryonyx war der erste Raubdinosaurier, der in England entdeckt wurde, und überhaupt der erste fischfressende Dinosaurier.

DATEN

Zeitalter:	Kreide
Unterordnung:	Therapoda
Familie:	Spinosauridae
Charakteristik:	Fischfressender Dinosaurier
Merkmale:	Langer, gerader Hals; 96 scharfe, mikroskopisch gesägte Zähne; 30 cm lange Klauen an den Händen
Nahrung:	Fische; Baryonyx war der erste von nur zwei bekannten fischfressenden Dinosauriern (der andere ist Suchomimus)

Compsognathus

Kleiner flinker Räuber

FOSSILIEN

Fossilien wurden in Frankreich und Deutschland gefunden, vielleicht auch in Portugal. Das erste von Dr. Obern-dorfer in den späten 50er-Jahren des vorvorigen Jahrhunderts in Bayern.

Compsognathus bedeutet „eleganter Kiefer“ (griechisch „kompos“ bedeutet elegant und „gnathos“ Kiefer). Johann A. Wagner benannte 1859 das Tier so wegen der zarten Knochen des leicht gebauten Schädels.

Compsognathus war ein früher Vertreter der **Coelurosaurier** („Hohlschwanzechsen“). Aus dieser Gruppe entwickelten sich später auch die Vögel. Die meisten Knochen von Compsognathus waren hohl, deshalb war er sehr leicht und ein schneller Läufer.

Aussehen

Compsognathus lief auf seinen langen, dünnen Hinterbeinen und hatte extrem kurze Arme. Der lange Schwanz diente als Gegengewicht beim Laufen und bei schnellen Drehungen. Der kleine Kopf lief vorn spitz zu und saß auf einem langen, beweglichen Hals. Compsognathus sah sehr gut und war wahrscheinlich ziemlich intelligent. Der Bau von Schädel und Beinen zeigt, dass er sehr schnell laufen und beschleunigen konnte und zu schnellen Reaktionen fähig war.

Wir kennen seine Größe von zwei fast kompletten Skeletten. Er wurde etwa 70-140 cm lang und wog ausgewachsen nur etwa 3,6 kg. Aufgerichtet maß er nicht mehr als 50 cm.

Paläontologen streiten sich, ob Compsognathus zwei oder drei Finger an der Hand besaß. Egal ob

zwei oder drei – die Finger wurden wohl zum Greifen der Beute benutzt, die dann insgesamt verschluckt oder mit den nadelspitzen Zähnen zerpflückt wurde.

Lebensraum

Zur Lebenszeit von Compsognathus waren große Teile von Frankreich und Süddeutschland vom Meer bedeckt, und Compsognathus lebte auf Inseln. Trotz seiner geringen Größe war er wohl der größte Räuber auf den kleinen Inseln, die keine großen **Pflanzenfresser** ernähren konnten – damit fehlten auch größere Raubdinosaurier.

FAKTEN

- Compsognathus trat in *Jurassic Park II und III* als „Compys" auf. Diese Filme zeigen ihn als Rudeltier, tatsächlich aber wissen wir nichts darüber.
- Selbst ausgewachsen wog Compsognathus nicht mehr als ein Truthahn.
- Berechnungen aufgrund von fossilen Fußspuren zeigen, dass Compsognathus etwa 25 km/h erreichte.
- Das erste entdeckte Fossil von Compsognathus hatte Überreste der sehr flink rennenden Eidechse Bavarisaurus im Magen.
- Neuerdings wurden Reste noch kleinerer Dinosaurier entdeckt, darunter der nur 50 cm lange pflanzenfressende Micropachycephalosaurus, der als kleinster bekannter Dinosaurier der Welt zugleich den längsten Namen trägt!
- Noch sind keine Hinweise auf ein Federkleid bei Compsognathus entdeckt worden.

DATEN

Zeitalter:	Jura
Unterordnung:	Theropoda
Familie:	Compsognathidae
Charakteristik:	Zweifüssiger Räuber
Merkmale:	Hohlknochen
Nahrung:	Kleintiere, Eidechsen und Insekten

Dromaeosaurus

Schneller und gefährlicher zweifüßiger Jäger

FOSSILIEN

Fossilien wurden in Montana (westliche USA) und Alberta (Westkanada) gefunden. Die ersten Reste wurden 1914 von Barnum Brown am Ufer des Red Deer River in Alberta (Kanada) entdeckt.

Der Schwanz war durch eine Kette von Knochenstäben versteift, aber an der Basis beweglich, so dass er auf und ab bewegt werden konnte.

Der große Kopf beherbergte ein sehr großes Gehirn – daher glaubt man, dass Dromaeosaurus einer der intelligentesten Dinosaurier war. Mit seinen großen Augen sah er sehr gut und hatte vermutlich auch einen sehr guten Geruchssinn. Die Kiefer waren lang und kräftig und mit rasiermesserscharfen Zähnen besetzt.

Dromaeosaurus bedeutet „schnell rennende Echse“. Er wurde 1922 von Barnum Brown und William Matthew beschrieben. Er gehört zur Familie der Dromaeosaurier, die von allen Dinosauriern am nächsten mit den Vögeln verwandt sind.

Zunächst war die Klassifikation von Dromaeosaurus schwierig. Es dauerte fast 50 Jahre, bis Dromaeosaurus in eine eigene Familie gestellt wurde.

Aussehen

Dromaeosaurus war ein aktiver und geschwinder Saurier. Er wurde etwa so groß wie ein großer Hund und benutzte seinen langen, steifen Schwanz zum Halten der Balance, zum Beispiel wenn er auf einem Bein stehend mit seinen scharfen Klauen auf sein Beutetier einhieb.

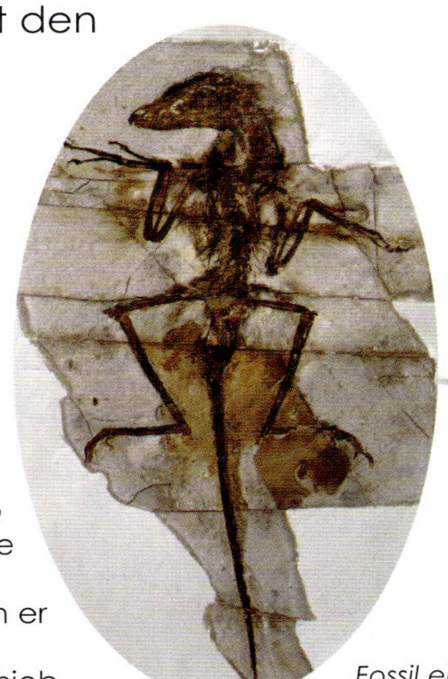

Fossil eines jungen Sinonithosaurus

Perm	Trias	Jura	Kreide
(vor 290-248 Mio. Jahren)	(vor 248-206 Mio. Jahren)	(vor 206-144 Mio. Jahren)	(vor 144-65 Mio. Jahren)

kelett eines
romaeosaurus

FAKTEN

- Zähne von Dromaeosaurus wurden bei den Resten viel größerer Dinosaurier gefunden. Daraus schließt man, dass sie in Rudeln jagten und daher viel größere Beutetiere zur Strecke bringen konnten.
- Die großen, hohen Kiefer, der kurze und massige Schädel und die großen, kräftigen Zähne erinnern sehr an den Kopf des viel größeren Tyrannosaurus.
- 2001 wurde ein bemerkenswertes Fossil aus China an das American Museum of Natural History ausgeliehen. Anscheinend ist es ein Dromaeosaurus – mit einem Federkleid!
- Dromaeosaurus jagte wohl kleinere bis mittelgroße Pflanzenfresser wie junge Triceratops und Entenschnabelsaurier.
- Alle „Raptoren" (der umgangssprachliche Name der Dromaeosaurier) besaßen die Sichelklaue am Hinterfuß zum Erdolchen der Beute.

Angriff

Die Hauptwaffen waren die sichelförmigen Klauen an den Fingern. Die Beute wurde vielleicht mit den Klauen der Füße ergriffen, während die Fingerklauen auf die Beute einhieben. Aber auch die langen Fußklauen verursachten sicher schreckliche Verletzungen. Dromaeosaurus verfolgte wahrscheinlich seine Beute, sprang sie an und benutzte dabei die Klauen aller vier Extremitäten.

DATEN

Zeitalter:	Kreide
Unterordnung:	Theropoda
Familie:	Dromaeosauridae
Charakteristik:	Schneller, zweifüssiger Räuber
Merkmale:	Kräftige, scharfe Klauen
Nahrung:	Fleischfresser, vielleicht Aasfresser

Velociraptor

Schneller, gefährlicher zweifüßiger Räuber

FOSSILIEN

Fossilien wurden in China, der Mongolei und Russland gefunden. Der erste Fund gelang 1914.

Velociraptor bedeutet „Schneller Dieb“. Dieser Raubsaurier lebte vor 70 Mio. Jahren in wüstenhafter Umgebung und hat wahrscheinlich in Rudeln **Pflanzenfresser** wie Hadrosaurus (s. S. 104) gejagt.

Aussehen

Er war etwa 1,5-2 m lang und lief auf zwei Beinen. Er besaß lange Arme und einen langen, geraden Schwanz. Die kräftigen Kiefer trugen etwa 80 scharfkantige Zähne – manche über 2,5 cm lang. Die großen Augen verliehen ihm selbst im Dunkeln ein vorzügliches Sehvermögen.

An der zweiten Zehe trug Velociraptor eine überdimensionale, gefährliche Klaue, die beim Laufen nach oben geklappt werden konnte.

DATEN

Zeitalter:	Kreide
Unterordnung:	Theropoda
Familie:	Dromaeosauridae
Charakteristik:	Kleiner, schneller Räuber
Merkmale:	Sehr intelligent, zweibeinig
Nahrung:	Jäger, vielleicht auch Aasfresser

Experimente mit den Krallen

Dr. Phil Manning führte 2005 einen Versuch mit einer stählernen Klaue durch, um den Angriff eines Velociraptor nachzustellen. Es zeigte sich, dass die Klaue bei großen Beutetieren mit dicker Haut keine tödlichen Wunden verursachte. Sie wurde daher wohl mehr dazu benutzt, sich am Beutetier festzuhalten, während Bisse mit den rasiermesserscharfen Zähnen die Beute verbluten ließen.

FAKTEN

- Heute denkt man, dass Velociraptor den Vögeln in vielem glich und vielleicht sogar ein Federkleid trug, als Wärmeschutz und Schmuck.
- Vermutlich konnte Velociraptor beim Angriff bis 3,5 m weit springen.
- Velociraptor konnte bis 60 km/h schnell rennen.
- Wahrscheinlich war er schon annähernd warmblütig.
- Velociraptor besaß ein enorm großes Gehirn im Vergleich zu seiner Körpergröße. Er gehörte zu den intelligentesten Dinosauriern.

Atmung

Manche Forscher glauben, dass Raptoren wie die heutigen Vögel atmeten. Vögel speichern Luft in Luftsäcken in ihren Hohlknochen, zusätzlich zu ihren Lungen, und können daher effektiver Sauerstoff aus der Luft aufnehmen als Säugetiere. Auch der Vergleich der Anatomie der Vögel mit dem der Raptoren zeigt viele Übereinstimmungen.

Ein versteinerter Angriff

Ein besonders interessantes Fossil wurde 1971 in der Wüste Gobi entdeckt – nämlich ein Velociraptor beim Angriff auf einen Protoceratops (s. S. 138). Die Klauen des Velociraptor steckten noch im Körper des Protoceratops und die Sichelklaue etwa dort, wo die Halsvene verläuft – aber der Protoceratops hatte einen Arm des Velociraptor im Maul. Beide sind vermutlich einem plötzlichen Sandsturm zum Opfer gefallen, der den Kampf für die Ewigkeit dokumentierte.

Oviraptor Philoceratops

Seltsamer allesfressender Raptor

FOSSILIEN

Fossilien wurden in der Mongolei gefunden; die ersten 1924 in der Wüste Gobi.

Oviraptor philoceratops bedeutet „Eierdieb, Freund der Horndinosaurier".

Oviraptor war ein kleiner, flinker **Zweibeiner** mit langen, schlanken Beinen und kurzen Greifarmen. Die Arme endeten in langen, dreifingrigen Händen und bis 8 cm langen Klauen. Er besaß einen beweglichen Hals, der Kopf war kräftig und papageienähnlich. Auf dem Kopf trug er einen schmalen knöchernen Kamm, der sich mit zunehmendem Alter veränderte.

Kopf und Schnabel von Oviraptor waren für verschiedenartige Nahrung geeignet, er war daher wohl ein **Omnivore**, der u. a. Fleisch, Eier, Insekten und Weichtiere fraß. Allesfresser sind selten unter den Dinosauriern.

Perm (vor 290-248 Mio. Jahren)	**Trias** (vor 248-206 Mio. Jahren)	**Jura** (vor 206-144 Mio. Jahren)	**Kreide** (vor 144-65 Mio. Jahren)

Fossil

Falsche Anschuldigung

Das erste Fossil wurde lange falsch gedeutet. Es fand sich in der Nähe eines Dinosauriernestes mit Eiern, die zunächst für die Eier eines anderen Dinosauriers gehalten wurden. Daher nahm man an, dass Oviraptor die Nester von Dinosauriern plünderte, und so bekam er seinen Namen.

Erst 1993 fand ein Team amerikanischer und mongolischer Forscher ein fossilisiertes Ei der gleichen Art – mit einem Oviraptorembryo darin. Der 1924 entdeckte Oviraptor hatte also offenbar sein eigenes Nest bewacht.

Weitere Hinweise auf Brutpflege ergab der Fund eines Nestes mit einem Oviraptor im Jahr 1995, der mit unter dem Bauch gefalteten Füßen darauf saß und etwa 15 kreisförmig angeordnete Eier mit seinen Armen umschloß.

Fortpflanzung

Ein kürzlich gemachter Fund in Jiangxi in China zeigt einen Oviraptor bei der Geburt, mit noch intakten Eiern im Körper. Untersuchungen an diesem Fossil ergaben, dass das Fortpflanzungssystem von Oviraptor zwischen denen der Reptilien und der Vögel steht. Auch dies stützt die Theorie, dass sich die Vögel aus Dinosauriern entwickelt haben.

FAKTEN

- Oviraptor konnte fast 70 km/h erreichen.
- Er wurde 1,8-2,5 m lang und wog etwa 36 kg.
- Wenn Oviraptoren auf ihren Gelegen saßen, um die Eier warm zu halten, heißt das: Sie waren warmblütig. Sie könnten aber ihre Eier auch nur beschützt haben.
- Der Kopfkamm könnte beim Paarungsverhalten gebraucht worden sein oder zur Unterscheidung von Männchen und Weibchen.
- Oviraptoren weisen viele Vogelmerkmale auf, und vielleicht trugen sie ein Federkleid.

DATEN

Zeitalter:	Kreide
Unterordnung:	Theropoda
Familie:	Oviraptoridae
Charakteristik:	Zweibeiniger Allesfresser
Merkmale:	Zahnloser Schnabel, Hornkamm auf dem Kopf
Nahrung:	Allesfresser

Acrocanthosaurus

Riesiger zweibeiniger Jäger

Acrocanthosaurus war ein Räuber, dessen Schädel dem des Allosaurus (s. S. 72) gleicht. Er besaß die typischen Allosaurus-artigen kantigen Augenhörner zum Schutz der Augen, und eine zweite Kante verlief von der Nase bis zu den Augen. Der ungewöhnlich hohe hintere Teil seines Unterkiefers muss ihm einen besonders kraftvollen Biss ermöglicht haben. Die Hände waren dreifingrig und trugen sichelförmige Krallen, wohl um die Beute festzuhalten.

Acrocanthosaurus be-deutet „Echse mit hohen Wirbelfortsätzen", und der Name bezieht sich auf dieses Merkmal.

Aussehen

Acrocanthosaurus wurde 13 m lang und wog etwa 2300 kg. Seine Zähne waren zum Abreißen von Fleisch von den Knochen seiner Beute geeignet, nicht zum Zerbeißen oder Zermalmen.

FOSSILIEN

Fossilien wurden in Oklahoma, Texas, Utah und Arizona (USA) gefunden. Das erste Exemplar wurde kurz nach 1950 entdeckt, und 1983 wurde von Cephis Hall und Sid Love ein vollständiges Skelett im Atoka County in Oklahoma ausgegraben.

Perm	Trias	Jura	Kreide
(vor 290-248 Mio. Jahren)	(vor 248-206 Mio. Jahren)	(vor 206-144 Mio. Jahren)	(vor 144-65 Mio. Jahren)

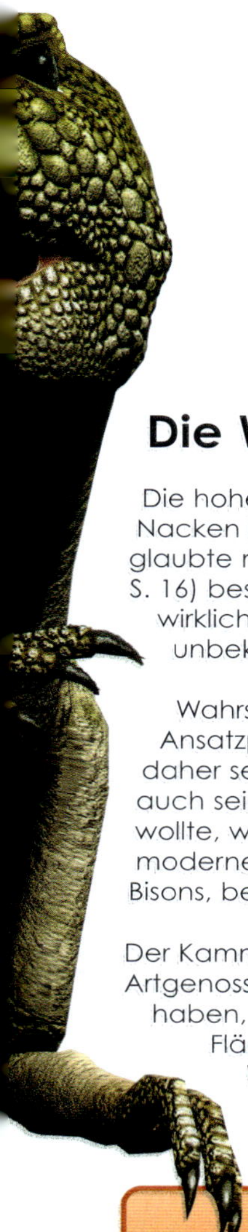

Die Wirbelfortsätze

Die hohen Fortsätze auf den **Wirbeln** reichten vom Nacken bis zur Mitte des Schwanzes. Ursprünglich glaubte man, dass er ein „Segel“ wie Dimetrodon (s. S. 16) besäße, heute verneint man das, aber der wirkliche Zweck dieses „Rückenkamms“ ist noch unbekannt.

Wahrscheinlich dienten die Fortsätze als Ansatzpunkte für die mächtige Muskulatur. Er muss daher sehr kräftig gewesen sein – und das musste er auch sein, wenn er die riesigen **Sauropoden** jagen wollte, wie es versteinerte Fußspuren beweisen. Auch moderne Säugetiere, etwa Elefanten, Pferde und Bisons, besitzen eine ähnliche Art des Muskelansatzes.

Der Kamm könnte auch für die Verständigung mit Artgenossen oder zur Temperaturregelung gedient haben, indem er dem Acrocanthosaurus zusätzliche Fläche für etwaige Farbmuster oder zur Wärmeabgabe gegeben hätte. Das wäre in dem tropischen Klima, in dem er lebte, vorteilhaft gewesen.

DATEN

Zeitalter:	Kreide
Unterordnung:	Theropoda
Charakteristik:	Grosser, kräftiger Fleischfresser
Merkmale:	Hohe Wirbelfortsätze
Nahrung:	Fleischfresser, ev. Aasfresser

FAKTEN

- Dieser Dinosaurier wäre, lebte er heute, wohl fähig, einen Kleinwagen aufzuheben. Die Arme waren länger und kräftiger als die von T-Rex.
- Acrocanthosaurus kommt im Videospiel *Jurassic Park: Operation Genesis* vor und fängt dort einen Dryosaurus.
- 2005 bildeten Forscher sein Gehirn mit Hilfe der CT-Scanning-Methode an einem Fossil nach. Es zeigte sich, dass das Gehirn mehr dem eines Krokodils glich als dem eines Vogels, dass Acrocanthosaurus sehr gut hörte und dass sein Kopf im Winkel von 25° nach unten gerichtet war.
- Wenn einer der 68 Zähne zerbrach, wurde er sogleich ersetzt. Wie bei einem Hai wurden ältere Zähne abgestoßen und ständig durch neue ersetzt.
- 1998 wurde ein Skelett eines Acrocanthosaurus namens „Fran“ für 3 Mio. $ an das North Carolina Museum of Natural History verkauft. Das war der zweithöchste Preis, der jemals für einen Dinosaurier bezahlt wurde.

Allosaurus

Dominanter Fleischfresser

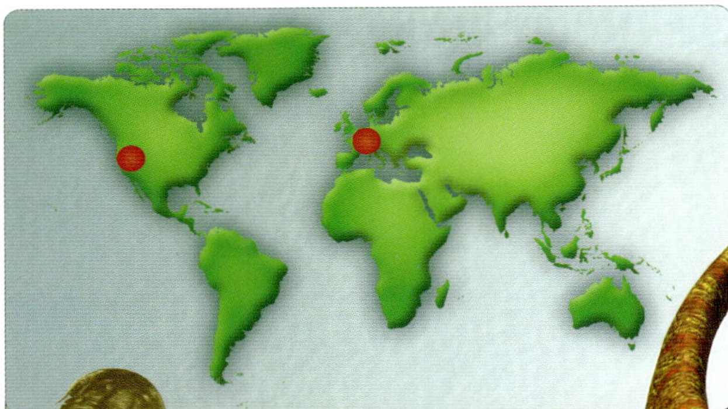

FOSSILIEN

Fossilien wurden im Westen der USA und (kürzlich) in Europa gefunden. Die ersten Fossilien wurden in Colorado, USA, entdeckt.

Wegen der Luftsäcke in seinen Knochen war Allosaurus ziemlich leicht – daher konnte er sehr schnell laufen und seine Beute auch anspringen.

Allosaurus war der häufigste große Raubsaurier vor 155-145 Mio. Jahren in Nordamerika. Es wurden so viele Fossilien gefunden, dass manche Forscher glauben, Allosaurus hätte in Rudeln gejagt.

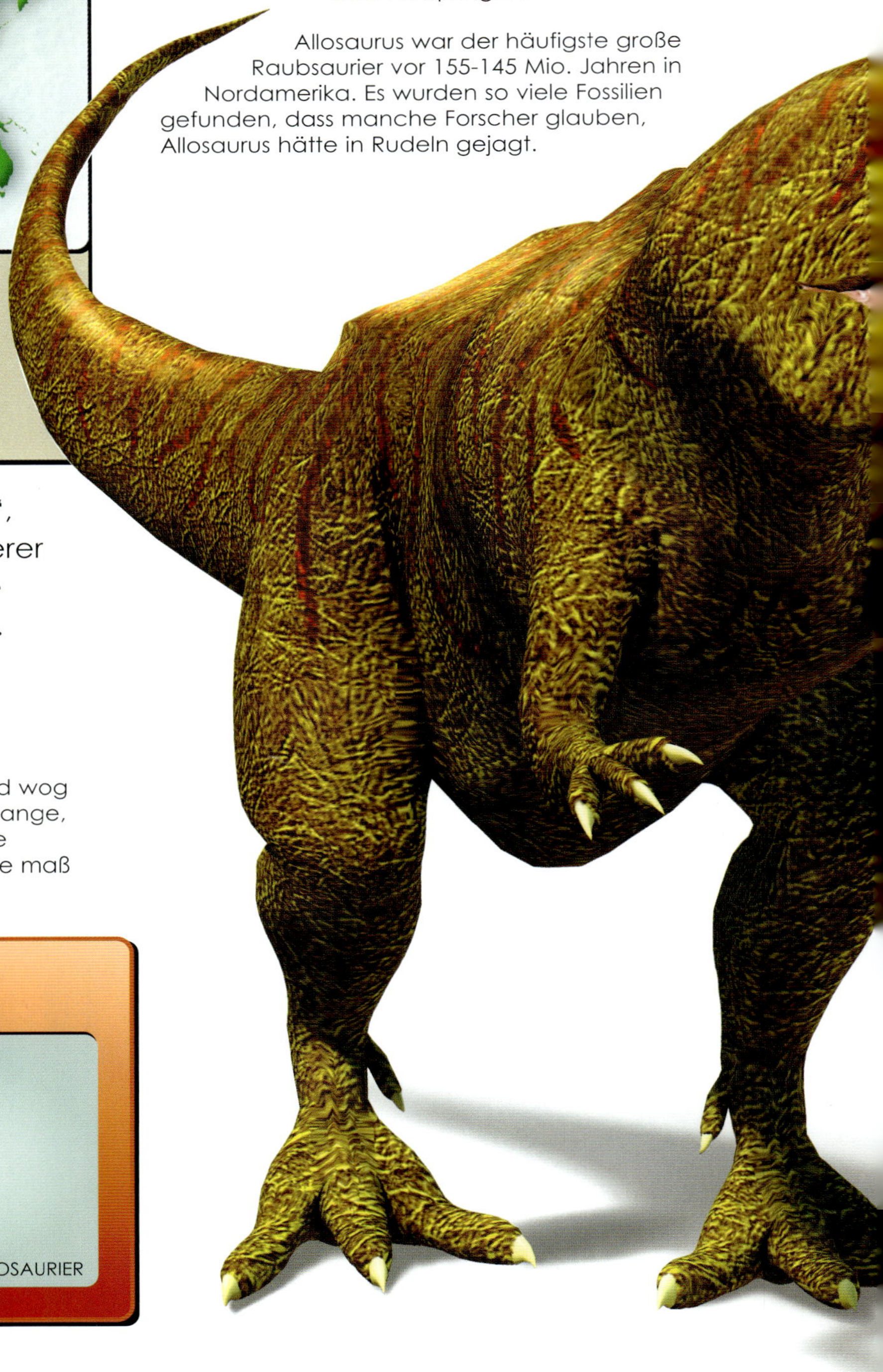

Allosaurus bedeutet „andere Echse", weil die Wirbel sich von denen anderer Dinosaurier unterscheiden. Das erste Exemplar wurde 1877 von Othniel C. Marsh untersucht und beschrieben.

Aussehen

Allosaurus wurde 7-12 m lang, 3-4,5 m hoch und wog 1-4,5 Tonnen. Er besaß einen mächtigen Kopf, lange, kräftige Hinterbeine und sehr kräftige Arme. Die Klauen an seinen Händen waren sehr lang; eine maß über 35 cm.

DATEN

Zeitalter:	Jura
Unterordnung:	Theropoda
Familie:	Allosauridae
Charakteristik:	Zweifüssiger Fleischfresser
Merkmale:	Stumpfes Horn über dem Auge
Nahrung:	Pflanzenfressende Dinosaurier

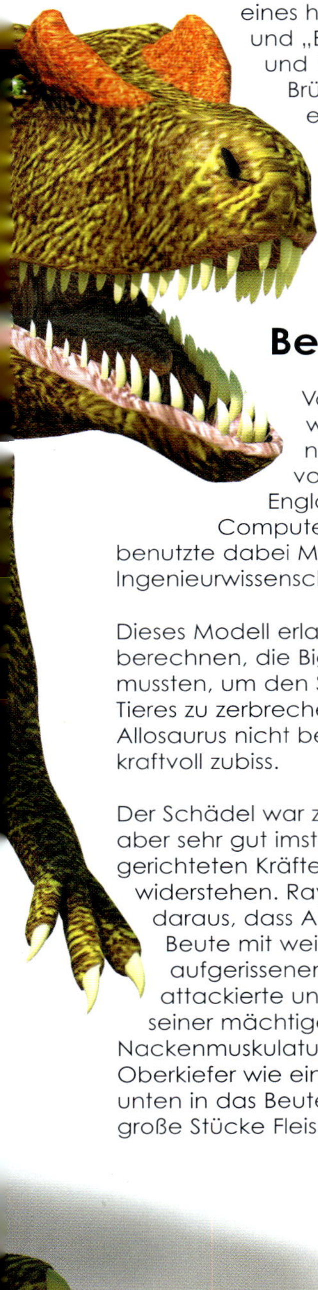

Skelette

1991 wurde ein fast vollständiges Skelett eines halbwüchsigen Allosaurus entdeckt und „Big Al" genannt. Al war 8 m lang, und 19 Knochen zeigen Spuren von Brüchen oder Infektionen. Er wurde von einer Schweizer Gruppe unter Leitung von Kirby Siber entdeckt. Dasselbe Team grub später ein noch besser erhaltenes Skelett aus – das bisher besterhaltene –, das prompt „Big Al 2" genannt wurde.

Beutemachen

Vor kurzem wurde die Art und Weise, wie Allosaurus seine Beute angriff, noch besser erforscht. Emily Rayfield von der Cambridge University in England konstruierte ein Computermodell von Big Als Schädel und benutzte dabei Methoden aus der Ingenieurwissenschaft.

Dieses Modell erlaubte es ihr, die Kräfte zu berechnen, die Big Als Kiefer aufbringen mussten, um den Schädel eines anderen Tieres zu zerbrechen. Es zeigte sich, dass Allosaurus nicht besonders kraftvoll zubiss.

Der Schädel war ziemlich leicht, aber sehr gut imstande, aufwärts gerichteten Kräften zu widerstehen. Rayfield schloss daraus, dass Allosaurus seine Beute mit weit aufgerissenem Maul attackierte und mit Hilfe seiner mächtigen Nackenmuskulatur den Oberkiefer wie eine Axt nach unten in das Beutetier schlug und große Stücke Fleisch herausschnitt.

FAKTEN

- Der Unterkiefer von Allosaurus konnte gespreizt werden, um große Beutestücke hinunterzuwürgen.
- Allosaurus kommt in zahlreichen Filmen vor.
- Aus Fußspuren wissen wir, dass Allosaurus in Rudeln jagte. Möglicherweise zog er seine Jungtiere in großen Nestern auf.
- Allosaurus konnte fast 60 km/h schnell laufen.

Saurornithoides

Vogelähnlicher Räuber mit großem Gehirn

Saurornithoides bedeutet „Vogelähnliche Echse". Er wurde 1924 von Osborn beschrieben, und der Name kommt von den griechischen Wortstämmen „saur" (Echse), „ornitho" (Vogel) und „oid" (ähnlich).

DATEN

Zeitalter:	Kreide
Unterordnung:	Theropoda
Familie:	Troodontidae
Charakteristik:	Vogelähnlicher zweifüssiger Räuber
Merkmale:	Mächtige einklappbare Klaue, grosses Gehirn
Nahrung:	Kleinere Säugetiere, Insekten

Wie alle Angehörigen seiner Familie war Saurornithoides ein hochentwickelter Räuber. Er besaß einen langen, niedrigen Kopf mit zahlreichen scharfen Zähnen. Er lief auf den kräftigen Hinterbeinen und benutzte seine langen Arme und Greifhände, um die Beute zu packen und aufzuschlitzen, vor allem kleine Säugetiere und vielleicht auch junge Dinosaurier.

Die vierte Zehe trug eine besonders lange Klaue, die beim Laufen zurückgezogen wurde.

Das meiste, was wir über ihn wissen, stammt aus Schädelfunden – bisher wurde noch kein vollständiges Skelett entdeckt.

FOSSILIEN

Fossilien wurden in der Mongolei gefunden. Der erste Fund gelang Roy Chapman Andrews 1924 während einer von ihm geleiteten Expedition.

Schädel

Saurornithoides besaß ein vergleichsweise sehr großes Gehirn, so war er wohl einer der intelligentesten Dinosaurier. Sein Gehirn war 6-mal so groß wie das eines Krokodils.

Schädelfunde zeigen auch, dass er sehr große und nach vorn gerichtete Augen besaß, die ihm ein räumliches Seh-vermögen verliehen. Das ist wichtig beim Abschätzen von Entfernungen, zum Beispiel bei der Jagd. Wahrscheinlich konnte er auch nachts gut sehen und war vielleicht sogar ein Nachttier.

Die lange, schmale Schnauze von Saurornithoides verführte die ersten Forscher dazu, ihn für einen ursprünglichen Vogel zu halten. Es ist noch lange nicht geklärt, wie „vogelartig" er wirklich war und ob er vielleicht bereits ein Federkleid besaß. Es bedarf weiterer Untersuchungen (und Funde), um das Geheimnis dieses eleganten kleinen Dinosauriers zu lüften.

FAKTEN

- Vermutlich 2-3 m lang.
- Gewicht etwa 13-27 kg.
- Fossilien sehr ähnlicher Saurier wurden in Nordamerika entdeckt und beweisen, dass vor 85-77 Mio. Jahren das Klima in Nordamerika und der Mongolei gleich war.
- Es war ein intelligentes Tier, weil es das größte Gehirn aller Dinosaurier besaß, gemessen an seiner Körpergröße.
- Die großen, nach vorn gerichteten Augen verliehen ihm ein sehr gutes binokulares Sehvermögen.

Carnotaurus

Riesiger gehörnter Raubsaurier

RAUBSAURIER

FOSSILIEN

Das erste (und einzige) Fossil des Carnotaurus wurde 1985 von José F. Bonaparte in Patagonien (Süd-amerika) gefunden.

Carnotaurus bedeutet „fleischfressender Stier". Er wurde 1985 von José F. Bonaparte beschrieben. Der Name bezieht sich auf die auffälligen Hörner oberhalb der Augen, die an Stierhörner erinnern. Er kommt von den griechischen Wörtern „carnos" (Fleisch) und „tauros" (Stier).

Carnotaurus wurde etwa 7,5 m lang und erreichte, auf seine langen Hinterbeine aufgerichtet, 4,5 m Höhe. Er lief auf zwei Beinen und besaß einen langen, schlanken Schwanz. Wir wissen nicht, wie schnell er auf der Jagd war, aber die kurzen, spitzen Zähne beweisen, dass er sich von Fleisch ernährte, vielleicht vornehmlich von Aas.

Er besaß besonders kurze Ärmchen, vielleicht die kürzesten überhaupt unter den **Theropoden**. Die Hand war vierfingrig; einer der Finger war dornför-mig, vermutlich, um seine Beute damit festzuhalten. Die Hände waren wenig beweglich und scheinen direkt am Körper zu sitzen.

Schädel

Der Schädel von Carnotaurus maß nur 22 cm, und der Schnauzenteil war besonders kurz. Die Augen waren nach vorn gerichtet, daher besaß er eine Art **binokulares Sehvermögen** (die Fähigkeit, Dinge mit beiden Augen zu fixieren, wodurch das Abschätzen von Entfernungen möglich ist).

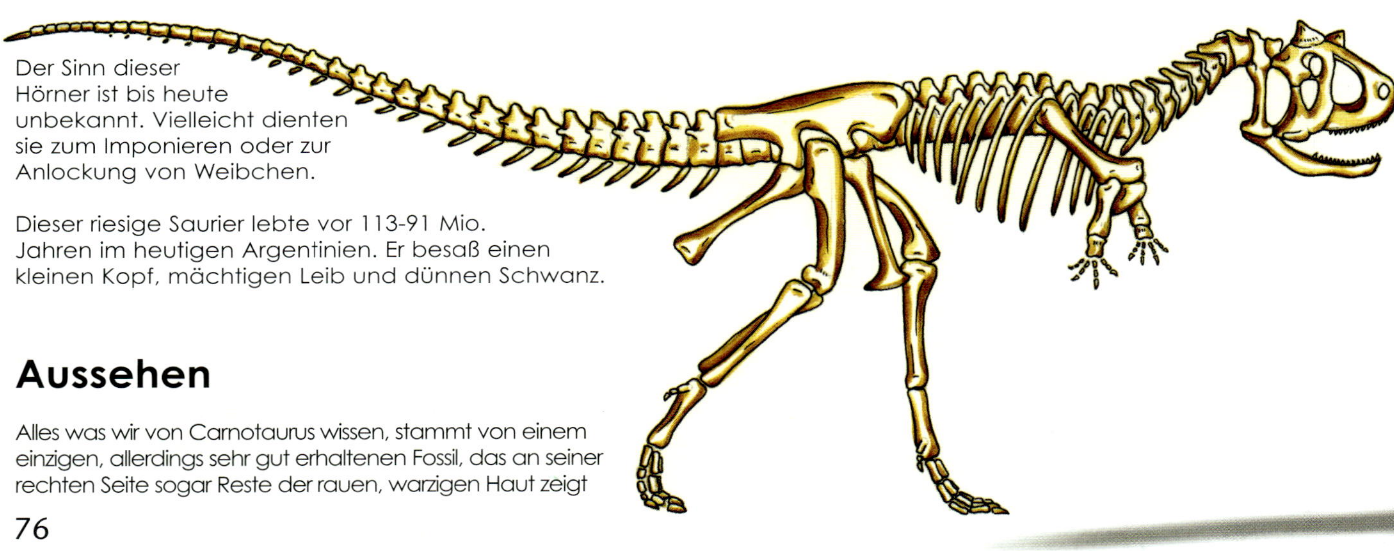

Der Sinn dieser Hörner ist bis heute unbekannt. Vielleicht dienten sie zum Imponieren oder zur Anlockung von Weibchen.

Dieser riesige Saurier lebte vor 113-91 Mio. Jahren im heutigen Argentinien. Er besaß einen kleinen Kopf, mächtigen Leib und dünnen Schwanz.

Aussehen

Alles was wir von Carnotaurus wissen, stammt von einem einzigen, allerdings sehr gut erhaltenen Fossil, das an seiner rechten Seite sogar Reste der rauen, warzigen Haut zeigt

Skelett von Carnotaurus

FAKTEN

- Ein Stück fossiler Haut vom Kopf des Carnotaurus weist ein Muster kleiner Schuppen auf, während die Ränder des Maules größere Schuppen trugen. Vielleicht waren diese Schuppen stärker gefärbt, wie bei vielen heutigen Eidechsen.
- Mehr als fünfmal so groß wie ein Löwe.
- Carnotaurus war einer der Bösewichte in Disneys Trickfilm *Dinosaurier*.
- Carnotaurus wog etwa eine Tonne.
- Carnotaurus kommt in Michael Crichtons Buch *The Lost World* vor, schaffte es aber nicht in den gleichnamigen Film, seine Stelle nimmt dort Ceratosaurus ein.

DATEN

Zeitalter:	Kreide
Unterordnung:	Theropoda
Familie:	Abelisauridae
Charakteristik:	Gehörnter Räuber
Merkmale:	Hörner über den Augen, winzige Arme
Nahrung:	Andere Dinosaurier, ev. Aas

Spinosaurus

Großer Räuber mit einem Rückensegel

Spinosaurus bedeutet „Stachelechse“. Er wurde 1915 von Stromer beschrieben, und der Name bezieht sich auf sein auffälligstes Merkmal – eine Reihe langer Stacheln auf dem Rücken, die vermutlich ein bis zu 2 m hohes Hautsegel trugen.

Der Allergrößte

2006 wurde Spinosaurus als größter jemals existierender Raubdinosaurier erkannt – größer selbst als Tyrannosaurus rex (s. S. 54) und Giganotosaurus (s. S. 56)!

Dies war das Ergebnis der Untersuchungen an neu entdeckten Fossilien von Schädel und Kiefern. Man schätzt, dass Spinosaurus bis 17 m lang wurde und 7-9 Tonnen wog. (Die untersuchten Fossilien stammten von einem Jungtier, daher könnten Erwachsene bis zu 20 Tonnen gewogen haben.)

FOSSILIEN

Fossilien wurden in Ägypten und Marokko gefunden. Das erste Exemplar wurde 1911 von dem deutschen Paläontologen Ernst Stromer in Ägypten entdeckt.

Aussehen und Nahrung

Spinosaurus lief auf den Hinterbeinen, aber abweichend von anderen **Theropoden** besaß er eine lange, krokodilartige Schnauze. Die Zähne hatten keine scharfen Schneiden wie die anderer Theropoden, sondern waren spitz und lang und griffen ineinander. Daher waren Fische wohl die Hauptnahrung, und tatsächlich wurden in einem Schädelfossil von Spinosaurus Knochen eines Sägefisches, eingekeilt zwischen Zahngrube und neuem Zahn, gefunden.

Allerdings besaß Spinosaurus auch kräftige Arme, mit der er Beute an Land packen konnte. Wahrscheinlich lebte er am Strand. Die große Klaue an seiner Hand kann ebensogut zum Fischfang wie zum Festhalten von Tieren an Land gedient haben.

Das Rückensegel

Das Auffälligste an ihm war das aus fast 2 m langen Stacheln gebildete große Rückensegel, Das diente

vielleicht der Abschreckung von Feinden oder Rivalen, oder der Paarfindung, aber ebenso auch der Temperaturregulation – denn das Segel vergrößerte die Oberfläche, sowohl um morgens schnell Wärme aufzunehmen als auch mittags sie wieder abzugeben.

FAKTEN

- Spinosaurus ist der Hauptbösewicht in *Jurassic Park III*, wo er mit einem Tyrannosaurus rex kämpft und Sieger bleibt.
- Der Schädel war 1,75 m lang, so lang wie ein großer Mensch.
- Die Rückenstacheln waren abgeflacht und mit 1,6 m Länge größer als bei jedem anderen Dinosaurier.
- Der Vergleich von Gehirngröße mit der Körpergröße ergab, dass Spinosaurus ein ziemlich intelligenter Saurier war.
- Wegen der Länge seiner Arme ist er wohl manchmal auf allen vieren gelaufen.

DATEN

Zeitalter:	Kreide
Unterordnung:	Theropoda
Familie:	Spinosauridae
Charakteristik:	Riesiger Fleischfresser
Merkmale:	Lange Kiefer, hohes Rückensegel
Nahrung:	Fische, pflanzenfressende Dinosaurier

Megalosaurus

Riesiger zweibeiniger Fleischfresser

FOSSILIEN

Fossilien wurden in Europa, Asien, Afrika und Südamerika gefunden.

Megalosaurus bedeutet „Große Echse". Er wurde 1824 beschrieben und war der erste Dinosaurier, der einen wissen-schaftlichen Namen erhielt.

Aussehen

Da bisher kein vollständiges Skelett bekannt ist, wissen wir nicht genau, wie er aussah.

Er hatte einen mächtigen Kopf, und die gekrümmten Zähne besaßen gesägte Schneiden zum Zerschneiden von Fleisch. Die kleinen Augen wurden von einem knöchernen Buckel überdeckt, und der Hals war kurz und dick.

Dieser Raubsaurier wurde 9 m lang, 3,7 m hoch und wog etwa eine Tonne. Er lief auf den Hinterbeinen, wobei der lange Schwanz die Balance hielt.

Die Hinterbeine waren viel länger als die Arme. Diese wurden wohl zum Festhalten der Beute benutzt. Die Füße trugen vier Zehen, wobei eine nach rückwärts gerichtet war, wie bei allen **Theropoden**. Finger und Zehen waren mit langen Krallen versehen.

DATEN

Zeitalter:	Jura
Unterordnung:	Theropoda
Familie:	Megalosauridae
Charakteristik:	Grosser Fleischfresser
Merkmale:	Kräftige Kiefer, plumper Körper, grosser Kopf
Nahrung:	Andere Dinosaurier

Nahrung

Megalosaurus war ein gewaltiger Räuber und konnte es selbst mit den größten Pflanzenfressern aufnehmen. Vermutlich fraß er auch Aas.

Fortbewegung

Megalosaurus lief wie eine Ente, wobei der Schwanz sich hin und her bewegte. Aus Fußspuren wissen wir, dass die Füße einwärts gerichtet waren.

An fossilen Fußspuren wurde 2002 von Paläontologen der Universität Cambridge (England) entdeckt, dass Megalosaurus zu plötzlichen Sprints in der Lage war. Eine Spur von 35 m Länge zeigt eine Schrittweite von 3 m, und sie ist ganz gerade, als ob das Tier die Beine direkt unter dem Körper gehalten hätte. Dann ändert sich die Spur plötzlich, die Schrittweite ist nur noch 1,3 m lang, und die Füße zeigen nach innen – er watschelte gemütlich. Man nimmt an, dass Megalosaurus beim Rennen 30 km/h erreichte, sich normalerweise aber nur mit etwa 7 km/h fortbewegte.

FAKTEN

- In einem Kalksteingebiet fand man Spuren von Megalosaurus und Cetiosaurus, einem anderen Dinosaurier, verteilt auf einen halben Quadratkilometer.
- 1676 wurde ein Schenkelknochen eines Megalosaurus gefunden. Professoren der Universität Oxford glaubten, er stamme von einem Riesen.
- Megalosaurus gehörte zu den intelligenteren Dinosauriern.

Troodon

Intelligenter, zweibeiniger Dinosaurier

FOSSILIEN

Das erste Fossil wurde 1855 von Ferdinand V. Hayden entdeckt. Fossilien wurden in den USA und in Kanada gefunden.

Aussehen

Troodon war ein Zweifüßer mit langen Hinterbeinen, ziemlich kurzen Armen und einem langen, zarten Kiefer, besetzt mit scharfen Sägezähnen. Der steife Schwanz hielt die Balance beim Rennen und Springen.

Er wog etwa 60 kg und war etwa 3,5 m lang und an den Hüften 1 m hoch.

Die langen Hinterbeine trugen an der zweiten Zehe eine sichelförmige Klaue, mit der das Beutetier aufgerissen oder auch festgehalten wurde, während Troodon zubiss. Diese Klaue war viel länger als die übrigen und wurde beim Laufen nach oben gehalten. Die Arme konnten mittels eines vogelartigen Gelenks eingeklappt werden, so wie ein Vogel seine Flügel faltet.

Troodon wurde 1855 von Ferdinand Hayden entdeckt und 1956 von Joseph Leidy beschrieben. Der Name bedeutet „Schneidezahn“ und bezieht sich auf den gesägten Zahn, das zuerst gefundene Teil des Skelettes.

Zahn von Troodon

DATEN

ZEITALTER:	KREIDE
UNTERORDNUNG:	THEROPODA
FAMILIE:	TROODONTIDAE
CHARAKTERISTIK:	GROSSÄUGIGER ZWEIBEINER
MERKMALE:	GROSSES GEHIRN, TEILWEISE OPPONIERBARER DAUMEN, SICHELFÖRMIGE ZEHENKRALLE, GROSSE AUGEN
NAHRUNG:	EIDECHSEN, SCHLANGEN, KLEINE SÄUGETIERE UND ANDERES KLEINGETIER

Perm	Trias	Jura	Kreide
(vor 290-248 Mio. Jahren)	(vor 248-206 Mio. Jahren)	(vor 206-144 Mio. Jahren)	(vor 144-65 Mio. Jahren)

Die Jagd

Troodon besaß große Augen, die auch zum Sehen bei Nacht taugten. Sie waren ein bisschen nach vorn gerichtet und ermöglichten ein mäßig **binokulares Sehen**.

Troodon besaß ein sehr großes Gehirn im Vergleich zur Körpergröße; er war wohl einer der intelligentesten Dinosaurier.

Troodon hatte mäßig bewegliche Daumen, die gut zum Packen und Festhalten der Beute geeignet waren. Ein solcher opponierbarer Daumen war enorm wichtig für die Entwicklung des Werkzeuggebrauchs in der menschlichen Evolution.

Vermutlich jagte Troodon nachts oder in der Dämmerung, vorzugsweise kleine Säugetiere und Eidechsen und vielleicht auch junge Dinosaurier.

FAKTEN

- Einer der ersten in Nordamerika entdeckten Dinosaurier.
- Troodon hat seine Nahrung vielleicht mit Pflanzen bereichert – er wäre dann ein Allesfresser gewesen.
- Es wurden Nester von Troodon gefunden, die beweisen, dass er Brutpflege betrieb.
- Wären sie nicht ausgestorben, hätten Dinosaurier wie Troodon mit ihrem beweglichen Daumen und großen Gehirn sich zu hochintelligenten Lebewesen entwickelt. Um 1980 bauten der Paläontologe Dale Russell und der Künstler Ron Sequin ein „Dinosauroid" genanntes Modell eines aufrecht gehenden Dinosauriers, um eine Vorstellung von seinem Aussehen zu bekommen.
- Troody ist ein Troodon-Roboter, der seine Bewegungsweise simuliert.

Eoraptor

Räuberischer zweibeiniger Saurier

RAUBSAURIER

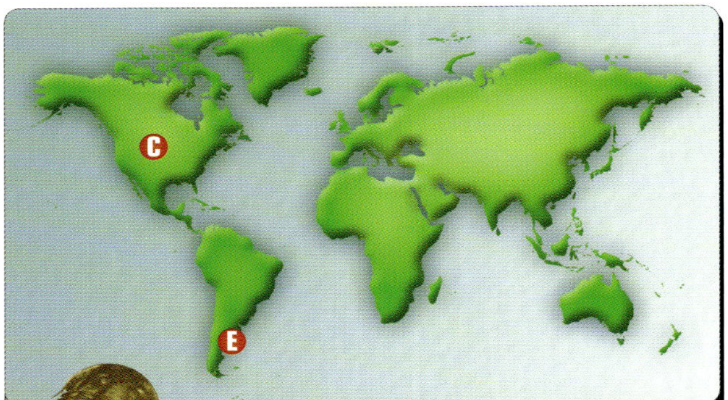

FOSSILIEN

Fossilien von Eoraptor wurden 1981 in den Vorbergen der Anden in Argentinien, Südamerika, gefunden. Fossilien von Coelurus fand man in Wyoming, USA.

DATEN

Zeitalter:	Trias
Unterordnung:	Theropoda
Familie:	Eoraptoridae
Charakteristik:	Kleiner Raubsaurier
Merkmale:	Schlanker Körper
Nahrung:	Reptilien, Pflanzenfressende Dinosaurier

Eoraptor gehört zu den frühesten bekannten Dinosauriern. Er lebte in der Obertrias, vor etwa 228 Mio. Jahren.

Eoraptor wurde etwa 1 m lang und wog zwischen 3 und 15 kg. Er konnte auf seinen langen Hinterbeinen ziemlich schnell laufen. Neben lebenden Beutetieren nahm er wohl auch Aas.

Die Arme waren nur etwa halb so lang wie die langen Hinterbeine und trugen scharfe Krallen an den Fingern, die zum Festhalten und Aufschlitzen der Beute dienten. Vermutlich war Eoraptor ein Allesfresser, der neben kleinen säugerähnlichen Reptilien und kleinen pflanzenfressenden Dinosauriern auch Pflanzen verzehrte.

Die Vorderzähne von Eoraptor waren blattförmig, was zeigt, dass er weichere Nahrung, wie Kleintiere und Aas, bevorzugte.

Coelurus

Hohlschwanzsaurier

DATEN

Zeitalter:	Jura
Unterordnung:	Coelosauria
Charakteristik:	Zweibeiniger Raubsaurier
Nahrung:	Kleine Säugetiere, Frösche, Eidechsen, größere Insekten

FAKTEN

- Eoraptor war nicht größer als ein Kind.
- Coelurus besaß hohle Knochen, daher war er sehr leicht.
- Coelurus wird manchmal für identisch mit Ornitholestes gehalten, einem sehr ähnlichen Saurier.

Der schlanke Coelurus wurde in Gesteinen der Morrison Formation in Wyoming entdeckt und 1879 von dem berühmten Dinosaurierjäger Othniel Marsh beschrieben.

Mit 2 m Länge und nur 15 kg Gewicht war Coelurus sehr leicht gebaut, weil er hohle Knochen wie die Vögel besaß. Der Kopf war etwa 20 cm lang, schmal und niedrig, und der Hals lang und beweglich. Der Schwanz war sehr lang und dünn. So muss Coelurus sehr elegant ausgesehen haben. Er besaß kräftige, lange Beine und lief auf den Hinterbeinen.

In den Sumpfgebieten, wo er lebte, jagte Coelurus Frösche, Eidechsen und große Insekten.

Coelophysis

Zweibeiniger Räuber

FOSSILIEN

Fossilien wurden in den süd-westlichen USA gefunden.

Wie Eoraptor (s. S. 84) lief Coelophysis aufrecht auf den Hinterbeinen. Er erschien in der Obertrias vor 210 Mio. Jahren und gehört ebenfalls zu den frühesten Dinosauriern.

Gabelbein und Schwanz

Interessant an Coelophysis ist der Besitz eines Gabelbeines (wie beim Huhn), das erste Beispiel dafür unter den Dinosauriern. Auch die Ausbildung des Schwanzes ist interessant, denn er wirkte wie ein Ruder zur Erhaltung der Balance beim Laufen.

Perm	Trias	Jura	Kreide
(vor 290-248 Mio. Jahren)	(vor 248-206 Mio. Jahren)	(vor 206-144 Mio. Jahren)	(vor 144-65 Mio. Jahren)

Jagd und Nahrung

Wahrscheinlich jagte Coelophysis in Herden. Die blattartigen, fein gesägten Zähne beweisen, dass er ein Raubsaurier war, der aber auch Aas nicht verschmähte.

Es fanden sich zahlreiche Skelette an der gleichen Stelle, die zu beweisen scheinen, dass Coelophysis in Herden lebte. Es könnte aber auch sein, dass die Tiere an der Tränke durch eine Flutwelle umgekommen sind.

FAKTEN

- Coelophysis reiste bereits in den Weltraum. Das Space Shuttle *Endeavour* hatte 1988 einen Schädel mit an Bord.
- Vielleicht war Coelophysis ein Kannibale, weil man ein Skelett mit einem jungen Coelophysis im Magen fand.

DATEN

Zeitalter:	Trias
Unterordnung:	Theropoda
Familie:	Coelophysidae

Carcharodontosaurus

Sägezahnsaurier

FOSSILIEN

Die ersten Fossilien von Carcharodontosaurus wurden 1927 von Charles Depéret und J. Savornin in Nordafrika gefunden. Leider gingen sie im Zweiten Weltkrieg verloren. Glücklicherweise gelangen dem Paläontologen Paul Sereno 1996 neue Funde in Nordafrika. Fossilien von Procompsognathus wurden bei Wittenberge in Deutschland entdeckt.

DATEN

ZEITALTER:	KREIDE
UNTERORDNUNG:	THERAPODA
FAMILIE:	CARCHARODONTOSAURIDAE
CHARAKTERISTIK:	GROSSER RAUBSAURIER

Nahrung

Carcharodontosaurus war ein Fleischfresser mit enormen Kiefern, die mit langen, gesägten, bis 20 cm langen Zähnen besetzt waren. Vielleicht jagte er in Rudeln und verzehrte auch Aas. Die langen, muskulösen Beine verliehen ihm eine Geschwindigkeit von bis zu 30 km/h.

Carcharodontosaurus war mit 12 m Länge und 4 Tonnen Gewicht fast so groß wie Tyrannosaurus rex (s. S. 54).

Schädel

Ursprünglich glaubte man, er besäße den längsten Schädel aller **Theropoden**, jedoch beruhte die Schätzung auf einem unvoll-ständigen Fossil. Tatsächlich ist der Schädel etwa 1,6 m lang. Den größten bisher bekannten Schädel besitzt Giganotosaurus (s. S. 56), ein Verwandter von Carcharodontosaurus.

Procompsognathus

Kleiner, schneller Raubsaurier

Mit 2-3 kg Gewicht war Procompsognathus so schwer wie eine Katze, aber mit 1,3 m Länge doppelt so lang.

DATEN

Zeitalter:	Trias
Unterordnung:	Therapoda
Charakteristik:	Schneller zweibeiniger Räuber

Aussehen und Nahrung

Als schneller Läufer fing er Insekten, Eidechsen und frischge schlüpfte Saurier, die er mit seinen zahlreichen kleinen Zähnen packte. Procompsognathus lief auf seinen langen Hinterbeinen und balancierte mit seinem langen, steifen Schwanz. Die Arme waren kurz, und die vierfingrige Hand diente zum Festhalten der Beute.

Man nimmt an, dass der Biss von Procompsognathus giftig war, aber das ist noch unbewiesen.

Herrerasaurus

Herreras Saurier

FOSSILIEN

Fossilien des Herrerasaurus wurden in Argentinien gefunden, die von Saltopus in Elgin in Schottland.

DATEN

Zeitalter:	Trias
Unterordnung:	Theropoda
Charakteristik:	Schneller Raubsaurier

Herrerasaurus wurde nach seinem Entdecker, Victorino Herrera, benannt, der die ersten Fossilien bei San Juan am Rande der Anden fand.
Er gehört zu den am besten bekannten frühen Dinosauriern und war mit 3-5 m Länge und 70 kg Gewicht etwa so groß wie der Komodowaran.

Er besaß kräftige Hinterbeine mit kurzen Schenkeln und großen Füßen und war vermutlich ein schneller Läufer. Der lange Schwanz wirkte als Gegengewicht und hielt die Balance. Er jagte kleine bis mittelgroße Dinosaurier, wobei ihm die kräftigen, mit scharfen Zähnen besetzten Kiefer gute Dienste leisteten.

Einen Herrerasaurus kann man im Field Museum of Natural History in Chicago besichtigen.

Saltopus

Springfußsaurier

Mit 60 cm Länge und nur 25 cm Höhe ist Saltopus einer der kleinsten jemals entdeckten Dinosaurier.

Er wog nur 1-2 kg, war aber dennoch ein Fleischfresser, was die scharfen Zähne und fünf Krallen an jeder Hand bezeugen. Seine Nahrung bestand vermutlich aus Insekten und kleinen Reptilien, die er im raschen Lauf erbeutete, wobei ihm der lange Schwanz als Gegengewicht diente. Vielleicht bediente er sich auch an Kadavern, die von größeren Dinosauriern erlegt worden waren.

DATEN

Zeitalter:	Trias
Unterordnung:	Theropoda
Familie:	Saltopodidae
Charakteristik:	Kleiner Räuber

Farben und Tarnung

Schlange

Heutige Tiere brauchen Farben zur Kommunikation, als Warnfarben und zur Markierung ihrer Territorien – das war vermutlich bei den Dinosauriern ähnlich.

Tarnung

Wahrscheinlich besaßen manche Dinosaurier eine Tarnfärbung, etwa eine helle Unterseite, um den Schattenwurf zu reduzieren, oder sie waren gefleckt, um sich zwischen Pflanzen unsichtbar zu machen. Der mittelgroße Kritosaurus, ein dem Gryposaurus (s. S. 182) ähnlicher Hadrosaurier, war grün und braun gefleckt. Bei Gefahr erstarrte er und verschwamm so mit der ihn umgebenden Vegetation.

Wir wissen, dass Dinosaurier eine Schuppenhaut wie die modernen Reptilien besaßen.

Farben und Muster

Wir kennen allerdings keine Farben, weil Hautfarben von organischen Pigmenten hervorgerufen werden, die fossil nicht erhaltungsfähig sind. Wir wissen aber, dass Dinosaurier gut sahen, denn sie besaßen große Sehnerven und ein großes Sehzentrum im Gehirn. Daher waren sie wahrscheinlich lebhaft gefärbt und benutzten die Farbmuster zur **Tarnung**, Warnung und Arterkennung.

Stegosaurus

Waldarten waren vermutlich grün, braun und gelb gefleckt. Offenlandarten mögen schwarz-weiß gewesen sein, um die Kontur aufzulösen. Jungtiere waren sicher auffälliger gefärbt und vielleicht hatten sie sogar Federn – wir wissen, dass einige kleine Arten gefiedert waren.

Wehrhafte Arten wie Stegosaurus und die Ceratopsiden brauchten keine Tarnfärbung, waren aber vielleicht auffällig gefärbt, um Feinde abzuschrecken. Grelle Farben bedeuten meistens: Achtung, Gift! Große Tiere sind meist nicht auffällig gefärbt – sie müssen weder warnen noch sich tarnen. Nur kleine Dinosaurier waren daher lebhaft gefärbt.

Balz

Farben haben vielleicht auch bei der Paarfindung mitgewirkt. Leuchtende Farben signalisieren, dass ein Männchen paarungsbereit ist, und helfen dem Weibchen bei der Partnerwahl. Stegosaurus (s. S. 116) trug auf dem Rücken zwei Reihen großer rhombenförmiger Platten, die mit zahlreichen Blutgefäßen überzogen waren. Musste sich das Tier abkühlen, pumpte es Blut in diese Gefäße, wobei sie leuchtend rot wurden. Diese Färbung konnte auch bei der Balz genutzt werden. Auch die großen Kopfkämme und Hörner mancher Dinosaurier wurden vielleicht in gleicher Weise bei der Balz eingesetzt. Durch ein Netz von Blutgefäßen wurde Blut hineingepumpt, wodurch sie leuchtende Farben annahmen.

Gryposaurus

Pteranodon

Brachiosaurus

Ein die Baumwipfel erreichender Gigant

PFLANZENFRESSER

FOSSILIEN

Fossilien wurden in den USA und in Afrika gefunden, die ersten 1900. Brachiosaurus bedeutet „Armechse".

Brachiosaurus wurde 1903 beschrieben und erhielt seinen Namen nach den großen Vorderbeinen. Er wurde 25 m lang und bis 15 m hoch.

Lange Jahre hielt man ihn für den weltgrößten Dinosaurier, doch neuere Funde – z. B. Argentinosaurus (s. S. 96) – brachten noch massigere Formen zutage.

Aussehen und Nahrung

Brachiosaurus lief auf vier Beinen, hatte einen sehr langen Hals, einen kleinen Kopf und einen relativ kurzen Schwanz. Er besaß meißelartige Zähne zum Abbeißen von Früchten und Zweigen. Seine Nase saß hoch oben auf dem Kopf, so konnte er atmen und dabei ununterbrochen äsen. Er kaute seine Nahrung nicht, sondern verschluckte sie im Ganzen.

Als Verdauungshilfe schluckte Brachiosaurus sogenannte Magensteine, die im Magen die Nahrung weiter zerrieben.

Blutkreislauf

Um das Blut den langen Hals bis ins Gehirn zu pumpen, besaß Brachiosaurus ein großes Herz und mächtige Gefäße mit Klappen darin, um das Zurückfließen des Blutes zu verhindern. Früher dachte man, dass Brachiosaurus zwei Gehirne hätte, aber das zweite in der Hüftregion ist wohl nur eine Anschwellung des Rückenmarks.

Lebensraum

Zunächst hielt man ihn für einen Wasserbewohner, der seinen langen Hals wie einen Schnorchel zum Atmen an die Oberfläche streckte. Untersuchungen ergaben aber, dass der Wasserdruck zu stark wäre, um die Atmung zu ermöglichen.

Perm	Trias	Jura	Kreide
(vor 290-248 Mio. Jahren)	(vor 248-206 Mio. Jahren)	(vor 206-144 Mio. Jahren)	(vor 144-65 Mio. Jahren)

DATEN

Zeitalter:	Jura
Unterordnung:	Sauropodomorpha
Familie:	Brachiosauridae
Charakteristik:	Langhalsig
Merkmale:	Riesige Vorderbeine, kleiner Kopf
Nahrung:	Pflanzenfresser

FAKTEN

- Brachiosaurus könnte 100 Jahre alt geworden sein.
- Er war vermutlich ein Herdentier.
- Brachiosaurus musste jeden Tag 200 kg Nahrung zu sich nehmen.
- Er wog 20-mal so viel wie ein großer Elefant.
- Ausgewachsene Brachiosaurus-Skelette findet man im Berliner Naturhistorischen Museum und im Flughafen von Chicago.

Heute glaubt man, dass Brachiosaurus ein reiner Landbewohner war. Obgleich seine Fußspuren an Ufern entdeckt wurden (er kam wohl zum Trinken dorthin), fand man andere in Gebieten, die vor 155-145 Mio. Jahren ziemlich trocken waren.

Eine Computersimulation, die Donald Henderson in Kanada 2003 durchführte, zeigte, dass Brachiosaurus im Wasser wohl nicht untergegangen wäre, weil seine hohlen Knochen ihm Auftrieb gaben – er wäre im Wasser eher umgekippt als aufrecht gestanden.

Argentinosaurus

Gigantischer langhalsiger Pflanzenfresser

FOSSILIEN

Die einzigen Fossilien wurden 1988 in Argentinien entdeckt.

Argentinosaurus bedeutet „Argentinische Echse“ und wurde 1993 von den **Paläontologen** José Bonaparte und Rodolfo Coria nach dem Land seiner Herkunft benannt.

Aussehen

Argentinosaurus könnte 40 m lang, 21 m hoch und 9 m breit gewesen sein und 90-110 Tonnen gewogen haben.

Von seinem Skelett sind bisher nur 10 % bekannt, und es fehlen Hals und Schwanz. Die Forscher versuchten aus den erhaltenen Knochen zu erkennen, mit welchem Dinosaurier Argentinosaurus am nächsten verwandt ist, und extrapolierten daraus seine Gestalt.

Er ähnelte wohl sehr dem Brachiosaurus (s. S. 94) mit seinem langen Schwanz und dem kleinen, dreieckigen Kopf auf sehr langem Hals. Er brauchte ein mächtiges Herz, um das Blut hoch hinauf bis in sein winziges Gehirn zu pumpen.

DATEN

Zeitalter:	Kreide
Unterordnung:	Sauropodomorpha
Familie:	Titanosauridae
Charakteristik:	Gigantischer langhalsiger Pflanzenfresser
Merkmale:	Versteifte Wirbelsäule, langer Hals
Nahrung:	Vor allem Nadelbäume, Blüten, Früchte und Samen

Rückgrat

Die Forscher glauben, dass sein Rückgrat in besonderer Weise an das riesige Gewicht angepasst war. Die Wirbel sind nämlich zu einer Art Knochenbrücke verbun-den, obgleich sie – seltsam bei einem so großen Tier – innen hohl sind. Das sollte vermutlich das Gewicht reduzieren, damit sich Argen-tinosaurus schneller bewegen konnte.

Nahrung

Argentinosaurus war ein Pflanzenfresser, der gewaltige Mengen an Nahrung zu sich nehmen musste und vermutlich pausenlos äste. Glücklicherweise war seine Umwelt, das heutige Patagonien, reich an Pflanzen. Seine Nahrung bestand aus Nadelbäumen, Samen, Früchten und Blüten.

Das größte aller Tiere ist der heutige Blauwal. Argentinosaurus aber war das mächtigste Landlebewesen, obgleich sein Verwandter, Seismosaurus (s. S. 102), noch länger wurde, aber leichter gebaut war.

So ist Argentinosaurus der Größte – bis zum nächsten Fund eines noch Größeren!

FAKTEN

- Ein einziger Wirbel von Argentinosaurus ist größer als ein Kind und ist 1,5 m breit.
- Feinde von Argentinosaurus waren der riesige Raubsaurier Giganotosaurus (s. S. 56) und vielleicht der noch größere, kürzlich entdeckte Mapusaurus roseae, der in Rudeln jagte.
- Wegen seines langen Halses hätte Argentinosaurus gut in die Fenster des dritten oder vierten Stocks eines Hauses blicken können.
- Als Jungtier, das sehr schnell wuchs, könnte Argentinosaurus täglich um 45 kg zugenommen haben.
- Argentinosaurus war so lang wie vier Busse.

Diplodocus

Gigantischer, langhalsiger Pflanzenfresser

FOSSILIEN

Fossilien wurden in Colorado, Montana, Utah und Wyoming (USA) gefunden. Der erste Fund gelang 1878 bei Como Bluff in Wyoming.

Diplodocus bedeutet „Doppelbalkenechse", und er wurde 1878 von Othniel Charles Marsh beschrieben. Der Name bezieht sich auf die ungewöhnliche Struktur der mittleren Schwanzknochen, die jeweils zwei Fortsätze nach vorn und hinten tragen. Sie schützten wohl die Blutgefäße, wenn der Schwanz am Boden schleifte oder wenn sich das Tier auf die Hinterbeine aufrichtete.

Skelett von Diplodocus

Perm	Trias	Jura	Kreide
(vor 290-248 Mio. Jahren)	(vor 248-206 Mio. Jahren)	(vor 206-144 Mio. Jahren)	(vor 144-65 Mio. Jahren)

Aussehen

Diplodocus war eines der längsten jemals existierenden Landlebewesen. Er war bis 27 m lang und an den Hüften 6 m hoch und wog 10-11 Tonnen. Wegen seiner hohlen Knochen wog er nur ein Achtel des gleich großen Brachiosaurus (s. S. 94).

Ein Großteil entfiel auf den langen Hals und den noch längeren peitschenförmigen Schwanz. Der Kopf war winzig, das Maul verlängert, und die Nase saß auf der Oberseite des Schädels.

1990 wurde ein Fossil mit Hautresten gefunden. Anscheinend trug Diplodocus eine Reihe von Zacken auf dem Rücken.

DATEN

Zeitalter:	Jura
Unterordnung:	Sauropodomorpha
Familie:	Diplodocidae
Charakteristik:	Langhalsiger Pflanzenfresser
Merkmale:	Langer Hals, peitschenförmiger Schwanz, hohle Knochen, kleiner Kopf
Nahrung:	Farne und Nadelbäume

FAKTEN

- Ein lebensgroßer Abguss von Diplodocus steht am Eingang des Carnegie Museums in Pittsburgh (USA).
- Manche Forscher glauben, dass Diplodocus seinen langen Schwanz als Waffe benutzte. Wenn das wahr ist, hätte die Schwanzspitze die Schallgrenze überschritten!

Gehirn

Diplodocus besaß ein nur faustgroßes Gehirn. Früher dachte man, dass er ein weiteres Gehirn im Beckenbereich besäße. Aber das ist nur eine Verdickung des Rückenmarks, das die Bewegungen der Hinterbeine und des Schwanzes kontrollierte. Wahrscheinlich konnte Diplodocus seinen Kopf nicht weit in die Höhe recken, doch erlaubte ihm der lange Hals sowohl das Äsen im Laubwerk als auch, einen großen Radius abzuweiden, ohne sich zu bewegen. Er musste wohl ununterbrochen fressen, selbst beim Laufen.

Er war ein Vierbeiner. Die säulenförmigen Beine trugen fünf Zehen, von denen einer eine stumpfe Kralle trug, vielleicht zur Verteidigung.

Nahrung

Diplodocus war ein **Pflanzenfresser**, der hauptsächlich Zweige von Nadelbäumen und Farne verzehrte. Die stumpfen Zähne konnten weiche Farnblätter abzupfen, waren aber nicht zum Kauen geeignet. Daher verschluckte er Steine zum Zerreiben der Nahrung im Magen.

Apatosaurus

Früher als Brontosaurus bekannt

FOSSILIEN

Fossilien wurden in Colorado, Oklahoma, Utah und Wyoming (USA) gefunden. Der erste Fund gelang 1877.

Apatosaurus bedeutet „täuschende Echse“. 1877 beschrieb der amerikanische **Paläontologe** Othniel C. Marsh den Apatosaurus. 1879 beschrieb er andere Fossilien als Brontosaurus, weil er sie für die Reste einer anderen Art hielt.

Aussehen

1903 fand man, dass Brontosaurus lediglich ein ausgewachsener Apatosaurus ist! Dennoch wurde der Name Brontosaurus erst 1974 offiziell gestrichen, ist aber noch heute sehr populär.

Apatosaurus war 21-27 m lang, 3-4,6 m hoch an den Hüften und wog 27 Tonnen. Der kleine Kopf war nur 60 cm lang. Der lange Hals bestand aus 15 Wirbeln und der lange, peitschenförmige Schwanz nahm allein 15 m ein. Im vorderen Teil seines Maules standen stumpfe Zähne, gut geeignet, um Blätter abzuzupfen. Apatosaurus musste ununterbrochen fressen, dabei gestattete ihm die weit oben sitzende Nase, gleichzeitig zu fressen und zu atmen.

Apatosaurus kaute seine Nahrung nicht und verschluckte Steine, die im Magen das Futter zerrieben. Man bezeichnet sie als Magensteine oder Gastrolithen.

Eine Computersimulation untersuchte 1999 die Beweglichkeit des Halses von Apatosaurus. Es zeigte sich, dass er seinen Hals nicht höher als 3-4 m recken konnte (kaum höher als sein Rücken) und den Hals meistens ausgestreckt halten musste, ihn aber weit seitwärts schwingen konnte.

DATEN

Zeitalter:	Jura
Unterordnung:	Sauropodomorpha
Familie:	Diplodocidae
Charakteristik:	Grosser, langsamer Pflanzenfresser
Merkmale:	Kräftige Beine, kleiner Kopf, langer Hals, langer, schlanker Schwanz
Nahrung:	Pflanzenfresser: Blätter, Zweige, Moose

Der größte Räuber war zu dieser Zeit Allosaurus (s. S. 72), der nur 4,5 m hoch war. Wenn Apatosaurus seinen Kopf reckte, erreichte er bis 5,5 m Höhe. So konnte der **Raubsaurier** den Kopf nicht angreifen.

Wie bei anderen **Sauropoden** schlüpften die Jungen aus riesigen Eiern. Man nimmt an, dass Apatosaurus seine Eier nicht in Nestern ablegte und auch keine Brutfürsorge kannte.

Apatosaurus

FAKTEN

- Ein Gehirn von der Größe eines großen Apfels.
- Im 1933 gedrehten Film King Kong tritt Apatosaurus als blutrünstiger Räuber auf – ganz im Gegensatz zu dem friedlichen pflanzenfressenden Riesen, der er in Wirklichkeit war.
- Apatosaurus besaß eine dicke Haut als Schutz. Trotzdem fand man einen Wirbel mit Zahnspuren von Allosaurus.
- Fossile Fußspuren von Apatosaurus waren mehr als 1 m groß!

Skelett von Apatosaurus

Seismosaurus

Riesiger Pflanzenfresser mit peitschenförmigem Schwanz

Seismosaurus bedeutet „Erdbebensaurier“, weil ein Lebewesen dieser unglaublichen Größe beim Gehen die Erde müßte erdröhnen lassen. Er wurde 1979 entdeckt und 1991 von David D. Gillette beschrieben. Wegen seiner Größe und der Härte des Gesteins brauchte es 13 Jahre, ihn auszugraben.

Seismosaurus hallorum

Seismosaurus gilt heute als das längste jemals existierende Lebewesen. Ursprünglich wurde seine Länge auf 52 m geschätzt, 2004 wurde das auf 33,5 m reduziert. Aber auch diese Länge belässt Seismosaurus an der Spitze, noch vor dem ehemals Längsten, dem Blauwal mit 30,5 m. Er wog wohl 45 Tonnen.

Alle unsere Kenntnisse stammen von den 1979 gefundenen Hüft- und Wirbelknochen. Außerdem wurden über 200 Magensteine gefunden, die er als Verdauungshilfe verschluckt hatte. Vielleicht erstickte das Exemplar ja an einem besonders großen Stein.

Seismosaurus

FOSSILIEN

Fossilien wurden nur in New Mexico, USA, gefunden.

Aussehen

Seismosaurus sah wohl wie ein besonders großer Diplodocus (s. S. 98) aus und war vermutlich nicht viel höher, weil seine Beine verhältnismäßig kurz sind. Die vier säulenförmigen Beine waren fünfzehig, Hals und der zum Balancieren gebrauchte Schwanz waren lang, und der Kopf war sehr klein und enthielt ein winziges Gehirn.

FAKTEN

- Entwickelte sich wohl aus Eiern wie die anderen Sauropoden.
- Konnte bis zu 100 Jahre alt werden.
- Fossilien von Seismosaurus sind denjenigen von Diplodocus so ähnlich, dass manche Forscher keinen Unterschied sehen und Seismosaurus als besonders großen Diplodocus ansehen.

Die stumpfen Zähne im Vorderteil seines Maules waren ideal zum Abzupfen von Blättern. Die Nasenöffnungen hoch oben auf dem Kopf erlaubten es ihm, gleichzeitig zu fressen und zu atmen. Vielleicht diente der Schwanz zur Verteidigung.

Der Hals wurde ziemlich gerade getragen. Er gestattete es ihm, den Kopf tief in dichtes Gehölz zu strecken, das für andere, plumpere Arten zu dicht war, oder auch weiche **Farne** zu erreichen, die auf feuchtem, unsicherem Grund wuchsen. Die Hauptnahrung waren wohl Nadelbäume, die zu seiner Zeit dichte Wälder bildeten.

DATEN

Zeitalter:	Jura
Unterordnung:	Sauropodomorpha
Familie:	Diplodocidae
Charakteristik:	Unglaublich langer Pflanzenfresser
Merkmale:	Kleiner Kopf, peitschenförmiger Schwanz
Nahrung:	Blätter, Farne, Moose

Hadrosaurus

Entenschnabelsaurier

FOSSILIEN

Fossilien wurden entlang der Küste von New Jersey (USA) gefunden. Das erste Fossil wurde 1858 von William Parker Foulke bei Haddonsfield entdeckt.

Hadrosaurus bedeutet „schwere Echse". Er wurde 1858 von dem **Paläontologen** Joseph Leidy beschrieben.

Zur Zeit seiner Entdeckung war Hadrosaurus das vollständigste Saurierskelett. Im 19. Jahrhundert fand man in Europa und Nordamerika zahllose Knochen, die nicht nur zu keinem lebenden Tier passten, sondern auch noch viel größer waren.

1841 erklärte der Engländer Richard Owen, eine Autorität auf dem Gebiet der Anatomie, dass diese Knochen zu großen, lange ausgestorbenen Reptilien gehörten. Er prägte dafür den Namen „Dinosaurier", auf Deutsch „Schreckensechsen". Vor der Entdeckung des Hadrosaurus konnte sich aber niemand ein Bild von ihrem Aussehen machen.

Erst die Funde von 1858 enthielten genügend Information über die Anatomie der Dinosaurier. Hadrosaurus war auch der erste Dinosaurier, dessen Skelett in einem Museum aufgestellt wurde. Die Dinosaurierforschung wurde nun zu einer respektablen Wissenschaft.

Aussehen und Nahrung

Hadrosaurus war ein Pflanzenfresser, der vor 84-71 Mio. Jahren in Sumpfdickichten entlang der Atlantikküste Nordamerikas lebte. Er besaß einen massigen Körper, einen steifen Schwanz und hufförmige Nägel an den vier Beinen. Er schwamm sehr gut und entfernte sich vermutlich recht weit von der Küste.

Er wurde 7-10 m lang und 3-4 m hoch – größer als ein Haus, wenn er sich auf die Hinterbeine erhob. Er wog etwa 1,9 Tonnen.

Hadrosaurus

Statue von Hadrosaurus

FAKTEN

- Obwohl eine ganze Dinosaurierfamilie nach Hadrosaurus benannt wurde, kennen wir bisher keinen Schädel von ihm. Die Form seines Kopfes ist von verwandten Entenschnabelsauriern abgeleitet.
- Im Oktober 2003 wurde ein lebensgroßer Bronzeabguß in Haddonsfield aufgestellt, in der Nähe der ersten Fundstelle.
- 1991 wurde Hadrosaurus der offizielle „Staatssaurier" von New Jersey.

Die Hinterbeine waren länger als die vorderen, so dass man zunächst glaubte, er hätte die meiste Zeit auf den Hinterbeinen gestanden, wie ein Känguru. Heute wissen wir, dass er sich vierbeinig fortbewegte. Es scheint, dass Hadrosaurus beim Fressen den Hinterkörper hochreckte wie die heutigen Vögel. Dabei konnten die Vorderbeine zum Greifen benutzt werden.

DATEN

Zeitalter:	Kreide
Unterordnung:	Ornithopoda
Familie:	Hadrosauridae
Charakteristik:	Mächtig, entenschnabelförmiges Maul
Merkmale:	Massiger Körper, zahnloses Maul
Nahrung:	Blätter und Zweige

Melanorosaurus

Großer pflanzenfressender Dinosaurier

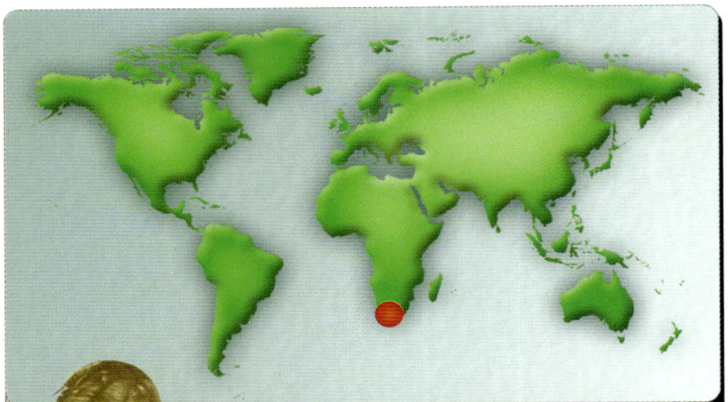

FOSSILIEN

Fossilien wurden 1924 von Sydney H. Haugh in Südafrika gefunden.

Melanorosaurus

Melanorosaurus bedeutet „Schwarze Bergechse" und kommt von den griechischen Wörtern „melanos" (schwarz), „oros" (Berg) und „sauros" (Echse). Er wurde 1924 von dem britischen **Paläontologen** Sydney H. Haugh nach dem „Black Mountain" in Südafrika genannt, wo er entdeckt worden war.

Aussehen

Melanorosaurus lebte in der Untertrias. Mit 12 m Länge, 4,3 m Höhe und etwa 2250 kg Gewicht war er das größte Tier seiner Epoche.

Wie alle Sauropoden war Melanorosaurus ein Pflanzenfresser mit einem massigen Körper, langem Hals und Schwanz, ziemlich kleinem Kopf und Gehirn und geraden Beinen wie die eines Elefanten. Daher nahm man an, dass er sich auf vier Beinen (**quadruped**) fortbewegte wie die anderen großen Sauropoden.

Angesichts der mächtigen Hinterbeine und ihres schweren Knochenbaues überlegt man heute, ob er nicht auf den Hinterbeinen lief, was durch die Tatsache unterstützt wird, dass die Vorderbeine viel kürzer sind als die Hinterbeine.

Sicher ist er nicht dauernd auf zwei Beinen gelaufen, er war nur fakultativ **biped**, er könnte sich aber aufgerichtet haben, um an schmackhafte Blätter zu gelangen.

Perm	Trias	Jura	Kreide
(vor 290-248 Mio. Jahren)	(vor 248-206 Mio. Jahren)	(vor 206-144 Mio. Jahren)	(vor 144-65 Mio. Jahren)

Nahrung

Die Nahrung bestand aus Zweigen und Blättern, wobei ihm seine Größe und der lange Hals gestatteten, bis in die Baumwipfel hinaufzureichen. Die gesägten, blattförmigen Zähne dienten nicht nur zum Abbeißen, sondern auch zum Zerkauen der Nahrung. Der lange Hals ermöglichte es ihm, Pflanzen in einem großen Umkreis abzuweiden, ohne sich fortbewegen zu müssen – das sparte Energie, angesichts seiner Größe ein wichtiger Faktor.

FAKTEN

- Mit 12 m Länge der größte Dinosaurier der Trias. Erst im Jura und in der Kreide kamen größere Dinosaurier vor.
- Bisher wurde noch kein Schädel von Melanorosaurus gefunden. Man denkt aber, dass er in Größe und Gestalt denen der anderen großen Sauropoden ähnlich gewesen sein muss.
- Während die Beinknochen massiv und schwer waren, waren die Wirbelknochen hohl, um das Gewicht zu reduzieren.

DATEN

Zeitalter:	Trias
Unterordnung:	Sauropodomorpha
Familie:	Melanosauridae
Charakteristik:	Grosser langhalsiger Pflanzenfresser
Merkmale:	Langer Hals und langer Schwanz, massiger Körper, blattförmige, gesägte Zähne
Nahrung:	Blätter und Zweige

Saltasaurus

Gepanzerter Pflanzenfresser

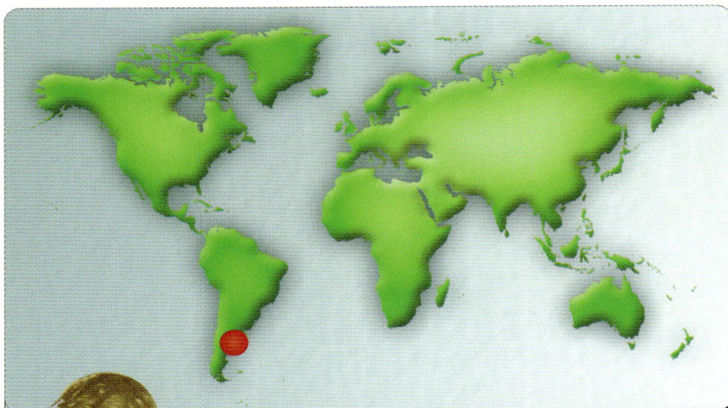

FOSSILIEN

Fossilien wurden in Argentinien und Uruguay (Südamerika) gefunden. Das erste Exemplar wurde 1970 in der Provinz Salta im nordwestlichen Argentinien entdeckt.

DATEN

Zeitalter:	Kreide
Unterordnung:	Sauropodomorpha
Familie:	Titanosauridae
Charakteristik:	Gepanzerter Sauropode
Merkmale:	Knöcherne Panzerplatten auf Rücken und Flanken
Nahrung:	Niedrige Farne, Blätter

Saltasaurus bedeutet „Echse aus Salta“, und er wurde 1980 von José Bonaparte und Jaime Powell nach der argentinischen Provinz Salta benannt, wo er entdeckt worden war.

Aussehen

Saltasaurus war ein **Sauropode** von 12 m Länge und 7 Tonnen Gewicht. Der Körper war massig, die vier kräftigen Beine waren fünfzehig, der lange Hals trug einen kleinen Kopf, und der Schwanz endete in einer peitschenförmigen Spitze.

Der Hals war kürzer als bei den meisten Sauropoden, reichte aber aus, um an Nahrung zu gelangen, die anderen **Pflanzenfressern** unerreichbar war. Nur im hinteren Teil des Maules saßen stumpfe Zähne. Manche Forscher glauben, dass Saltasaurus sich kurzzeitig auf die Hinterbeine erheben konnte und dabei den Schwanz als Stütze benutzte.

Saltasaurus lebte von 70-65 Mio Jahren. In den meisten anderen Gebieten wurden die Sauropoden durch die moderneren Entenschnabelsaurier ersetzt.

Südamerika aber war damals ein Inselkontinent und die Entwicklung des Lebens verlief dort anders. Da Entenschnabelsaurier nicht vorkamen, konnten sich die Sauropoden erhalten, während sie anderswo ausstarben.

FAKTEN

- Ein 1997 entdeckter großer Nistplatz könnte dem Saltasaurus gehört haben. Es wurden mehrere hundert Gruben entdeckt mit 11-12 cm großen Eiern darin. Die Nester wurden dann mit Erde und Laubstreu bedeckt, um sie vor Nesträubern zu schützen.
- Dieser gemeinsame Nestbau ist ein Hinweis darauf, dass Saltasaurus wahrscheinlich in Herden lebte.
- Die Eierschalen waren 6 mm dick.

Panzerung

Das erklärt auch das auffälligste Merkmal des Saltasaurus: Im Unterschied zu allen anderen Sauropoden waren Rücken und Flanken mit runden oder ovalen, bis 12 cm langen Knochenplatten gepanzert, die vielleicht sogar Stacheln trugen – das wissen wir allerdings nicht genau.

Die Entdeckung des Saltasaurus veränderte die Ansichten der Forscher über die Sauropoden grundlegend. Man hatte früher geglaubt, die Größe der Sauropoden allein hätte als Schutz vor Räubern genügt – daher wurde der gepanzerte Titanosaurus (s. S. 110) als ein **Ankylosaurier** klassifiziert. Saltasaurus zeigte nun, dass ein Sauropode gepanzert und trotzdem ein Sauropode sein konnte, und Titanosaurus wurde wieder zu den Sauropoden gerechnet.

Titanosaurus

Riesiger gepanzerter Pflanzenfresser

PFLANZENFRESSER

FOSSILIEN

Fossilien wurden in Europa, Indien, Afrika und Südamerika gefunden. Die ersten Funde stammen aus Indien.

Aussehen

Titanosaurus besaß einen massigen Körper, einen langen, peitschenförmigen Schwanz und einen kleinen Kopf am Ende des langen Halses. Der Kopf war extrem klein im Verhältnis zum Körper, aber sehr breit. Die Nasenöffnungen waren groß und befanden sich auf einem Buckel. Die Zähne waren klein.

Er wurde 12-18 m lang und in den Hüften 3-5 m hoch. Er wog vermutlich 15 Tonnen.
Titanosaurus lief auf vier Beinen. Die Vorderbeine waren sehr kräftig, jedoch kürzer als die Hinterbeine, und Titanosaurus konnte sich wahrscheinlich auf die Hinterbeine erheben, um höher in die Bäume hinaufzureichen. Dabei half ihm die sehr bewegliche Wirbelsäule.

Die Brust von Titanosaurus war sehr breit, daher standen die Beine weit auseinander.

Titanosaurus bedeutet „Riesenechse“. Er wurde 1877 von Richard Lydekker beschrieben-erst 20 Jahre nach der Entdeckung.

Wie Argentinosaurus (s. S. 96) und Brachiosaurus (s. S. 94) war Titanosaurus ein **Sauropode**.

DATEN

Zeitalter:	Kreide
Unterordnung:	Sauropodomorpha
Familie:	Titanosauridae
Charakteristik:	Gepanzerter Pflanzenfresser
Merkmale:	Langer Hals, bewegliches Rückgrat, gepanzerte Haut
Nahrung:	Nadelbäume, Palmen, Gras

Nahrung

Fossiler Kot von Titanosaurus zeigt ein reiches Nahrungsspektrum. Er ernährte sich von Zweigen und Nadeln von Koniferen und von Palmen und Gräsern. Er lebte in Herden, die weidend umherzogen.

Fortpflanzung

Titanosaurus legte Eier, und wahrscheinlich benutzte die ganze Herde den gleichen Nistplatz. Die etwa 11-12 cm großen Eier wurden in Gruben gelegt und mit Erde und Pflanzen bedeckt.

Neueste Entdeckungen

Im Mai 2006 fanden italienische Forscher in Südamerika vier gut erhaltene Skelette von Titanosaurus, darunter waren auch Jungtiere.

Es wurden fossile Fährten entdeckt, die zeigen, dass die Fußspuren von Titanosaurus viel breiter sind als die anderer Sauropoden.

Wir kennen auch fossile Hautabdrücke von Titanosaurus, die eine Panzerung der Haut aus größeren Platten zeigen, die von kleinen, buckelförmigen Schuppen umgeben waren.

FAKTEN

- Obgleich die Eier von Titanosaurus nur 12 cm maßen, wuchsen die Jungen bis zur Größe eines Omnibus heran.
- Die Herde schützte Titanosaurus vor den Angriffen großer Raubsaurier.

Camarasaurus

Riesiger Pflanzenfresser

FOSSILIEN

Fossilien von Camarasaurus wurden in Nordamerika gefunden. Fossilien von Ultrasaurus wurden in den USA und in Asien entdeckt.

DATEN

Zeitalter:	Jura
Unterordnung:	Sauropodomorpha
Familie:	Camarosauridae
Charakteristik:	Riesiger Pflanzenfresser
Merkmale:	Löffelförmige Zähne
Nahrung:	Pflanzen

Camarasaurus lebte im Oberjura, vor 155-145 Mio. Jahren.

Mit seinem langen Hals und dem langen Schwanz glich Camarasaurus dem Diplodocus. Er war ein gewaltiger **Pflanzenfresser**, jedoch etwas kleiner als andere **Sauropoden**. Dennoch wog er immerhin 20 Tonnen.

Der Kopf war lang und schmal mit einer stumpfen Schnauze. Er besaß löffelförmige Zähne, bestens geeignet zum Zermahlen von Blättern und Zweigen.

Fossilien von Camarasaurus wurden gruppenweise gefunden, darunter auch Jungtiere. Er wanderte wohl in Herden wie die heutigen Elefanten.

Ultrasaurus

Riesiger Pflanzenfresser

FAKTEN

- Die Eier von Camarasaurus wurden wahrscheinlich beim Laufen abgelegt.
- Camarasaurus verschluckte Steine zum Zermahlen seiner Nahrung.
- Trotz seiner Größe besaß Camarasaurus ein winziges Gehirn.
- Ultrasaurus besaß ein riesiges Herz, um das Blut durch den gesamten riesigen Körper zu pumpen.
- Supersaurus wog vielleicht etwa 92 Tonnen.

DATEN

Zeitalter:	Jura
Unterordnung:	Sauropodomorpha
Familie:	Brachiosauridae
Charakteristik:	Grösster Pflanzenfresser
Merkmale:	Extrem langer Hals und Schwanz, gewaltige Beine
Nahrung:	Pflanzen

Ultrasaurus besaß einen extrem langen Hals und Schwanz und sehr lange Beine. Man glaubt, dass dieser Pflanzenfresser bis 20 m hoch und über 30 m lang wurde.

Der Name Ultrasaurus wurde zunächst einem Fossil aus Colorado, USA, gegeben. Dann fand man ein ähnliches Fossil in Asien, das aber erheblich kleiner war als das erste. Der Fund in Colorado stammt von dem größten jemals entdeckten Saurier und wird heute als Supersaurus bezeichnet.

Kaltblütige Tiere

Es wird diskutiert, ob die Dinosaurier kalt- oder warmblütig waren. Man nahm bisher an, dass sie wie ihre Verwandten, die heutigen Reptilien, kaltblütig gewesen seien. Einige **Paläontologen** behaupten jetzt, dass zumindest manche Dinosaurier aktive Tiere waren, die in kühlen Gebieten lebten, nah mit den Vögeln verwandt und daher warmblütig gewesen seien.

Alligator

Kaltblütige Tiere

Kaltblütige Tiere, wie Eidechsen und Schlangen, kontrollieren ihre Körpertemperatur, indem sie sich von der Sonne aufwärmen lassen oder den Schatten aufsuchen, sie sind
ektotherm.

Warmblütige Tiere

Die Körperwärme der **Warmblüter** (Vögel

Thescelosaurus

und Säugetiere) stammt aus der mit der Nahrung aufgenommenen Energie (endotherm). Um sich abzukühlen, schwitzen endotherme Tiere oder klappen mit den stark durchbluteten Ohren.

Wärmeregulierung bei Dinosauriern

Einige Dinosaurier besaßen Organe zur Wärmeregulation. Spinosaurus (s. S. 78) und Ouranosaurus hatte große Rückensegel, und Stegosaurus (s. S. 116) trug einen Kamm aus Platten. Diese Organe wurden vielleicht zur Aufnahme bzw. Abgabe von Wärme benutzt. Das würde beweisen, dass ihre Träger ektotherm und kaltblütig waren.

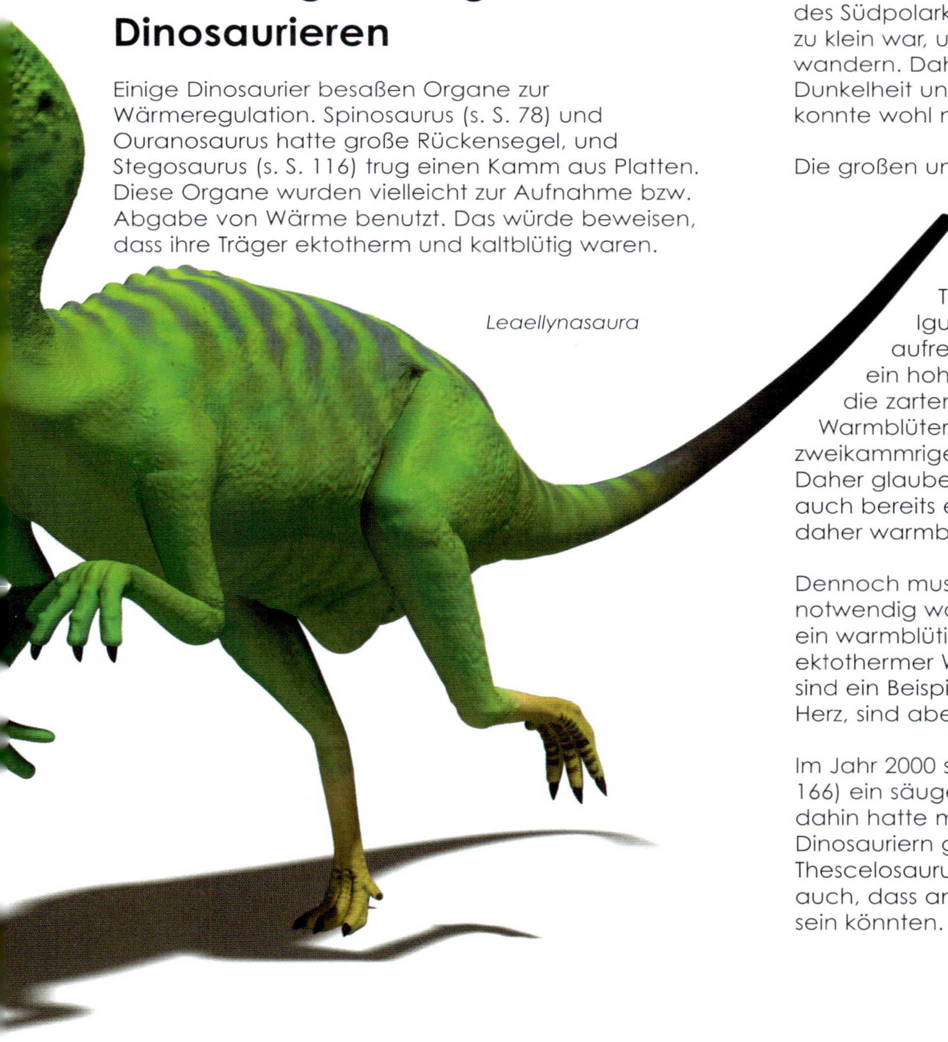

Leaellynasaura

Blutkreisläufe

Leaellynasaura war ein kleiner, aber ungewöhnlicher Saurier, der in der Unterkreide in der Nähe des Südpols lebte. Das Überraschende ist, dass er innerhalb des Südpolarkreises lebte, aber zu klein war, um im Südwinter nach Norden zu wandern. Daher musste er mehrere Monate in Dunkelheit und Polarkälte überdauern – und das konnte wohl nur ein warmblütiges Tier.

Die großen und die sehr kleinen Dinosaurier benutzten daher wohl sehr verschiedenartige Methoden der Temperaturregelung.

Viele große Dinosaurier, wie Tyrannosaurus rex (s. S. 54) und Iguanodon (s. S. 156), hielten ihren Kopf aufrecht. Um Blut ins Gehirn zu befördern, war ein hoher Blutdruck nötig, dem wahrscheinlich die zarten Gefäße in der Lunge nicht standhielten. Warmblüter lösen dieses Problem durch ein zweikammriges Herz und zwei getrennte Blutkreisläufe. Daher glauben einige Forscher, dass große Dinosaurier auch bereits ein zweikammriges Herz besaßen und daher warmblütig waren.

Dennoch mussten derartige Dinosaurier nicht notwendig warmblütig sein. Vielleicht kombinierten sie ein warmblütiges Herz-und-Lungen-System mit ektothermer Wärmeregulation. Die heutigen Krokodile sind ein Beispiel dafür: Sie haben ein zweikammriges Herz, sind aber kaltblütig.

Im Jahr 2000 stellte man fest, dass Thescelosaurus (s. S. 166) ein säugerartiges vierkammriges Herz besaß. Bis dahin hatte man nur dreikammrige Herzen bei Dinosauriern gefunden. Dies zeigt nicht nur, dass Thescelosaurus vermutlich warmblütig war, sondern auch, dass andere Dinosaurier es gleichfalls gewesen sein könnten.

Stegosaurus

Langsamer Pflanzenfresser mit Rückenkamm

FOSSILIEN

Fossilien wurden in der westlichen USA, Westeuropa, Südindien, China und Südafrika gefunden.

Stegosaurus wurde 1877 von Othniel Marsh beschrieben. Der Name bedeutet „Dachechse" und bezieht sich auf die Doppelreihe alternierender Platten auf dem Rücken (insgesamt 17).

Aussehen

Stegosaurus war groß und schwerfällig. Er wurde 9-12 m lang, bis 4 m hoch und wog bis zu 3 Tonnen.
Die Hinterbeine waren länger als die Vorderbeine, die etwas seitlich gerichtet waren. So senkte sich der Körper zum kleinen, spitzen Kopf hin, der dicht am Boden gehalten wurde. Nur hinten im Kiefer saßen kleine, blattförmige Zähne, während vorne ein horniger Schnabel zum Abbeißen von Pflanzen ausgebildet war. Die Hinterbeine hatten drei, die Vorderbeine fünf Zehen, die allesamt hufartige Nägel trugen.

Das Ende des kurzen, beweglichen Schwanzes war mit meterlangen Stacheln besetzt, die, wie wir heute wissen, eher zur Seite als nach hinten gerichtet waren. Der Schwanz diente daher als Waffe gegen Raubsaurier.

Panzerung

1992 entdeckte man, dass Kehle und Hüften auch noch mit kleinen Panzerplatten besetzt waren.

Die Rückenplatten wurden zunächst für Abwehrwaffen gehalten. Später sah man, dass sie ziemlich zart gebaut waren. Dann wurde angenommen, dass sie bei der Balz benutzt wurden – allerdings besitzen sowohl Männchen wie Weibchen diese Platten.

Nach der gängigsten Theorie wurden die Platten zur Wärmeregulation benutzt. Heute denkt man, dass sie nur zur Arterkennung dienten.

Stegosaurus lebte in Familienverbänden oder sogar in Herden. Er war der letzte und größte der **Stegosaurier**. Im Oberjura starben im Verlauf einer Aussterbewelle auch die meisten Stegosaurier aus.

DATEN

Zeitalter:	Jura
Unterordnung:	Thyreophora
Familie:	Stegosauridae
Charakteristik:	Schwerfälliger Pflanzenfresser
Merkmale:	Knochenzacken auf dem Rücken
Nahrung:	Niedrige Pflanzen

FAKTEN

- Stegosaurus war fast so groß wie ein Bus – aber sein Gehirn war nur so groß wie ein Tischtennisball und wog gerade 70 g.
- Das vollständigste Skelett wurde 1992 in Colorado ausgegraben. Seine Entdecker gaben ihm den zutreffenden Spitznamen „*Spike*".
- Die Fußsohlen waren mit einem schwamm-artigen Gewebe gepolstert.

Skelett von Stegosaurus

Ankylosaurus

Stark gepanzerter Pflanzenfresser

FOSSILIEN

Fossilien wurden in den USA und in Kanada gefunden. Das erste Exemplar wurde 1906 entdeckt.

Ankylosaurus bedeutet „Buckelechse" oder „verwachsene Echse" und bezieht sich auf die Verwachsung vieler Knochen zu einer festen Panzerung. Er wurde 1908 beschrieben.

Aussehen

Ankylosaurus war der größte dieser Panzerdinosaurier. Er verschwand während des großen **Aussterbens** (s. S. 206) am Ende der Kreidezeit vor 65 Mio. Jahren. Sein Panzer bedeckte Rücken, Flanken und Schwanz vollständig, und sogar die Augenlider waren gepanzert. Dazu war die gesamte Panzerung noch mit Knochenzacken besetzt.

Der Körper war niedrig und sehr breit. Ankylosaurus lief schwerfällig auf allen vieren, wobei die Hinterbeine etwas länger waren.

Der dreieckige Kopf war massig und mit vier Hörnern besetzt. Die Knochen waren sehr massiv, und das Gehirn war klein. Blattförmige Zähne zum Kauen standen nur im hinteren Bereich des Maules, der Vorderteil war ein zahnloser Schnabel.

Schwanz

Der Schwanz endete in einer gewaltigen knöchernen Keule, die aus den letzten – verwachsenen – Schwanzwirbeln bestand. Die Keule konnte mit genügend Kraft geschwungen werden, um Knochen zu zerbrechen.

Skelett von Ankylosaurus

FAKTEN

- 1996 wurden in Brasilien Ankylosaurierspuren entdeckt. Schätzungen aufgrund der Spuren ergaben, dass Ankylosaurus durchaus zu einem mäßigen Spurt in der Lage war.
- Ankylosaurus besaß wohl einen sehr großen Magen, vermutlich mit einer Fermentkammer, um die harten Pflanzenteile verdauen zu können. Das dürfte gewaltige Gasmengen erzeugt haben!

Angegriffen, drückte sich Ankylosaurus wohl an den Boden, um seinen empfindlichen Bauch zu schützen, und als letzte Waffe schwang er dann seine Schwanzkeule.

Bau des Panzers

2004 ergab eine Untersuchung, dass die Keule sehr komplex gebaut ist, denn Bindegewebsfasern durchziehen zickzackartig die Knochen (das ist sogar an den Fossilien noch zu erkennen). Diese Konstruktion gab der Keule enorme Festigkeit in alle Richtungen. Solche „zusammengesetzten" Knochenplatten waren dünner und leichter als die einfacheren anderer gepanzerter Saurier, aber fester, und mehrere solcher Platten konnte enormen Kräften widerstehen – etwa wenn Ankylosaurus mit seiner Keule zuschlug.

DATEN

Zeitalter:	Kreide
Unterordnung:	Thyreophora
Familie:	Ancylosauridae
Charakteristik:	Gepanzerter Pflanzenfresser
Merkmale:	Keulenartiger Schwanz, schwere Panzerung auf Rücken und Flanken
Nahrung:	Niedrige Pflanzen

Kentrosaurus

Langsamer, stacheltragender Pflanzenfresser

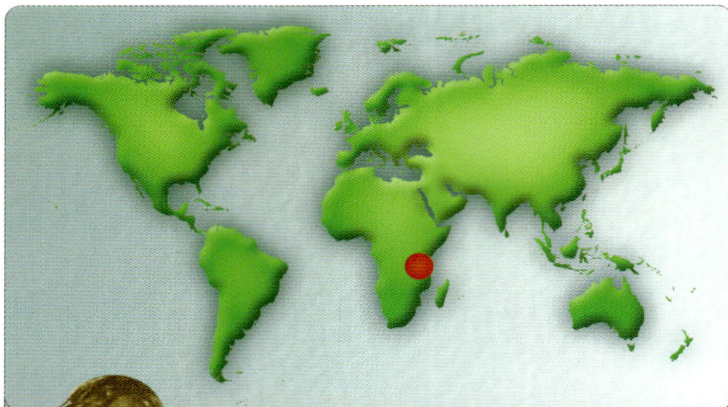

FOSSILIEN

Fossilien wurden in Tendaguru in Tansania (Afrika) gefunden. Die ersten Fossilien wurden 1909-1912 von einer deutschen Expedition ausgegraben.

DATEN

Zeitalter:	Jura
Unterordnung:	Thyreophora
Familie:	Stegosauridae
Charakteristik:	Panzer und Stacheln
Merkmale:	Eine Doppelreihe langer, spitzer Stacheln auf Rücken u. Schwanz
Nahrung:	Farne, Pflanzen an Ufern

Kentrosaurus wurde 2,5-5 m lang und bis 1,8 m hoch und wog höchstens zwei Tonnen. Der Kopf wurde dicht am Erdboden gehalten, der kräftige Schwanz wahrscheinlich höher.

Kentrosaurus bedeutet „Stachelechse“.

Aussehen

Er wurde 1915 von Edwin Hennig beschrieben und nach der gewaltigen Doppelreihe von Knochenstacheln benannt, die auf der hinteren Hälfte des Rückens und auf dem Schwanz sitzen. Jeder Stachel war etwa 30 cm lang. Der Ansatz des kräftigen Schwanzes war sogar mit zwei Paar fast meter-langen Stacheln (oben und seitlich) besetzt. Durch Schwanzschläge konnte sich Kentrosaurus sicher bestens verteidigen.

Vor den Stacheln waren Rücken und Hals mit neun paarigen Knochenplatten besetzt, die Blutgefäße enthielten. Sie waren wohl zu klein für die Wärmeregulierung (wie vielleicht bei anderen Dinosauriern mit größeren Platten), sondern dienten wohl eher der Balz und waren vielleicht lebhaft gefärbt.

Nahrung

Er besaß einen winzigen, schmalen Kopf mit einem zahnlosen Schnabel. Kleine Zähne weiter hinten im Maul dienten zum Kauen der Farne und Uferpflanzen, die Kentrosaurus abweidete. Die Fossilien wurden am Ufer eines vor 156-150 Mio. Jahren existierenden Flusses gefunden. Daher glaubt man, dass er sich von Uferpflanzen ernährte.

Die Hinterbeine waren zweimal so lang wie die Vorderbeine, so konnte sich Kentrosaurus vielleicht kurz aufrichten, um an höhere Pflanzenteile zu gelangen.

Ziemlich sicher lebte Kentrosaurus in Herden.

FAKTEN

- Früher glaubte man, Kentrosaurus besäße zwei Gehirne! Doch ist das zweite „Gehirn“ nur eine Anschwellung des Rückenmarks zur Steuerung von Hinterbeinen und Schwanz (s. S. 99).
- Ein fast vollständiges Skelett (eines von zwei bekannten) stand im Berliner Museum. Im Zweiten Weltkrieg wurde es aber fast völlig zerstört.
- Die Riechkolben im Gehirn waren gut entwickelt, daher hatte er einen gut entwickelten Geruchssinn.

Edmontonia

Stachliger, gepanzerter Pflanzenfresser

FOSSILIEN

Fossilien wurden in Alberta (Kanada) und Montana, South Dakota und Texas (alle in den USA) gefunden. Das erste Exemplar wurde 1924 von George Patterson entdeckt.

Edmontonia kommt von „Edmonton“. Sie wurde 1928 von C. M. Sternberg beschrieben, und der Name bezieht sich auf den Fundort – die Edmonton-Formation in Alberta (Kanada).

Sie gehörte zu den **Ankylosauriern**, einer Gruppe gepanzerter **Pflanzenfresser**, und lebte vor 76-68 Mio. Jahren. Man unterscheidet drei Gruppen: die echten Ankylosaurier (wie Ankylosaurus, s. S. 118), die Polacanthiden und Nodosauriden. Edmontonia war ein Nodosauride (s. S. 128).

Mit 6-7 m Länge und 2 m Höhe war Edmontonia einer der größten Nodosauriden. Sie wog etwa 3,5 Tonnen, und der massige Körper wurde von vier mächtigen Beinen getragen. Sie konnte sich bei Gefahr auf den Boden pressen, um die weiche Unterseite zu schützen. Selbst der steife Schwanz war gepanzert!

Edmontonia trug Knochenplatten auf Kopf und Rücken und spitze Stacheln auf Rücken und Schwanz. Vier lange Stacheln saßen beiderseits auf den Schultern. Kleine Kauzähne hinten auf den Kiefern dienten zum Zermahlen der Nahrung. Der Kopf war zum Schutz des Gehirns wohl ebenfalls mit Platten besetzt, zwei Ringe aus flachen Platten schützen den Nacken, und kleinere Plattenreihen liefen den Schwanz hinunter.

FAKTEN

- Edmontonia besaß spezielle Schultermuskeln, die es ihr ermöglichten, sich bei Gefahr fest in den Boden zu krallen.
- Die langen Schulterstacheln wurden vielleicht auch bei Rivalenkämpfen benutzt.
- Edmontonia besaß sehr breite Füße – nützlich in den küstennahen Marsch- und Sumpfgebieten, die sie bewohnte.
- Die schwerfällige Edmontonia konnte ihre Panzerung gut gebrauchen, lebte sie doch zusammen mit Tyrannosaurus rex!

DATEN

Zeitalter:	Kreide
Unterordnung:	Thyreophora
Familie:	Nodosauridae
Charakteristik:	Panzerförmiger Pflanzenfresser
Merkmale:	Panzer aus Knochenplatten und Stacheln
Nahrung:	Niedrige Pflanzen

Scelidosaurus

Schwerfälliger, gepanzerter Pflanzenfresser

FOSSILIEN

Fossilien wurden in den USA, Tibet, China und England gefunden. Den ersten Fund machte James Harrison 1858 in England – das war das erste vollständige Saurierskelett überhaupt.

Scelidosaurus bedeutet „Gliederechse“. Er wurde 1859 von Richard Owen beschrieben und lebte vor 206-200 Mio. Jahren.

Scelidosaurus

Aussehen

Mit den Knochenplatten in seiner Haut gleicht er den späteren **Ankylosauriern**. Die Zackenreihen auf der Oberseite und der an den Hüften hohe Rücken erinnern allerdings an einen anderen späteren Dinosaurier, den Stegosaurus (s. S. 116). Daher halten es die Forscher für möglich, dass beide, **Ankylosaurier** und **Stegosaurier**, von Scelidosaurus abstammen. Sein Gehirn war sehr klein im Vergleich zur Körpergröße, daher war er wohl nicht sehr intelligent.

Perm	Trias	Jura	Kreide
(vor 290-248 Mio. Jahren)	(vor 248-206 Mio. Jahren)	(vor 206-144 Mio. Jahren)	(vor 144-65 Mio. Jahren)

Scelidosaurus harrisonii

Scelidosaurus war ein schwerfälliger Pflanzenfresser und besaß einen kleinen Kopf, massige Beine und einen langen, steifen Schwanz. Der Hals war lang im Vergleich mit anderen gepanzerten Dinosauriern. Er wog 200-250 kg, wurde etwa 4 m lang und 1,5 m hoch.

Dieser schwerfällige Saurier weidete niedrige, weiche Pflanzen, Blüten und Früchte ab. Sein schmaler Kopf enthielt kleine, blattförmige Zähne vorn im Unterkiefer, eher geeignet zum Abweiden als zum Kauen. Er konnte zwar kauen, aber nur durch einfaches Aufundabbewegen der Kiefer.

Verteidigung

Die Panzerplatten trugen spitze Buckel, und hinter den Ohr-öffnungen saßen drei längere Hörner. Angegriffen, drückte er sich wohl an den Boden, um seinen weichen Bauch zu schützen, und wandte dem Angreifer seine gepanzerte Oberseite zu.

Wir wissen noch sehr wenig über die Nahrung oder darüber, wo Scelidosaurus eigentlich lebte, denn die Knochenfunde stammen alle nicht aus seiner natürlichen Umgebung – sie waren nämlich nach dem Tod in das Meer geschwemmt worden. Er war kein Meeres- oder Wassertier, bewohnte aber vielleicht die Ufer von Flüssen. Dabei wurden wohl einige Tiere durch Flutwellen ertränkt und hinaus aufs Meer geschwemmt und dort eingebettet.

DATEN

ZEITALTER:	TRIAS
UNTERORDNUNG:	THYREOPHORA
FAMILIE:	SCELIDOSAURIDAE
CHARAKTERISTIK:	GEPANZERTER PFLANZENFRESSER
MERKMALE:	KNÖCHERNE PANZERPLATTEN UND STACHELN
NAHRUNG:	NIEDRIGE PFLANZEN

FAKTEN

- Man nimmt an, dass Scelidosaurus der Vorfahr von Ankylosaurus und von Stegosaurus war.
- Scelidosaurus wurde sowohl als Ankylosaurier wie als Stegosaurier klassifiziert, und auch heute ist nicht klar, wohin er gehört.
- Obgleich er sich gewöhnlich auf vier Beinen fortbewegte, nehmen manche Forscher an, dass Scelidosaurus wegen seiner langen Hinterbeine kurze Strecken auf zwei Beinen laufen konnte.
- Jungtiere von Scelidosaurus mögen ihren Eiweißhaushalt mit Insekten aufgebessert haben.

Scutellosaurus

Kleiner gepanzerter Pflanzenfresser

FOSSILIEN

Fossilien wurden in Arizona, Nordamerika, gefunden.

Scutellosaurus bedeutet „Schildchensaurier". Der Name bezieht sich auf die Panzerplatten, **Scutum** genannt, die seinen kleinen Körper bedeckten. Er wurde 1981 von Edwin Colbert beschrieben. Wir kennen diesen kleinen Dinosaurier von zwei unvollständigen Skeletten und Hunderten von Panzerplatten, die in Arizona (USA) entdeckt wurden.

Aussehen

Scutellosaurus war ein altertümlicher Dinosaurier. Er ist der älteste Panzersaurier, den wir kennen, und vermutlich verwandt mit **Lesothaurus**. Denken wir an Dinosaurier, stellen wir uns riesige Tiere vor. Doch Scutellosaurus war nicht größer als ein Hund, 1,2 m lang, 50 cm hoch im Hüftbereich, und wog etwa 10 kg. Der lange, schlanke Schwanz war doppelt so lang wie Kopf und Rumpf zusammen.

Die dünnen Hinterbeine waren viel länger als die Vorderbeine – er dürfte zwar meist auf allen vieren gelaufen sein, aber bei Gefahr hat er sich wahrscheinlich auf die Hinterbeine erhoben, wobei der lange Schwanz die Balance hielt. Derartige Tiere nennt man **semibiped**. Vermutlich stammte er von vollständig bipeden Vorfahren ab, aber seine Nachkommen waren **quadruped** (vierbeinig).

Platten

Auf dem gesamten Körper waren mehr als 300 Knochenplatten verteilt, in sechs verschiedenen Typen. Die größten waren vielleicht in einer oder zwei Reihen auf der Rückenmitte angeordnet.

Nahrung

Scutellosaurus war ein Pflanzenfresser und verbrachte die meiste Zeit weidend. Die einfachen Zähne dienten zum Abbeißen und Zermalmen weicher, fleischiger Pflanzenteile.

DATEN

ZEITALTER:	JURA
UNTERORDNUNG:	THYREOPHORA
CHARAKTERISTIK:	GEPANZERTER PFLANZENFRESSER
MERKMALE:	LANGER, DÜNNER SCHWANZ, PANZERPLATTEN
NAHRUNG:	PFLANZEN, SAMEN, FRÜCHTE

FAKTEN

- Scutellosaurus besaß zwei Möglichkeiten, sich gegen Feine zu wehren – seine gepanzerte Haut und die Fähigkeit, sich auf die Hinterbeine aufzurichten und wegzulaufen.
- Jeden Feind, der versuchte, Scutellosaurus zu beißen, erwartete eine Überraschung – die Haut war mit mehr als 300 Panzerplatten geschützt!
- Scutellosaurus besaß einen kurzen Schädel. Der Schwanz dagegen war doppelt so lang wie Kopf und Rumpf zusammen.

Nachkommen

Höchstwahrscheinlich war Scutellosaurus der Vorfahr der späteren großen, schwer gepanzerten **Ankylosaurier** (s. S. 118) und **Stegosaurier** (s. S. 116). Als seine Nachkommen stärkere und schwerere Panzerplatten vor allem an Kopf und Hals erwarben, wurde ihr Körper vor allem vorn schwerer und schwerer, so dass sie schließlich auf allen vieren laufen mussten, damit den Weg für ihre riesigen vierbeinigen Nachkommen ebnend.

Nodosaurus

Schwer gepanzerter Pflanzenfresser

FOSSILIEN

Fossilien wurden in Kansas, Wyoming und New Mexico (USA) gefunden. Das erste Exemplar wurde 1889 entdeckt.

Nodosaurus bedeutet „Knotenechse“. Er wurde 1889 von Othniel Charles Marsh beschrieben, und sein Name bezieht sich auf die Knochenplatten und Knoten, die seinen Leib überdecken. Derartige Knochenplatten werden als **Scutum** bezeichnet. Nodosaurus ist die namensgebende Art für eine Untergruppe der Ankylosaurier, die **Nodosaurier**.

Nodosaurier unterschieden sich von anderen Ankylosauriern durch das Fehlen der Schwanzkeule. Man erkennt Nodosaurier an den Dornreihen auf den Flanken, dem birnenförmigen Kopf und dem ziemlich kleinen, zahnlosen Schnabel. Eine Knochenplatte trennte die Nasengänge vom Maul, so waren sie in der Lage, zugleich fressen und atmen zu können.

Auf der Schnauze befand sich eine einzige große Platte, und der Beckenbereich wurde von einem festen Panzer aus teilweise verwachsenen Platten geschützt. Außerdem waren Nodosaurier an den Flanken noch mit abstehenden knöchernen Stacheln bewehrt.

Aussehen

Nodosaurus war 4-6 m lang und bis 3 m hoch. Er lief auf vier massigen Beinen und besaß fünfzehige Füße. Die Vorderbeine waren viel kürzer als die Hinterbeine, das verlieh ihm ein buckliges Aussehen. Der kleine Kopf saß auf einem kurzen Hals.

Da kein Schädel eines Nodosaurus überliefert ist, müssen wir seine Gestalt von derjenigen anderer Nodosaurier extrapolieren. Wahrscheinlich besaß er einen schmalen Kopf mit spitz zulaufender Schnauze und kräftige Kiefer, die hinten mit kleinen, blattartigen Zähnen besetzt waren. Er ernährte sich wohl von weichen Pflanzenteilen. Wie andere Pflanzenfresser könnte er kleine Steine (Gastrolithen) zur besseren Verdauung verschluckt haben.

Nodosaurus, angegriffen von einem einzelnen Raptor

Verteidigung

Er besaß große Knochenplatten mit Zacken auf der Haut zwischen den Rippen und – abweichend von anderen Nodosauriern – einen Rückenpanzer, der aus paarigen, rechteckigen, gebuckelten Platten in der Mitte bestand, die mit kleineren, flachen, quadratischen Platten abwechselten. Möglicherweise besaß er auch Schulter- oder Seitenstacheln, aber das wissen wir nicht genau.

Nodosaurus verließ sich bei einem Angriff wohl aus seine Panzerung und drückte sich flach auf den Boden, um seinen weichen Bauch zu schützen.

FAKTEN

- Nodosaurus besaß einen kleinen Kopf mit einem vergleichsweise winzigen Gehirn. Sicher war er nicht besonders intelligent.
- 2003 wurde in Kent (England) ein Fossil gefunden, das einem Nodosaurus gehört haben könnte. Es ist fast vollständig, nur der Schädel fehlt. Zukünftige Untersuchungen werden zeigen, ob das der erste

  Fund eines Nodosaurus außerhalb von Amerika ist.

DATEN

Zeitalter:	Kreide
Unterordnung:	Thyreophora
Familie:	Nodosauridae
Charakteristik:	Gepanzerter Pflanzenfresser

Blick von oben auf Nodosaurus' erstaunlichen Stachelpanzer

Minmi

Kleiner und eigenartig gepanzerter Pflanzenfresser

Dieser Dinosaurier wurde 1980 von Ralph Molnar beschrieben. Er wurde nach dem Fundort der ersten Fossilien benannt, Minmi Crossing.

Minmi war der erste gepanzerte Dinosaurier, der südlich des Äquators entdeckt wurde. Es ist auch das vollständigste Skelett eines Dinosauriers, das jemals in Australien gefunden wurde.

Aussehen

Minmi war wohl ein sehr ursprünglicher **Ankylosaurier**, und die Forscher hatten Mühe, ihn zu klassifizieren. Er weist Merkmale der Ankylosaurier und der **Nodosaurier** auf, gleicht aber keinem der beiden. Der Schnabel ist höher gewölbt als der Rest des Schädels, ähnlich wie bei Nodosauriern. Er besaß Panzerplatten wie ein Ankylosaurier – aber die Beine waren länger, und die Schwanzkeule fehlt.

Minmi war etwa kalbgroß, nur 2-3 m lang und 1 m hoch, und wog vielleicht 1.700 kg. Die Hinterbeine waren länger als die vorderen, und er lief auf allen vier Beinen. Er ernährte sich wohl von niedrigem Pflanzenwuchs in Flussauen und offenen Wäldern.

Abgesehen von den längeren Beinen, unterschied sich Minmi von den Ankylosauriern noch durch den Besitz von zusätzlichen, das Rückgrat verstärkenden Knochenplatten, die das Gewicht des Rückenpanzers tragen halfen. Zusätzliche, an diesen Platten ansetzende Muskulatur erlaubte es Minmi vermutlich, sich mit beträchtlicher Geschwindigkeit fortzubewegen.

Verteidigung

Die Haut war mit größeren (**Scutum** genannten) und kleineren erbsenförmigen Platten (**Ossikel**) bedeckt. Sogar der Bauch war durch kleine Plättchen geschützt, was Minmi vor allen anderen gepanzerten Dinosauriern auszeichnet.

Nur der Panzer schützte Minmi vor Feinden, denn er besaß ja keine Schwanzkeule. So bestand seine letzte Rettung wohl in der Flucht.

FOSSILIEN

Fossilien wurden in Queensland, Australien, gefunden. Das erste Exemplar entdeckte Alan Bartholomai 1964 bei Roma, Queensland.

Perm	Trias	Jura	Kreide
(vor 290-248 Mio. Jahren)	(vor 248-206 Mio. Jahren)	(vor 206-144 Mio. Jahren)	(vor 144-65 Mio. Jahren)

Skelett von Minmi

Minmi besaß als einziger Ankylosaurier Nebenwirbel (**Paravertebrae**), die aber wohl eher aus verknöcherten Sehnen bestanden.

Minmi wies viele Übereinstimmungen mit Ankylosauriern und Nodosauriern auf; vielleicht ist er aber ein ganz eigenständiger Typ eines gepanzerten Dinosauriers.

FAKTEN

- 1990 wurde ein fast vollständiges Skelett von Minmi in Nordwest-Queensland entdeckt. Es ist so gut erhalten, daß die Abdrücke der Knochenplättchen auf der Haut sichtbar sind.
- Minmi besitzt den kürzesten Namen aller Dinosaurier.
- Kürzlich konnte der Mageninhalt von Minmi untersucht werden. Er war offenbar imstande, seine Nahrung zu kauen.

DATEN

Zeitalter:	Kreide
Unterordnung:	Thyreophora
Charakteristik:	Gepanzerter Pflanzenfresser
Merkmale:	Panzerplatten und Stacheln
Nahrung:	Weiche Pflanzen, Blätter, Früchte, Stängel

Panoplosaurus

Vollständig gepanzerter Saurier

FOSSILIEN

Fossilien von Panoplosaurus und Sauropelta wurden in Kanada und den USA gefunden. Fossilien von Huayangosaurus wurden in China entdeckt.

DATEN

ZEITALTER:	KREIDE
FAMILIE:	ANKYLOSAURIA
CHARAKTERISTIK:	GEPANZERTER PFLANZENFRESSER

Der Kopf von Panoplosaurus war hinten breit und verjüngte sich zu dem langen, zahnlosen Schnabel hin. Auch der Schädel war durch dicke Panzerung geschützt. Die kleinen, einfachen Zähne saßen hinten auf gebogenen Kiefern. Er besaß außerdem noch Backentaschen, um seine Pflanzennahrung darin aufzubewahren.

Panoplosaurus wurde 1919 beschrieben.

Ein dicker Knochenpanzer bedeckte fast den ganzen Körper, dazu kamen noch seitlich gerichtete Stacheln an der Seite und nach vorn gerichtete am Hals. Die niedrigen, massigen Beine waren wohl mit dicken Schuppen besetzt. Panoplosaurus war etwa 7 m lang und wog bis zu 4 Tonnen.

Huayangosaurus

Huayangsaurier

DATEN

ZEITALTER:	JURA
FAMILIE:	ANKYLOSAURIA
CHARAKTERISTIK:	GEPANZERTER PFLANZENFRESSER

Dong Ziming, ein bekannter chinesischer **Paläontologe**, benannte Huayangosaurus nach dem Ort, wo er 1982 entdeckt worden war.

Huayangosaurus gehört zu den **Stegosauriern**, lebte aber früher als sein berühmter Verwandter Stegosaurus (s. S. 116) und war nicht so weit erbreitet. Fossilien kennen wir nur aus Ostasien.

Aus den Funden geht hervor, dass dies mit 4 m Länge und 400 kg Gewicht ein kleiner, ziemlich urtümlicher Stegosaurier war. Er trug paarige, aufrechte Platten auf dem Rücken und Stacheln auf dem Schwanz. Seitwärts gerichtete Stacheln an Schultern und Hüften dienten der zusätzlichen Abwehr von Feinden.

Skelett von Huayangosaurus

Eier und entwicklung

Eier

Dinosaurier entwickelten sich aus Eiern, die von den Weibchen abgelegt wurden. Die Eier weisen sehr unterschiedliche Größen und Formen auf und konnten bis 60 cm lang werden. Selbst bei den größten Dinosauriern waren die Eier relativ klein, weil die Schale dünn genug sein musste, um Sauerstoffzufuhr und später das Schlüpfen der Jungen zu ermöglichen. Die Eier glichen denen der heutigen Reptilien, Vögel und urtümlichen Säugetiere; sie enthielten eine **Membran** (das Amnion), die den Embryo feucht hielt.

Die ersten und zugleich bisher größten Dinosauriereier stammen von Hypselosaurus, einem Mitglied der Titanosaurier (s. S. 110), und waren fußballgroß, 30 cm lang, hatten ein Volumen von 2 Litern und wogen bis 7 kg. Sie wurden 1869 in Frankreich entdeckt.

Fossile Fußspuren

Fossile Eier von Hypelosaurus

Familienleben

Bis vor kurzem war der einzige Hinweis auf Brutpflege der um 1920 gemachte Fund von Nestern in der Wüste Gobi mit Spuren, die zeigen, dass dort Erwachsene zusammen mit Jungtieren gewesen waren. Wir wissen kaum etwas über Balz, Rivalenkämpfe und Paarung der Dinosaurier.

Inzwischen sind über 200 Stellen mit Dinosauriereiern bekannt. Der letzte Fund von 10 großen Eiern und drei Abdrücken wurde 1999 in Frankreich gemacht. Große Nistplätze kennt man aus Spanien, wo Hunderttausende Eier sowohl von **Sauropoden** wie von **Theropoden** entdeckt wurden. Dinosauriernester fand man auch in Argentinien und China.

Sehr selten enthalten die Eier noch Embryos – dann kann man die Artzugehörigkeit der Eier bestimmen.

Nester, Eier, Jungtiere und Erwachsene von Maiasaura (s. S. 176) entdeckte man in den USA an derselben Stelle. Dieser Fund beweist einen hohen Grad von Brutpflege und Sozialverhalten bei einem Dinosaurier.

Manche Dinosaurier bewachten ihre Eier, andere ließen sie allein. Vermutlich glich das Brutverhalten der Dinosaurier sehr den zwei Methoden der heutigen Vögel – „Nestflüchter", wenn die Jungen das Nest gleich nach dem Schlüpfen verlassen, und „Nesthocker", wenn die noch hilflosen Jungen länger im Nest bleiben. Anscheinend besaßen Dinosaurier auch eine Art Heimfindungsinstinkt, der sie jedes Jahr an den gleichen Brutplatz zurückfinden ließ.

Skelett eines Dinosauriers

Eier von Maiasaura

Fortpflanzung

Eine der ungelösten Fragen aus der Fortpflanzung der Dinosaurier ist die, wie die riesigen Sauropoden, etwa Apatosaurus (s. S. 100), Diplodocus (s. S. 98) und Brachiosaurus (s. S. 94), ihre Eier ablegten, ohne sie zu zerbrechen. Selbst wenn sich ein Sauropode niederhockte, fielen die Eier noch aus 2,5 m Höhe zu Boden. Manche Forscher meinen, dass die Weibchen eine Art ausstülpbare Legeröhre besaßen, wie heute noch manche Schildkröten.

Triceratops

Riesiger dreihörniger Pflanzenfresser

FOSSILIEN

Fossilien wurden in den USA und Westkanada gefunden. Der erste Fund gelang 1888.

DATEN

ZEITALTER:	KREIDE
UNTERORDNUNG:	MARGINOCEPHALA
FAMILIE:	CERATOPSIDAE
CHARAKTERISTIK:	SCHWERFÄLLIGER PFLANZENFRESSER
MERKMALE:	GEWALTIGER, SCHWERER SCHÄDEL, DREI HÖRNER UND EINE KNÖCHER-NE HALSKRAUSE
NAHRUNG:	PFLANZEN

Der Name Triceratops bedeutet „Dreihornechse“ und bezieht sich auf das auffälligste Merkmal, die drei Kopfhörner. Der volle Name lautet Triceratops horridus („das schreckliche dreihörnige Gesicht“).

Hörner- und Halskragen

Das kürzeste der drei Höner sitzt auf der Nase, die beiden anderen sind 1 m lang und sitzen über den Augen. Eine weitere Besonderheit ist der knöcherne gezackte Kragen am Hinterkopf. Es gibt verschiedene Erklärungen für seine Funktion, aber keine ist bisher gut begründet. Folgende Erklärungen wurden vorgebracht:

- Schutz bei Kämpfen um Status, Territorium oder Nahrung
- Schauobjekt für Kommunikation in der Herde oder bei der Balz
- Ansatz für die mächtige Kaumuskulatur
- Temperaturregulation durch Vergrößerung der Oberfläche, zur Aufnahme oder Abgabe von Wärme
- Schutz gegen Bisse in den Hals durch große Raubsaurier.

Triceratops gehörte zu den Ceratopsiden – das waren große, horntragende Dinosaurier, die in Herden lebten. Sie gehörten zu den spätesten Dinosaurierfamilien, die wir kennen.

Aussehen

Triceratops wurde etwa 9 m lang, 3 m hoch und wog ungefähr 5,5 Tonnen. Er besaß einen scharfen, papageienähnlichen Schnabel, mit dem er sehr feste Pflanzenteile abbeißen konnte, die dann mit den hinteren Zähnen zerkaut wurden. Er lief auf seinen vier sehr massigen Beinen. Der Kopf war enorm groß und betrug mit 2-3 m fast ein Drittel der Gesamtlänge des tonnenförmigen Körpers.

Zähne von Triceratops gehören zu den häufigsten Saurierfossilien im westlichen Nordamerika, und bisher wurden schon mehr als 50 Schädel entdeckt. Vor 72-65 Mio. Jahren war Triceratops vermutlich der häufigste Pflanzenfresser in seinem Gebiet.

FAKTEN

- Man schätzt, dass Triceratops 24 km/h schnell laufen konnte, trotz seiner kurzen Beine – das war nützlich, obgleich er diese Geschwindigkeit nicht lange durchhalten konnte. Denn er lebte zusammen mit Tyrannosaurus rex (s. S. 54), und nicht immer konnte er diesem Räuber entkommen, wie Zahnspuren von Tyrannosaurus an mehreren Triceratops-Skeletten zeigen.
- Der scharfe Schnabel wurde nicht nur zum Fressen benutzt, sondern wohl auch zur Verteidigung.
- Triceratops besaß einen der größten Schädel, den je ein Landtier besaß, manchmal bis 3 m lang.
- Triceratops ist der Staatsdinosaurier von Wyoming und das Staatsfossil von South Dakota.

Protoceratops

Kleiner, schnabeltragender Pflanzenfresser

FOSSILIEN

Fossilien wurden in Asien gefunden. Die ersten Funde wurden 1922 von Roy Chapman Andrews in der Wüste Gobi in der Mongolei gemacht.

Protoceratops bedeutet „Frühestes Horngesicht“. Er wurde von Walter Granger und W. K. Gregory beschrieben.

Aussehen

Protoceratops war eines der ältesten Mitglieder der Familie Ceratopsidae und war vielleicht der Vorfahr der späteren Horndinosaurier wie Triceratops (s. S. 136). Er besaß keine richtigen Hörner, sondern nur niedrige Buckel auf der Nase und über den Augen – genau an den gleichen Stellen, wo bei späteren Horndinosauriern die Hörner saßen. Er besaß gleichfalls einen großen Knochenkragen hinten am Kopf.

Protoceratops war klein. Er wurde nur 2 m lang und 75 cm hoch, wog aber bis zu 400 kg, weil das Skelett aus sehr dicken, massigen Knochen bestand.
Die vier kräftigen Füße mit breiter Sohle und krallenartigen Zehen gestatteten ihm kurze „Sprints“, wenn er angegriffen wurde. Vielleicht konnte er sich sogar kurze Zeit auf die Hinterbeine erheben. Meistens bewegte er sich aber gemächlich auf allen vieren fort.

Das Maul war ein kräftiger, hakenförmiger Papageienschnabel, der es Protoceratops gestattete, harte Pflanzenteile abzuschneiden, die er dann weiter hinten im Maul mit den Backenzähnen zerkaute.

Schädel

Der Schädel von Protoceratops war besonders massig, und es bedurfte wahrscheinlich besonderer Muskeln an der Halskrause, um ihn zu halten. Tatsächlich ist der Schädel fast halb so lang wie der gesamte Körper!

DATEN

Zeitalter:	Kreide
Unterordnung:	Marginocephala
Familie:	Protoceratopsidae
Charakteristik:	Kleiner, grossköpfiger Pflanzenfresser
Merkmale:	Massiver Schädel, Halskrause
Nahrung:	Harte Pflanzen

Halskragen

Der große Knochenkragen wuchs mit dem Alter. Forscher haben ihm verschiedene Funktionen zugeschrieben – als Schutz für den Hals, um Artgenossen zu imponieren, als Ansatz für die Kaumuskulatur. Manche meinen sogar, dass er auffällig gefärbt oder gemustert war, entweder, um einen Geschlechtspartner anzulocken, oder um Feinde abzuschrecken.

FAKTEN

- Am Massachusetts Institute of Technology wurde ein Protoceratops-Roboter entwickelt.
- 1971 wurden in der Mongolei die Überreste eines Velociraptor (s. S. 67) entdeckt, der sich in einen Protoceratops verbissen hatte.

Arrhinoceratops

Nasenhornloser Horndinosaurier

FOSSILIEN

Fossilien von Arrhinoceratops wurden in Alberta, Kanada, gefunden.

W. A. Parks gab diesem Saurier den Namen, der „Kein Nasenhorngesicht" bedeutet, weil der fossile Schädel, im Unterschied zu Archicera-tops oder Triceratops (s. S. 136), auf der Nase nur einen Buckel aufzuweisen schien. Spätere Untersuchungen ergaben dann aber, dass Arrhinoceratops genau wie alle anderen **Ceratopsiden** doch ein solches Horn besaß.

Aussehen

Arrhinoceratops wurde etwa 6 m lang und war etwa so groß wie der nahe Verwandte Triceratops (s. S. 136). Mit seinen nach außen gerichteten Hörnern und dem sehr großen Hals-kragen wirkte er aber noch größer. Er wog etwa 3,5 Tonnen.

Der Halskragen vergrößerte seine Gestalt und diente wohl einerseits der Abschreckung von Feinden oder Rivalen, andererseits könnte er ihn attraktiv für Geschlechtspartner gemacht haben. Allerdings besaßen Männchen und Weibchen einen Kragen. Obwohl Kopf, Hörner und Kragen denen von Triceratops in der Größe glichen, waren sie zum Teil hohl und verringerten damit das Gewicht. Dennoch wurde sicher noch eine sehr kräftige Halsmuskulatur benötigt, um den schweren Kopf zu halten. Die beiden oberen Hörner waren wohl nach außen gerichtet, aber die **Paläontologen** sind sich da nicht ganz sicher, denn die Fossilien sind nicht eindeutig.

Verteidigung und Nahrung

Angegriffen, konnte Arrhinoceratops sich mit Bissen des scharfen Papageienschnabels wehren. Die Zähne wurden dabei nicht benutzt, denn die saßen tiefer im hinteren Bereich der Kiefer. Mit dem Schnabel wurde auch die harte Pflanzennahrung abgebissen. Es gab zu seiner Zeit bereits Blütenpflanzen, so konnte sich Arrhinoceratops von Farnen, Cycadeen und Zweigen von Nadelbäumen ernähren.

Arrhinoceratops lebte vermutlich in Herden, die weidend umherwanderten. Man vermutet das, weil ganze Gruppen von Skeletten zusammen gefunden wurden. Es kann sein, dass sie alle am gleichen Ort starben, es ist aber auch möglich, dass Kadaver mit der Zeit aus verschiedenen Gebieten durch Stürme zusammengeschwemmt wurden und nur gemeinsam eingebettet wurden.

DATEN

Zeitalter:	Kreide
Unterordnung:	Marginocephala
Familie:	Ceratopsidae
Merkmale:	Halskrause und Hörner
Nahrung:	Pflanzen

FAKTEN

- Arrhinoceratops gehört zu den Ceratopsiden, der letzten Dinosauriergruppe, die vor dem großen Aussterben entstand. Trotz ihrer ziemlich langen Geschichte scheinen sie sich sehr wenig verändert zu haben.
- Der Halskragen wies Öffnungen im Knochen auf, die als „Fenster" bezeichnet werden. Das reduzierte das Gewicht, so dass es leichterfiel, den Kopf zu halten.
- Arrhinoceratops war etwa so groß wie ein Nashorn.

Microceratops

Winziger zweibeiniger Pflanzenfresser

FOSSILIEN

Fossilien wurden in der Inneren Mongolei in China gefunden.

Microceratops bedeutet „Winziges Horngesicht“. Er wurde 1953 beschrieben und ist der kleinste bekannte Horndinosaurier.

Dieser winzige, zarte Pflanzenfresser lebte vor etwa 80 Mio. Jahren in Asien. Er war ein **Ceratopside** und starb am Ende der Kreidezeit aus.

Aussehen

Microceratops war sehr klein und zart gebaut, mit einem kleinen Körper und sehr schlanken Gliedmaßen. Er war nah mit dem größeren Protoceratops (s. S. 138) verwandt und sah seinem größeren Verwandten recht ähnlich.

Er wurde nur 75 cm lang und 60 cm hoch, ein Dinosaurier, den man auf den Arm hätte nehmen können.

Der Kopf war etwa 20 cm lang und trug einen hornigen papageiartigen Schnabel. Am Hinterkopf befand sich ein kleiner Knochenkragen. Trotz seines Namens besaß er keine Hörner. Es gibt verschiedene Meinungen über die Funktion des Halskragens (den alle Ceratopsiden besaßen): Er könnte den Hals geschützt haben, zum Imponieren von Artgenossen gebraucht worden sein, oder als Ansatz der Kaumuskulatur gedient haben.

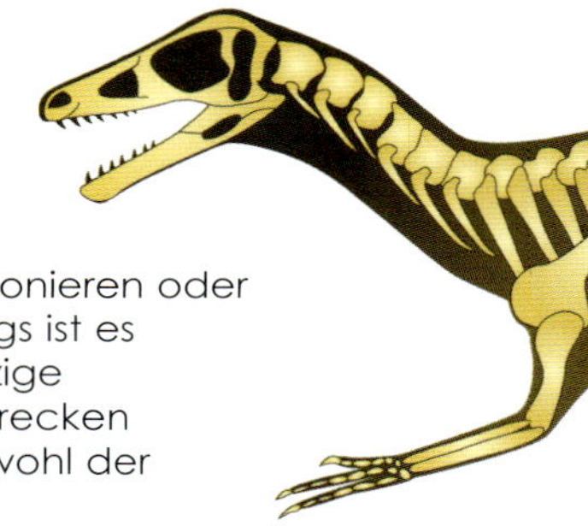

Manche Forscher glauben, dass der Halskragen leuchtend gefärbt gewesen sein könnte, etwa um den Weibchen zu imponieren oder Feinde abzuschrecken. Allerdings ist es unwahrscheinlich, dass der winzige Microceratops jemanden erschrecken konnte. Weglaufen war für ihn wohl der beste Schutz.

Im Vergleich zu anderen Dinosauriern waren die Gliedmaßen besonders schlank, vor allem die sehr langen Hinterbeine. Man denkt, dass Microceratops auf den Hinternbeinen stehen und laufen konnte (dann wäre er **biped** gewesen), und dass er sich nur zum Grasen auf die Vorderbeine niedergelassen hat.

Der untere Teil der Hinterbeine war viel länger als der obere, das beweist, dass Microceratops ziemlich schnell rennen konnte. Die Vorderbeine oder „Arme“ waren dagegen sehr klein.

Nahrung

Microceratops war ein Pflanzenfresser, der die meiste Zeit grasend verbrachte. Er ernährte sich von **Farnen**, **Cycadeen** und **Koniferen** und brauchte seinen scharfen Schnabel zum Abbeißen von Blättern und Nadeln. Die Backenzähne im hinteren Teil der Kiefer besorgten anschließend das Zerkauen der Nahrung.

Wahrscheinlich lebte Microceratops in Herden, die grasend umherzogen. Er legte Eier, und die Herde benutzte höchstwahrscheinlich einen gemeinsamen Nistplatz, um sich gegen größere Räuber zu schützen.

FAKTEN

- Microceratops tritt als Teil einer Herde in dem 2000 gedrehten Walt-Disney-Film *Dinosaurier* auf.
- Microceratops war nicht der kleinste bekannte Dinosaurier – das war Compsognathus longipes, der nur so groß wie ein Huhn wurde.

DATEN

Zeitalter:	Kreide
Unterordnung:	Marginocephala
Familie:	Protoceratopsidae
Charakteristik:	Pflanzenfresser mit Halskragen
Merkmale:	Geringe Grösse, lange Hinterbeine,
Nahrung:	Farne, Cycadeen, Nadelbäume

Leptoceratops

Kleiner, flinker Papageienschnabelsaurier

FOSSILIEN

Fossilien wurden in Alberta (Kanada), Wyoming (USA) und Australien gefunden. Die ersten Fossilien wurden 1914 entdeckt.

Dieser kleine, flinke **Ceratopside** wurde 1914 von Barnum Brown beschrieben und benannt. Es existiert noch kein vollständiges Skelett, sondern es existieren nur fünf Schädel und verschiedene weitere Skelettreste.

Aussehen

Kürzlich wurde entdeckt, dass Leptoceratops einen sehr großen Schnabel besaß, aber nur wenige Zähne tief drinnen im Maul, die sich darin von denen anderer Ceratopsiden unterscheiden, dass sie nur eine einzige Wurzel besitzen, während die seiner Verwandten zwei Wurzeln haben. Daher waren sie weniger fest im Kiefer verankert, was möglicherweise beim Fressen harter Pflanzen nachteilig war. Leptoceratops benutzte seinen scharfen Schnabel dazu, Blätter oder Nadeln abzupflücken oder auch Früchte und Samen zu öffnen.

Leptoceratops besaß keine Hörner, hatte aber einen Halskragen am Ende des Kopfes, der klein und flach, aber gut entwickelt war.

Leptoceratops war wohl einer der flinksten Ceratopsiden – wenn nicht der flinkste überhaupt.

Leptoceratops wurde etwa 2,4 m lang. Wahrscheinlich stand oder lief er vornehmlich auf den Hinterbeinen. Die Vorderbeine trugen mit Krallen versehene fünffingerige Hände, die zum Greifen benutzt wurden. Aber er war sicher auch noch fähig, auf allen vieren zu laufen. Manche Forscher halten es sogar für möglich, dass er mit den Hinterbeinen Höhlen grub, um sich darin vor Feinden zu verbergen.

1999 wurden sechs Skelette zusammen in einem **Bonebed** gefunden. Das könnte ein Hinweis auf ein wenigstens zeitweiliges Leben in Gruppen sein.

FAKTEN

- Bis vor Kurzem glaubte man, dass Leptoceratops nur im heutigen Nordamerika vorgekommen sei, von woher fast alle Fossilien stammen. Kürzlich fanden sich Reste aber auch in Australien, die zeigen, dass dieser Pflanzenfresser vielleicht weltweit verbreitet war.

- Die australischen Funde stammen aus der Unterkreide, während alle vorherigen Funde aus der Oberkreide datieren. So mag Leptoceratops fast 50 Mio. Jahre lang auf der Erde geweilt haben.

- Die Zähne von Leptoceratops unterschieden sich von denen aller andere Ceratopsiden. Sie waren breit anstatt lang und damit besser zum Kauen harter Pflanzenteile geeignet. Sie hatten nur eine Wurzel, und jeder Zahn besaß nur einen Ersatzzahn, während die meisten anderen Ceratopsiden mehrere Ersatzzähne hatten, die an die Stelle eines abgenutzten oder ausgefallenen Zahnes treten konnten.

DATEN

Zeitalter:	Kreide
Unterordnung:	Marginocephala
Familie:	Protoceratopsidae
Charakteristik:	Flinker Pflanzenfresser
Merkmale:	Abgeflachte Halskrause, papageienartiger Schnabel
Nahrung:	Niedrige Pflanzen

Stygimoloch

Stachelbewehrter Pflanzenfresser

FOSSILIEN

Fossilien wurden in Montana und Wyoming (USA) gefunden. Die ersten Funde machte man um 1880, aber das erste vollständige Skelett wurde erst 1995 von dem Fossilienjäger Mike Triebold gefunden.

Aussehen

Stygimoloch besaß einen massiven, oben buckligen Schädel. Er war **biped**. Die Arme waren viel kürzer als die Hinterbeine und endeten in fünffingerigen Händen, die zum Greifen dienten. Er war ein **Pflanzenfresser** und bevölkerte die Wälder Nordamerikas vor 74-65 Mio. Jahren.

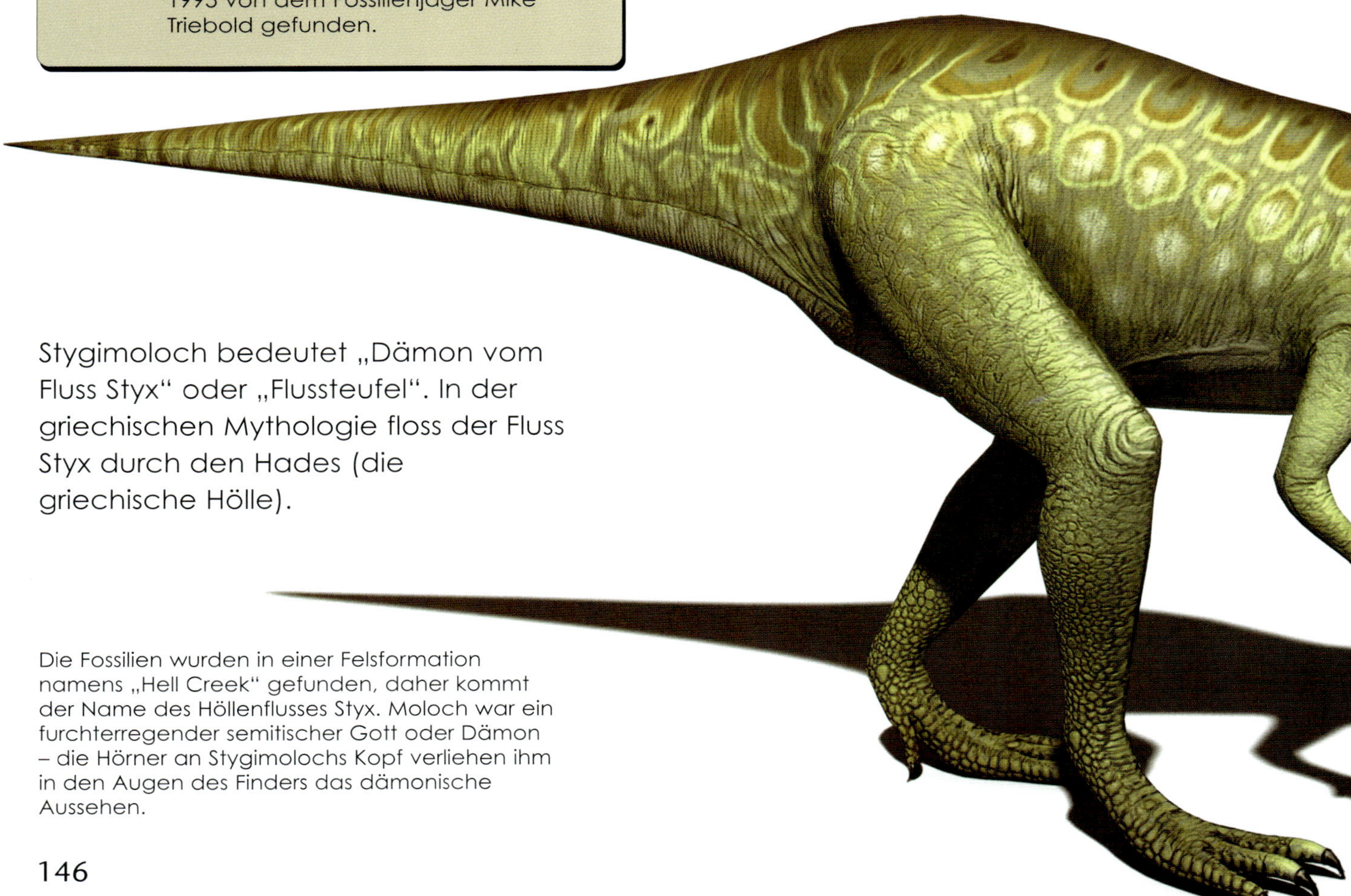

Stygimoloch bedeutet „Dämon vom Fluss Styx" oder „Flussteufel". In der griechischen Mythologie floss der Fluss Styx durch den Hades (die griechische Hölle).

Die Fossilien wurden in einer Felsformation namens „Hell Creek" gefunden, daher kommt der Name des Höllenflusses Styx. Moloch war ein furchterregender semitischer Gott oder Dämon – die Hörner an Stygimolochs Kopf verliehen ihm in den Augen des Finders das dämonische Aussehen.

Der runde Kopf war mit Knochenzähnchen besetzt und trug außerdem noch einen vollständigen Ring aus Stacheln, von denen einige 10 cm lang waren. Dieser kleine Dinosaurier wurde nicht größer als 2-3 m und wog kaum mehr als 100 kg. Er erreichte etwa 1,2 m Höhe.

Der 1995 gemachte Fund eines vollständigen Skeletts und die anschließende Untersuchung weckte Zweifel an der bisherigen Vorstellung, dass Stygimoloch beim Rivalenkampf wie Ziegen die Köpfe zusammenstießen.

Die Untersuchungen zeigen, dass sie sich bei derartigen Kämpfen wohl den Hals gebrochen hätten. Manche Forscher glauben aber weiterhin, dass sie vielleicht anderen Dinosauriern ihren Kopf in die Weichteile gerammt hätten. Wieder andere meinen, dass die Hörner lediglich zur Arterkennung dienten.

FAKTEN

- Der erste Auftritt in einem Film fand im Jahr 2000 in Wald Disneys *Dinosaurier* statt.
- Er war vermutlich ein Herdentier.
- 2003 fand Clyton Phipps den bisher einzigen vollständigen Schädel von Stygimoloch. Sein Wert wird auf 150.000 bis 1 Mio. Dollar geschätzt. Viele Forscher halten Verkauf oder Auktionen von Fossilien für nachteilig, da sie dann häufig eher in Privatsammlungen verschwinden als in öffentlichen Museen und kaum mehr untersucht werden können.
- Die Zähne im hinteren Teil des Maules gleichen denen von Stegosaurus, aber vorn war das Maul mit scharfen Schneidezähnen besetzt, ähnlich wie bei Raubsauriern.

DATEN

Zeitalter:	Kreide
Unterordnung:	Cerapoda
Familie:	Pachycephalosauridae
Charakteristik:	Kleiner Pflanzenfresser
Merkmale:	Buckelförmiger Kopf, Hörner und Stacheln
Nahrung:	Blätter, niedrige Pflanzen

Centrosaurus

Gehörnter Pflanzenfresser

FOSSILIEN

Das erste Fossil wurde 1904 von Lawrence M. Lambe entdeckt. Viele Reste wurden in Alberta, Kanada, gefunden.

DATEN

Zeitalter:	Kreide
Unterordnung:	Marginocephala
Familie:	Ceratopsidae
Charakteristik:	Grosser, gehörnter Pflanzenfresser
Merkmale:	Ein einziges langes Horn auf der Nase, Halskrause am Hinterrand des Kopfes
Nahrung:	Niedrige Pflanzen

Centrosaurus bedeutet „spitze Echse" und kommt von den griechischen Wörtern „kentron" (zugespitzt) und „saurus" (Echse). Der Name bezieht sich auf das auffällige lange und spitze Horn auf der Nase.

Centrosaurus wurde etwa 6 m lang, 1,8 m hoch und wog ungefähr 3 Tonnen. Er ging auf vier mächtigen Beinen, die in fünfzehigen Füßen endeten. Jede Zehe trug eine kurze, hufartige Kralle.

Centrosaurus war ein Vierbeiner, der niedrige Vegetation mit Hilfe seines kräftigen Schnabels abweidete. Der Schnabel diente zum Abbeißen der Pflanzen, während das Kauen die weiter hinten im Maul befindlichen Zähne besorgten.

Die auffälligsten Merkmale waren das lange Horn auf der Nase und der muschelförmige große Kragen am Hinterkopf. Das Horn konnte 46 cm lang werden! Bei den verschiedenen Arten der Gattung Centrosaurus war das Horn entweder vorwärts oder rückwärts gekrümmt. Der Rand des Kragens war gewellt, und jeder Buckel trug noch ein kurzes, spitzes Horn. Anders

FAKTEN

- Forscher glauben, dass sich bei einem Angriff die Männchen in einem Kreis um die Herde stellten, die Köpfe mit den furchtbaren Hörnern nach außen gerichtet.
- Ein Fragment eines Tieres von sehr ähnlichem Aussehen wurde 1876 von Edward Drinker Cope gefunden und als „Monoclonius" beschrieben. Manche Forscher glauben, dass dies tatsächlich der erste Fund eines Centrosaurus war. Stimmt das, dann müsste Centrosaurus in Monoclonius umbenannt werden, weil immer der erste Name eines neu beschriebenen Tieres gültig ist.
- Centrosaurus war der erste Ceratopside mit kurzer Halskrause, der entdeckt wurde.
- Eine neue Art, Centrosaurus brinkmani, wurde 2005 von Dr. Michael Ryan und Dr. Tony Russell entdeckt. Er wurde zu Ehren eines anderen Paläontologen benannt, Dr. Don Brinkman.

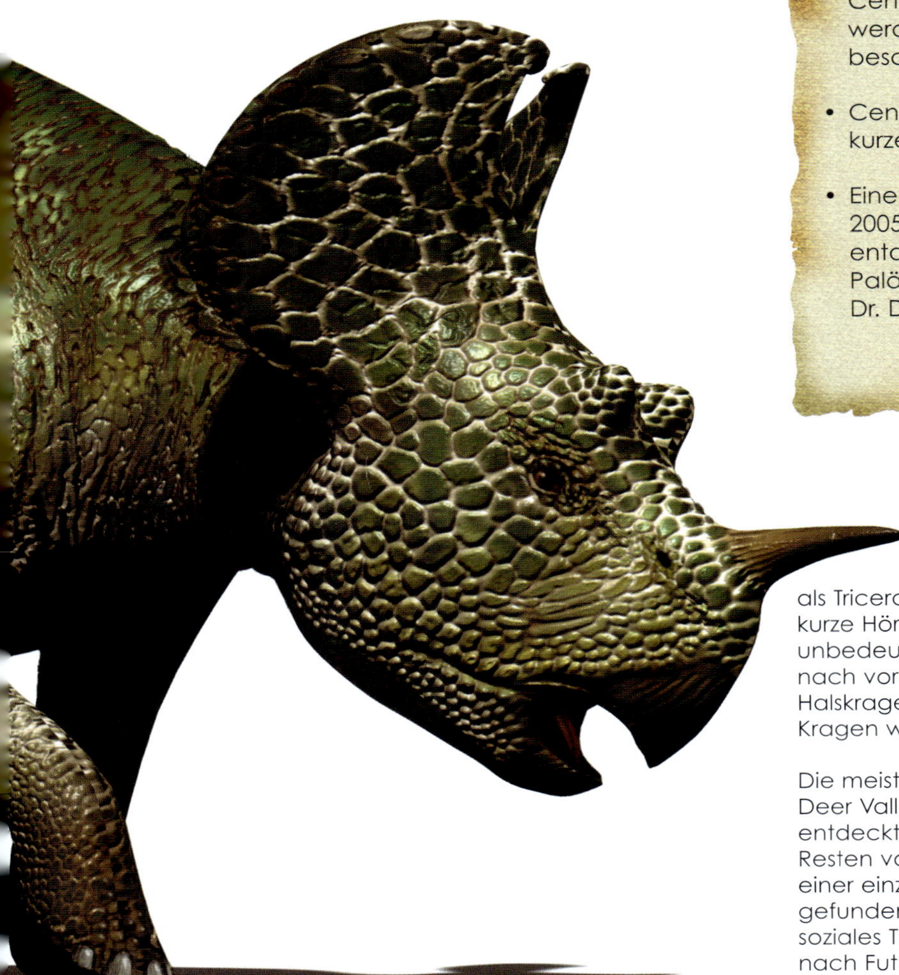

als Triceratops (s. S. 136) hatte Centrosaurus nur sehr kurze Hörner über den Augen, eigentlich nur unbedeutende Buckel. Dafür besaß er zwei längere, nach vorn gekrümmte Hörner in der Mitte des Halskragens, die viel länger als die übrigen Hörner am Kragen waren.

Die meisten Fossilien von Centrosaurus wurden im Red Deer Valley in Alberta, Kanada, gefunden. Dort entdeckten die **Paläontologen** riesige **Bonebeds** mit Resten von Tausenden von Exemplaren. Dass hier an einer einzigen Stelle derartig viele Exemplare gefunden wurden, beweist, dass Centrosaurus ein soziales Tier war, das in riesigen Herden auf der Suche nach Futter umherwanderte.

Styracosaurus

Seltsamer gehörnter Pflanzenfresser

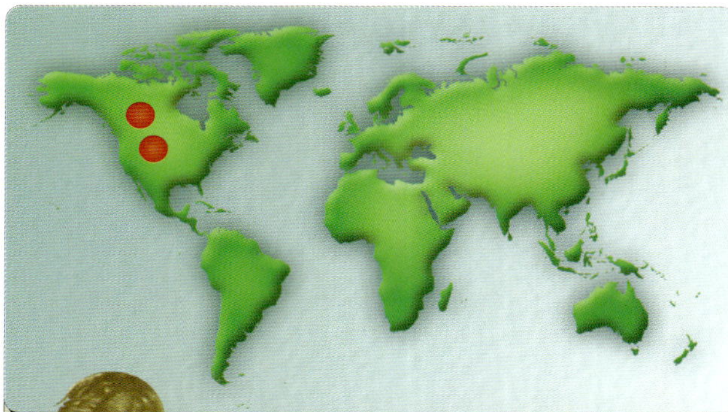

FOSSILIEN

Fossilien wurden in Alberta (Kanada) und Montana (USA) gefunden. Die ersten Reste entdeckte der Paläontologe Lawrence M. Lambe 1913 in Alberta.

Styracosaurus bedeutet „Hornechse". Er besaß die eindrucksvollste Hornsammlung in der gesamten Tierwelt – sechs lange Hörner ragten von seinem Halskragen nach hinten, ein kleineres Horn befand sich beiderseits oberhalb der Augen, und ein einziges, 60 cm langes und an der Basis 15 cm breites Horn saß auf der Nase.

Aussehen

Mit 5,5 m Länge und 2 m Höhe war Styracosaurus etwa so groß wie ein Elefant, und seine Haut war auch elefantenartig dick

und fest, ein guter Schutz gegen jeden Feind. Er besaß einen massigen Körper und konnte bis zu 3 Tonnen wiegen. Die vier massiven Beine waren kurz und kräftig, und Styracosaurus lief auf allen vieren. Im Unterschied zu den älteren Hörner und eine Halskrause tragenden Dinosauriern waren die vier Zehen an jedem Fuß nicht krallenförmig, sondern eher hufartig. Der Kopf war sehr groß und der Schwanz kurz.

Styracosaurus hatte einen mächtigen hakenförmigen Schna-bel zum Abbeißen harter Zweige und Blätter von niedrigen Pflanzen, doch Zähne zum Zerkauen der Nahrung erst weiter hinten im Maul. Wie andere

Ceratopsiden besaß er sehr große innere Nasenöffnungen – doch niemand weiß bisher, wozu diese nützlich waren.

Styracosaurus lebte sehr wahrscheinlich in Herden aus Erwachsenen und Jungtieren, die langsam grasend umherstreiften. Das schließen wir aus den großen Ansammlungen von Fossilien, von denen eine aus über 100 Individuen bestand.

FAKTEN

- Styracosaurus war ein Vorfahr von Triceratops (s. S. 136).
- Trotz seiner Massigkeit vermutet man, dass Styracosaurus bei Gefahr bis 32 km/h schnell laufen konnte. Diese Geschwindigkeit ist etwa derjenigen zu vergleichen, die ein rennendes Nashorn erreicht.
- Ein Styracosaurus kommt in dem 1969 gedrehten Film *Das Tal von Gwangi* vor, ist dort aber als wilder Räuber dargestellt. Im Jahr 2000 spielte er eine viel friedlichere Rolle in Walt Disneys F ilm *Dinosaurier*.
- Im Mai 2006 zog Styracosaurus in die Spielzeugabteilung des berühmten Kaufhauses Harrods ein. In siebenwöchiger Arbeit wurde ein 375 kg schweres Modell dieses Stachelsauriers aus 180 000 Legosteinen gebaut! Es brauchte 506 Stunden für die Fertigstellung, und nun steht er inmitten eines tropischen Palmendickichts und kann überdies die Passanten noch anbrüllen.

DATEN

Zeitalter:	Kreide
Unterordnung:	Marginocephala
Familie:	Ceratopsidae
Charakteristik:	Gehörnter Pflanzenfresser
Merkmale:	Mehrere Hörner, Halskragen, Schnabel
Nahrung:	Niedrige Pflanzen

Psittacosaurus

Kleiner Pflanzenfresser mit Papageienschnabel

FOSSILIEN

Fossilien wurden in der Mongolei, China und Thailand gefunden. Das erste Exemplar wurde 1922 entdeckt.

Psittacosaurus bedeutet „Papageienechse" und bezieht sich auf den auffallend papageienförmigen Schnabel dieses kleinen Dinosauriers (Psittacus ist das lateinische Wort für „Papagei"). Er war ein sehr urtümlicher Horndinosaurier, der vor 110 Mio. Jahren lebte.

DATEN

Zeitalter:	Kreide
Unterordnung:	Marginocephala
Familie:	Psittacosauridae
Charakteristik:	Kleiner Pflanzenfresser
Merkmale:	Papageienförmiger Schna-bel, kompakter Schädel
Nahrung:	Harte Pflanzen, Früchte und Samen

Einige Forscher halten Psittacosaurus für den Vorfahren der späteren Horndinosaurier wie Triceratops (s. S. 136). Einige Arten trugen ein kleines Horn auf der Nase, und bei allen waren die Seiten des Kopfes mit kurzen Knochenstacheln besetzt. Der ziemlich quadratische Schädel war kurz und schmal, Augen und Nasenlöcher saßen weit oben an den Seiten des Schädels. Ein Paar hornartiger Buckel befand sich an den Kopfseiten.

Psittacosaurus besaß einen hakenförmigen Schnabel und nur wenige spatelförmige Zähne weit hinten im Maul, die zum Zerkauen der harten Pflanzen dienten, die zu seiner Zeit entstanden; außerdem um Früchte und Samen zu knacken.

Aussehen

Psittacosaurus war etwas über einen Meter hoch und von der Schnabelspitze bis zum Ende des langen

Psittacosaurus wurde 1-2 m hoch

Balancierschwanzes vielleicht 2 m lang. Seine geringe Größe ersetzte er durch Geschwindigkeit und Stärke. Er war wohl überwiegend **biped**, stand und lief also auf den Hinterbeinen. Die Vorderbeine – oder Arme – waren viel kürzer und dienten hauptsächlich zum Greifen. Jede Hand trug vier lange Finger. Seine riesigen Nachfahren, wie Triceratops, mussten ständig auf allen vier Beinen laufen, vor allem, weil die riesigen Köpfe besonders die Vorderbeine belasteten.

Diese kleinen, flinken Tiere lebten wahrscheinlich in Herden, wie die meisten **Ceratopsiden**.

FAKTEN

- Ein Psittacosaurus wog nicht mehr als 25-80 kg.
- Wissenschaftler haben die Wachstumslinien (ähnlich den Wachstumsringen der Bäume) in Knochen von Psittacosaurus untersucht und schätzen seine Lebensdauer auf etwa 10 Jahre.
- Vermutlich war die beste Verteidigung die schnelle Flucht auf den kräftigen Hinterbeinen.
- An einigen Psittacosaurus-Fossilien finden sich noch Abdrücke der Haut – sie war mit kleinen, buckelförmigen Schuppen besetzt, nur im Schulterbereich befanden sich größere Platten.
- Einige (vielleicht alle?) Psittacosaurus trugen lange Federkiele am Schwanzende.
- Eines der kleinsten bekannten Dinosaurierfossilien ist das eines jungen Psittacosaurus, das weniger als 40 cm lang ist. Frisch geschlüpfte Jungtiere waren vielleicht noch kleiner.

Skelett von Psittacosaurus

SKELETTE

Die Erforschung der Dinosaurier begann mit den Skeletten. Inzwischen kennen wir viele vollständige Skelette, an denen man viel lernen kann.

Dinosaurier besitzen Skelettmerkmale, die sie von den anderen **Archosauriern** (Krokodile und **Flugsaurier**, s. S. 199) unterscheiden. Die vierten und fünften Finger sind bei den Dinosauriern reduziert, die Füße tragen drei große Zehen, das Sacrum (mehrere verschmolzene Wirbel im Beckenbereich) besteht aus drei oder mehr Wirbeln, und das aus drei Knochen zusammengesetzte Hüftgelenk ist offen.

Dieses Hüftgelenk gestattet es den Dinosauriern, die Beine senkrecht unter den Körper zu stellen, im Unterschied zu den übrigen Reptilien, bei denen die Beine zur Seite gerichtet sind. Daher waren die Dinosaurier die ersten Tiere, die auf direkt unter dem Körper stehenden Beinen laufen konnten. Diese Fähigkeit gab es niemals vor oder nach ihnen bei den Reptilien, und sie eröffnete den Dinosauriern ungeahnte Möglichkeiten, neue Körperformen und Lebensweisen anzunehmen. Das war sicher ein wichtiger Grund für die 160 Mio. Jahre währende Herrschaft der Dinosaurier.

Klassifikation

Nach dem Bau ihrer Hüften werden die Dinosaurier in die Ordnungen Saurischia (das bedeutet echsenhüftig) und Ornithischia (vogelhüftig) eingeteilt. Dies beiden Gruppen entstanden bereits in der Trias aus ihren gemeinsamen Vorfahren, den **Thecodontiern**.

Schädel

Die Dinosaurier waren **diapsid** (wie alle Reptilien außer den Schildkröten); das bedeutet, sie besaßen zwei zusätzliche Öffnungen an den Seiten des Schädels.

Die Skelette der Dinosaurier sind sehr verschiedenartig. Utahraptor (ein Mitglied der Familie **Theropoda**) war ein flinker und furchtbarer Räuber, höher als ein Mensch. Sein Skelett war sehr leicht gebaut, und so konnte er schnell laufen, wobei sein langer Schwanz die Balance hielt. Das erlaubte ihm auch akrobatische Kunststücke, wie große Sprünge oder das Stehen auf einem Bein.

Hypsilophodon

Hypsilophodon

Hypsilophodon (s. S. 165) war ein zweibeiniger Pflanzenfresser von etwa 1,5 m Höhe. Das Auffälligste an seinem Skelett war das geringe Gewicht. Wie bei einer Gazelle war das ganze Skelett auf ein Maximum an Leistung bei einem Minimum an Gewicht ausgelegt, denn die Knochen waren hohl und extrem dünnwandig. Der Schenkelknochen von Hypsilophodon war kurz und konnte daher sehr rasch bewegt werden – wichtig für das schnelle Rennen.

Tyrannosaurus rex

Der riesige Fleischfresser Tyrannosaurus rex besaß einen massigen Körper, einen riesigen Kopf mit kraftvollen Kiefern und scharfen Zähnen und einen steifen Schwanz. Das Skelett bestand aus etwa 200 Knochen (ähnlich wie beim Menschen), aber genau wissen wir das nicht, weil noch kein vollständiges Skelett entdeckt wurde. Wissenschaftler streiten sich noch darüber, wie schnell Tyrannosaurus laufen konnte. Das Skelett ist schwer und damit nicht das eines schnellen Läufers, aber die oberen Fußknochen sind fest miteinander verzahnt, vielleicht um dem Druck beim Laufen zu widerstehen, und das spräche für einen schnellen Läufer.

Dinosaurierschädel haben zwei zusätzliche Öffnungen an der Seite

Vollständiges aufgestelltes Skelett eines Dinosauriers im Natural History Museum in London

Iguanodon

Pflanzenfresser mit einem Daumendolch

FOSSILIEN

Fossilien wurden in Europa, Afrika, Asien und Nordamerika gefunden. Die ersten Reste wurden 1822 in Sussex (England) entdeckt.

DATEN

Zeitalter:	Kreide
Unterordnung:	Ornithopoda
Familie:	Iguanodontidae
Charakteristik:	Weitverbreiteter Pflanzenfresser
Merkmale:	Hochspezialisierte Hand, papageienartiger Schnabel
Nahrung:	Cycadeen, Nadelbäume, Farne, Schachtelhalme

Iguanodon bedeutet „Leguanzahn". Er wurde 1825 beschrieben. Die ersten Reste waren Zähne, die sehr denjenigen des Grünen Leguans glichen – nur waren die Dinosaurierzähne zwanzigmal so groß!

Iguanodon war der zweite Dinosaurier, der einen wissenschaftlichen Namen erhielt (der erste war Megalosaurus – s. S. 80).

Aussehen

Iguanodon besaß einen massigen Körper, einen steifen, flachen Schwanz, und das Maul endete in einem Hornschnabel. Er wurde bis 10 m lang, 5 m hoch und erreichte an der Hüfte 2,8 m Höhe. Er wog bis zu 5 Tonnen.

Der Hornschabel war zahnlos, aber weiter hinten im Maul standen 5 cm lange Zähne.

Mit dem Schnabel biss Iguanodon Pflanzenteile von Bäumen ab und zermalmte sie mit den hinten im Maul befindlichen Zähnen. Tatsächlich konnte er seine Nahrung kauen, was die meisten Reptilien nicht können. Der Oberkiefer besaß ein besonderes Gelenk, das es ermöglichte, ihn seitlich hin und her zu bewegen.

Iguanodon besaß eigentümliche Vorderbeine, die sowohl zum Greifen wie zum Laufen benutzt werden konnten. Die drei mittleren Finger waren wie mit Schwimmhäuten oder Polstern verbunden. Der kleine Finger war frei beweglich und zum Greifen geeignet. Doch der Daumen war das Eigenartigste daran – er war zu einem spitzen Dolch von 5-15 cm Länge umgestaltet. Sein Zweck ist immer noch umstritten, er könnte zum Aufspießen der Nahrung gedient haben oder, wahrscheinlicher, als Abwehrwaffe.

Fossile Fußspuren zeigen, dass Iguanodon auf vier Beinen ging. Aber manche Forscher glauben, dass er das nur beim Grasen tat, sonst aber auf den Hinterbeinen lief. Diese waren kräftig und säulenförmig und viel länger als die Vorderbeine. Sie hatten nur drei Zehen. Es scheint, dass Iguanodon sich auf ihnen aufrichten konnte, um an Futter zu gelangen oder um wegzulaufen. Er könnte beim Laufen 15-20 km/h erreicht haben.

Bonebeds, an denen Dutzende von Fossilien gefunden wurden, zeigen, dass Iguanodon ein Herdentier war.

FAKTEN

- Der dolchförmige Daumenstachel wurde zunächst für ein Horn auf der Nase gehalten.
- Fossilien von Iguanodon wurden auf fast allen Kontinenten gefunden.
- Ein Iguanodon findet sich auf dem Wappen der englischen Stadt Maidstone, nahe bei der Fundstelle des Skeletts.

Fußabdruck von Iguanodon

Gallimimus

Flinker vogelartiger Dinosaurier

FOSSILIEN

Fossilien wurden in Asien gefunden. Die ersten wurden kurz nach 1970 entdeckt.

Nahrung

Gallimimus war eng mit solchen **Karnivoren** wie Tyrannosaurus rex (s. S. 54) verwandt. Bis vor Kurzem wurde angenommen, dass Gallimimus ebenfalls kleinere Tiere jagte und mit dem Schnabel die Eier anderer Dinosaurier aufbrach. Aber ein 2001 entdecktes Fossil zeigte, dass Gallimimus im Schnabel wabenartige Strukturen aufwies, die dem Filterapparat der heutigen Enten gleichen. Diese filtern damit Partikel aus dem Wasser.

Das veränderte unsere Anschauung über die Nahrung von Gallimimus. Da überdies die Kaumuskeln ziemlich schwach waren, glaubt man nun, dass Gallimimus vielleicht Eier stahl oder nur bereits geschwächte Tiere jagte. Er

Gallimimus bedeutet „Huhnnachahmer". Er wurde 1972 beschrieben, und der Name bezieht sich auf die Ähnlichkeit mit einem riesigen Vogel.

Aussehen

Er wurde 4-6 m lang, besaß einen langen Hals, einen runden Schädel mit einem langen, platten, zahnlosen Schnabel. Der Unterkiefer war eigenartig schaufelförmig. Das Gehirn war groß im Vergleich zum Körper, daher gehörte er zu den intelligentesten Dinosauriern. Die Augen saßen seitlich am Kopf, daher war genaue Entfernungserfassung nicht möglich.
Die Knochen von Gallimimus waren hohl, dennoch wog er wohl 400-500 kg. Der lange Schwanz hielt die Balance, wenn Gallimimus auf den kräftigen Hinterbeinen lief.

FAKTEN

- Gallimimus konnte vielleicht bis zu 70 km/h schnell rennen. Damit wäre er der schnellste Dinosaurier überhaupt gewesen.
- Anders als frühere „straußenähnliche“ Dinosaurier besaß Gallimimus überhaupt keine Zähne.
- Wir wissen nicht genau, ob Gallimimus allein lebte oder in Herden.

benutze den Schnabel jedenfalls nicht zum Töten. Womöglich ernährte er sich vornehmlich von im Wasser schwebenden oder auf dem Grund von Tümpeln oder Flüssen befindlichen Kleintieren, Insekten oder anderen Partikeln. Niemand hätte erwartet, dass ein so großer landlebender Dinosaurier sich wie die heutigen Enten ernährt!

Diese Ansicht wird unterstützt durch die Gesteine, in denen Gallimimus gefunden wurde. Sie deuten auf feuchte Umgebung während ihrer Entstehung hin. Dieser Nahrungserwerb würde auch den schaufelförmigen Unterkiefer erklären.

DATEN

Zeitalter:	Kreide
Unterordnung:	Theropoda
Familie:	Ornithomimidae
Charakteristik:	Straussähnlicher Allesfresser
Merkmale:	Lange Beine, kleiner Kopf, beweglicher Hals, grosser Schnabel
Nahrung:	Insekten, Eidechsen, Eier, Pflanzen, im Wasser oder Schlamm schwebende Partikel

Drinker

Kleiner zweibeiniger Pflanzenfresser

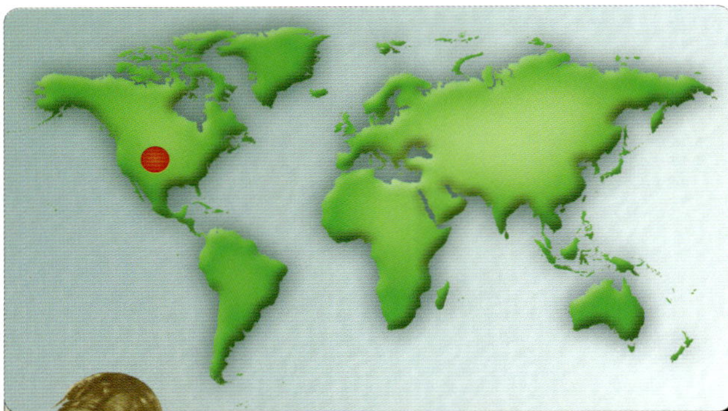

FOSSILIEN

Fossilien wurden in den USA gefunden.

DATEN

Teitalter:	Jura
Unterordnung:	Ornithopoda
Familie:	Hypsilophodontidae
Charakteristik:	Zweibeiniger Pflanzenfresser
Merkmale:	Beweglicher Schwanz
Nahrung:	Sumpfpflanzen

Drinker wurde zu Ehren des bedeutenden Dinosaurierexperten Edward Drinker Cope benannt, der von 1840-1897 lebte.

Drei unvollständige Skelette von Drinker wurden bisher entdeckt, darunter ein erwachsenes Tier, ein halbwüchsiges (subadult) und ein Jungtier (juvenil). Daher können wir beurteilen, wie dieser Dinosaurier in verschiedenen Lebensaltern aussah.

Drinker war ein recht kleiner Dinosaurier, etwa 2 m lang und 1 m hoch. Er wog nur etwa 25 kg. Er lief auf den Hinterbeinen (**biped**), besaß einen beweglichen Schwanz und ernährte sich von Pflanzen.

Fossilien wurde in der Nähe von Resten von Sumpfpflanzen und Lungenfischen gefunden – daher glaubt man, dass Drinker an sumpfigen Ufern von Seen lebte. Sich im Sumpf oder Unterholz zu verbergen schützte diesen kleinen Dinosaurier am besten vor Angriffen solcher furchtbarer Räuber wie Allosaurus (s. S. 72).

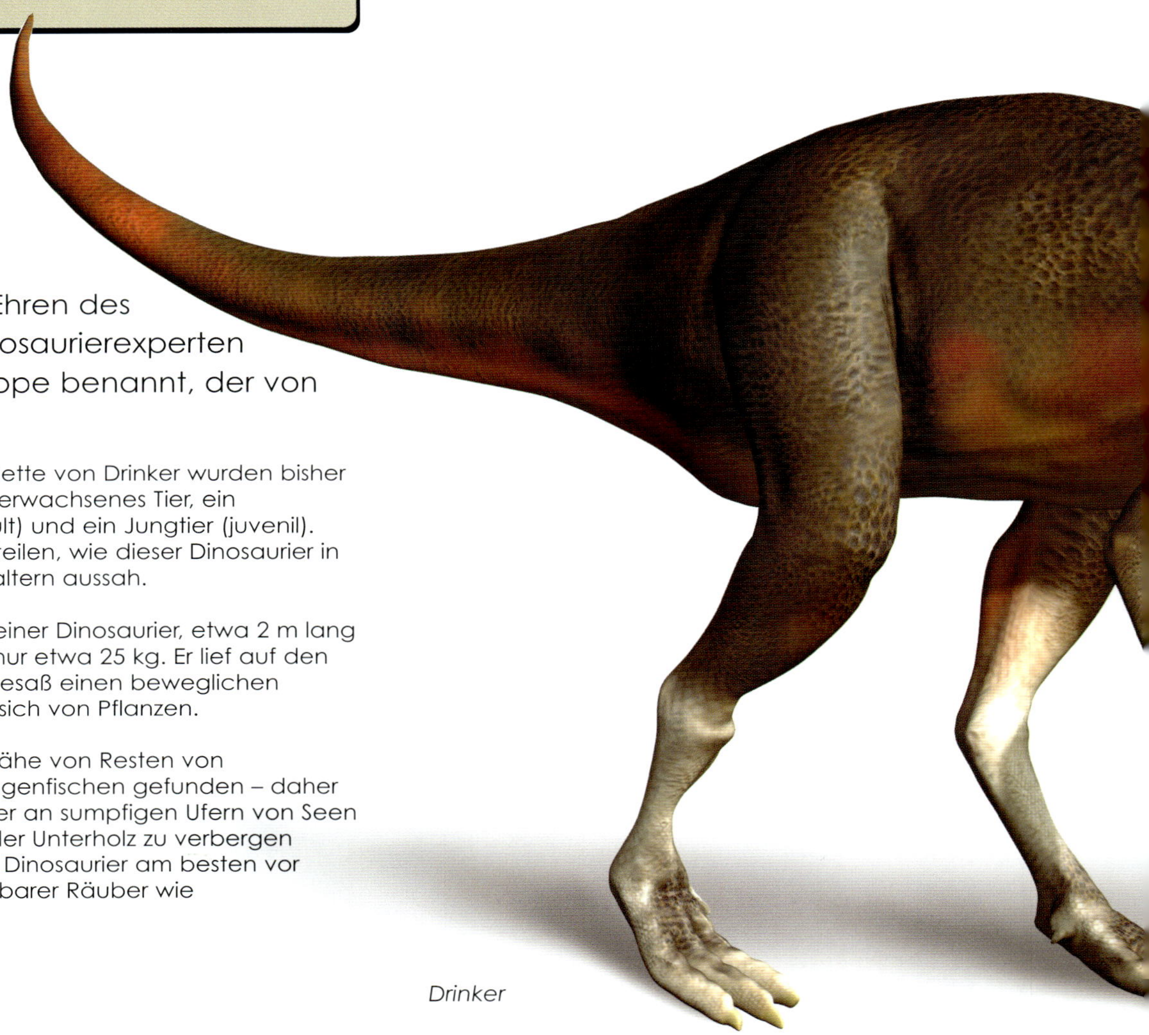

Drinker

Edward Drinker Cope und der Große Knochenkrieg

Edward Drinker Cope (1840 – 97)

Cope lebte nur für die Entdeckung neuer Dinosaurier. Sein großer Rivale war ein anderer berühmter **Paläontologe**, Othniel Charles Marsh. Beide begannen als Freunde, aber 1868 erfuhr Cope, dass Marsh die Eigentümer eines Steinbruchs, die Cope immer wieder Dinosaurierfossilien schickten, überredet hatte, sie nun ihm, Marsh, zu schicken. So entstand eine Fehde und Rivalität zwischen beiden, die fast 30 Jahre anhielt und als der „Knochenkrieg" bekannt wurde.

Die Fehde wurde noch dadurch verschlimmert, dass Marsh darauf hinwies und das auch in der Öffentlichkeit publik machte, dass Cope an seinem rekonstruierten Elasmosaurus (s. S. 36) den Kopf an den Schwanz anstatt an den Hals platziert hatte. Cope rächte sich dadurch, dass er einen Assistenten Marshs abwarb und in einem von Marshs Steinbrüchen in Kansas grub.

Die Fehde wurde auch zu einem Wettbewerb darum, wer mehr neue Dinosaurierarten beschrieb und mehr Fossilien fand. Beide Wissenschaftler gruben kaum selbst nach Fossilien – sie bezahlten angestellte Fossiliensammler. Cope stahl einmal einen ganzen Zug mit Marsh gehörenden Fossilien, und Marsh sprengte eine seiner Fundstätten lieber, als dass er Cope dort arbeiten ließ.

Dieser „Knochenkrieg" dauerte bis zu Copes Tod im Jahr 1897. Als Cope und Marsh mit ihren Forschungen begannen, kannte man in Nordamerika 18 Dinosaurierarten – sie steigerten die Zahl auf über 150.

FAKTEN

- Drinker grub sich vielleicht Höhlen in der Nähe der Sümpfe. Anders als viele Dinosaurier besaß er einen beweglichen Schwanz und konnte sich daher in seinem Bau zusammenrollen.
- Die großen Füße gestatteten es Drinker, sich rasch und leise fortzubewegen.

Othniel C. Marsh (1831 – 99)

Leaellynasaura

Großäugiger Pflanzenfresser der Antarktis

FOSSILIEN

Fossilien wurden im südlichen Australien gefunden, die ersten im Jahre 1989.

DATEN

Zeitalter:	Kreide
Unterordnung:	Ornithopoda
Familie:	Hypsilophodontidae
Charakteristik:	Kleiner, zweibeiniger Pflanzenfresser
Merkmale:	Riesige Augen, grosses Gehirn, lange Hinterbeine
Nahrung:	Farne, Moose, Schachtelhalme, Blätter

Leaellynosaura bedeutet „Leaellyns Echse" und wurde 1989 beschrieben. Wie Maiasaura (s. S. 176) hat der Name die feminine griechische Endung „-saura" anstatt „-saurus".

Dieser kleine **Pflanzenfresser** wurde zuerst in Australien gefunden. In der Oberkreide befanden sich die Kontinente an ganz anderen Stellen als heute. Der südliche Teil von Australien lag damals tief innerhalb des Südpolarkreises, ja fast am Südpol!

Dort könnte heutzutage kein Reptil leben, aber Leaellynosaura scheint das geschafft zu haben. Wenn das Gebiet auch damals bewaldet war und tagsüber wohl mäßige Temperaturen herrschten, müssen die Nächte lang und kalt gewesen sein. Im Winter musste Leaellynosaura wochen- oder auch monatelang ohne Sonnenlicht auskommen.

Die Forscher glauben, dass Leaellynosaura in Herden lebte, damit die Tiere sich gegenseitig wärmen konnten. Manche Forscher nehmen an, dass Leaellynosaura warmblütig gewesen sein muss, weil sie in der antarktischen Kälte und Dunkelheit überleben konnte.

Aussehen

Eine erwachsene Leaellynosaura war etwa 2,5 m lang und an der Hüfte nur 50 cm hoch. Sie wog etwa 10 kg. Sie lief auf den Hinterbeinen (**biped**) und besaß einen langen Schwanz. Die Hinterbeine, wie auch die Füße, waren lang und kräftig, die Vorderbeine (oder Arme) waren viel kürzer und endeten in Greifhänden.

Leaellynosauras 17 cm langer Schädel zeigt, dass die Augen sehr groß gewesen sein müssen. Auch die Kanäle, durch die der Sehnerv verlief, waren ungewöhnlich weit.

Daher glaubt man, dass Leaellynosaura sehr gut sehen konnte, vor allem auch im Dunkeln, was besonders im antarktischen Winter nötig war.

FAKTEN

- Wir wissen, daß Leaellynosaura ein im Vergleich zum Körper großes Gehirn besaß – das war wohl ein kluger Dinosaurier!
- Manche Forscher vermuten, dass Leaellynosaura den dunklen Winter in einer Art Kältestarre überstand – wie heute manche Schildkröten.
- Leaellynosaura legte am Boden Nester für die Eier an. Beim Schlüpfen maßen die Jungtiere nur 30 cm.

Nahrung

Leaellynosaura besaß einen kräftigen Hornschnabel. Sie ernährte sich sehr wahrscheinlich von **Schachtelhalmen**, Moosen und **Farnen**, die am Boden der aus Nadelbäumen und **Ginkos** bestehenden antarktischen Wäldern wuchsen. Vielleicht kletterte sie sogar in die Bäume, um Blätter zu erreichen, die sie mit dem Schnabel abrupfte. Die Blätter wurden dann von den hinten in den kräftigen Kiefern gelegenen Zähnen zermahlen.

Leaellynasaura

Camptosaurus

Weit verbreiteter Saurier

FOSSILIEN

Fossilien von Camptosaurus wurden in Nordamerika und Europa gefunden. Fossilien von Hypsilophodon wurden in Südengland, Spanien, Portugal und South Dakota (USA) entdeckt.

Skelett von Camptosaurus

Othniel C. Marsh, der berühmte Dinosaurierjäger, beschrieb Camptosaurus erst 1885, obwohl er bereits 1879 entdeckt worden war. Camptosaurus scheint weit verbreitet gewesen zu sein, weil seine Reste sowohl in Utah und Wyoming in den USA als auch in England und Portugal gefunden wurden.

Camptosaurus war ein massiger Saurier, der bis 2 Tonnen wog und sowohl auf vier Beinen wie auch auf den Hinterbeinen laufen konnte, wenn es galt, den Kopf zu heben. Dann war er bis zu 7 m hoch. Er gehörte zu den ersten Dinosauriern mit fleischigen Backentaschen wie beim Hamster, um Futter darin aufzu-bewahren. Er ernährte sich von **Cycadeen**, **Farnen** und den Nadeln von **Koniferen**.

DATEN

Zeitalter:	Jura
Unterordnung:	Ornithopoda
Nahrung:	Pflanzen

Hypsilophodon

Hochzahnsaurier

Bei seiner Entdeckung im Jahr 1849 hielt man Hypsilophodon zunächst für einen jungen Iguanodon (s. S. 156). Erst 1870 veröffentlichte T. H. Huxley eine vollständige Beschreibung und gab ihm den Rang einer eigenen Gattung.

Mit 2 m Länge und 70 kg Gewicht war Hypsilophodon einer der kleinsten Dinosaurier. Er war **biped** und lief auf seinen langen Hinterbeinen, während die Arme sehr kurz waren. Der mächtige Schwanz half ihm, die Balance zu halten. Er besaß 28-30 dreieckige, selbstschärfende Zähne vorn im Maul, womit er Blätter abbeißen und niedrige Pflanzen abweiden konnte. Backentaschen ermöglichten ihm, wie ein Hamster Futter zu speichern. Die kleinen Hände trugen fünf Finger, die Füße vier Zehen. Mit seinem leichten Körperbau war er imstande, ziemlich schnell zu rennen und seinen Feinden, wie Baryonyx (s. S. 60) und Megalosaurus (s. S. 80), zu entkommen.

Skelett von Hypsilophodon

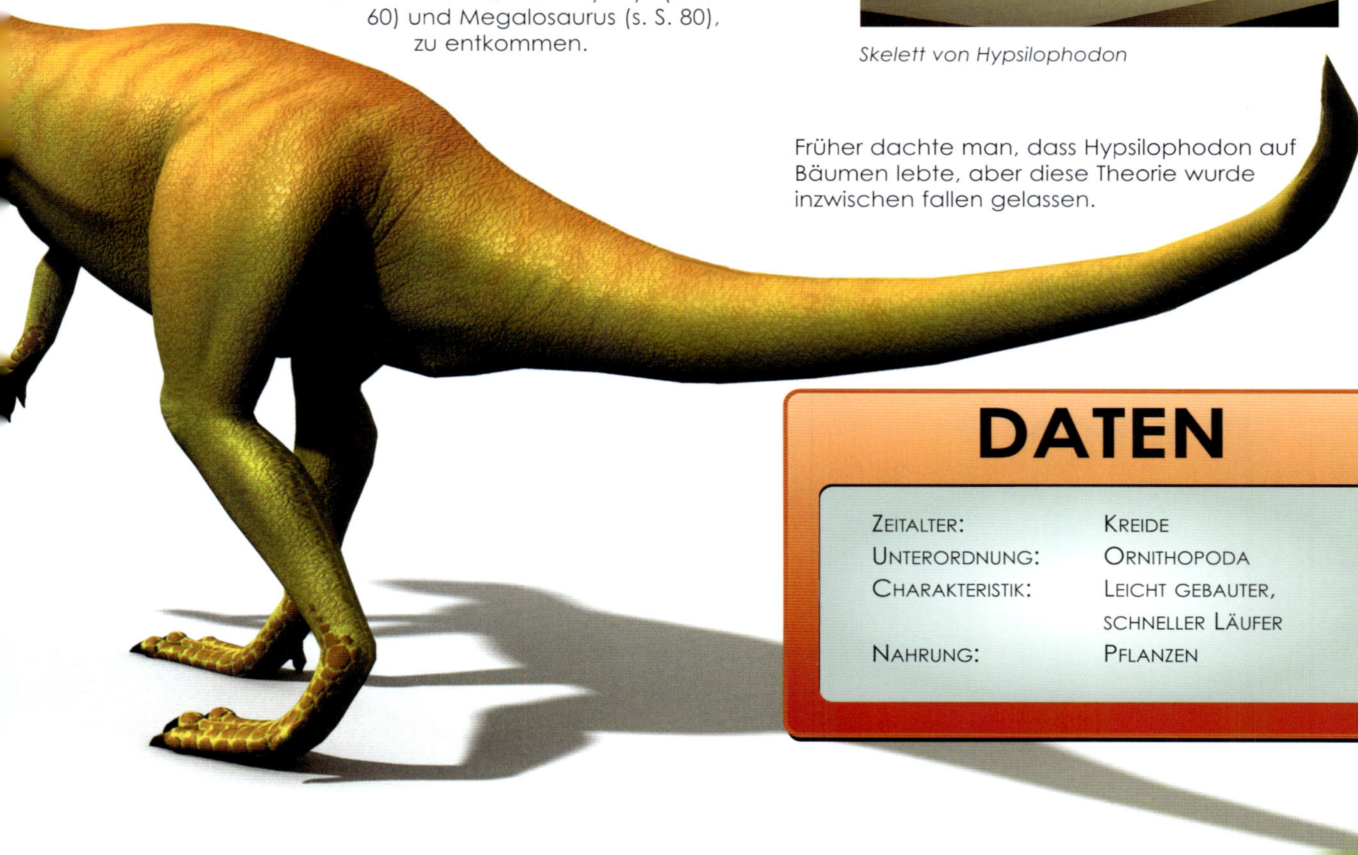

Früher dachte man, dass Hypsilophodon auf Bäumen lebte, aber diese Theorie wurde inzwischen fallen gelassen.

DATEN

Zeitalter:	Kreide
Unterordnung:	Ornithopoda
Charakteristik:	Leicht gebauter, schneller Läufer
Nahrung:	Pflanzen

Thescelosaurus

Überraschungssaurier

FOSSILIEN

Fossilien von Thescelosaurus wurden in den USA und Kanada gefunden. Fossilien von Tenontosaurus wurden in den USA entdeckt.

Thescelosaurus wurde 1890 in Wyoming von John Bell Hatcher entdeckt. Doch wurden die Fossilien 22 Jahre lang in Kisten vergessen, bis sie Charles Gilmour 1913 wiederentdeckte und beschrieb.

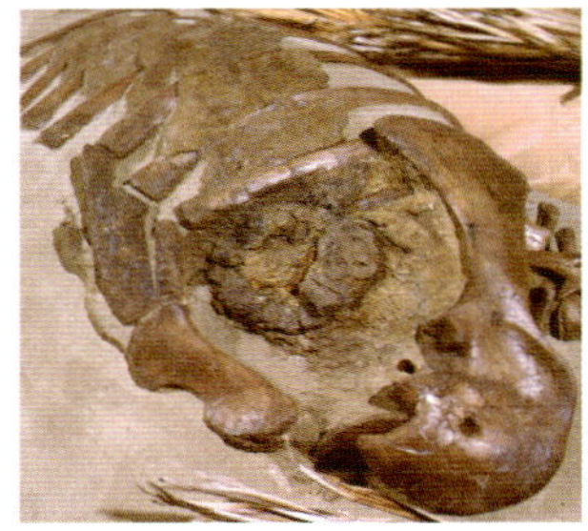

Versteinertes Dinosaurierherz

Thescelosaurus war ein massiger **Pflanzenfresser**, der etwa 3-4 m lang wurde und bis 300 kg wog. Er besaß einen kleinen Kopf, kurze Vorderbeine, einen kräftigen Körper, lange Hinterbeine und einen langen Schwanz zum Halten der Balance. Er hatte einen spitzen Schnabel, aber auch Zähne vorn im Maul, so konnte er neben der Pflanzennahrung wohl auch Fleisch fressen. Kleine Knochenschilder auf dem Rücken gaben ihm Schutz gegen Feinde.

Ein 1993 gefundenes Fossil wurde auf 66 Mio. Jahre datiert. Ungewöhnlich ist, dass man in diesem fast vollständigen Exemplar ein versteinertes Herz und Reste von Rippenknorpeln fand. Weil Weichteile kaum fossilisierbar sind, denken manche Forscher, dass das Herz in Wahrheit nur ein Felsstück ist. Sollte es sich aber wirklich um ein fossiles Herz handeln, dann deuten die vier Kammern auf ein warmblütiges Tier hin.

DATEN

ZEITALTER:	KREIDE
UNTERORDNUNG:	ORNITHOPODA
CHARAKTERISTIK:	ZWEIBEINIGER PFLANZENFRESSER
NAHRUNG:	PFLANZEN

Thescelosaurus

Tenontosaurus

Muskelsaurier

Tenontosaurus

Tenontosaurus wurde von John Ostrom beschrieben.

Mit 7,5 m Höhe und 900 kg Gewicht war Tenontosaurus viel größer und schwerer als die meisten anderen Vogelfußsaurier. Er besaß auch einen viel längeren Schwanz. Vermutlich war er mit Iguanodon (s. S. 156) und Dryosaurus (s. S. 170) verwandt.

Wahrscheinlich lief Tenontosaurus auf vier Beinen und ernährte sich von niedrigen Pflanzen.

DATEN

Zeitalter:	Kreide
Unterordnung:	Ornithopoda
Nahrung:	Pflanzen

Othnielia

Othniels Saurier

FOSSILIEN

Fossilien von Othnielia wurden in Wyoming, Utah und Colorado gefunden. Fos-silien von Altirhinus in der Mongolei.

DATEN

Zeitalter:	Jura
Unterordnung:	Ornithopoda
Charakteristik:	Kleiner, flinker, zweibeiniger Pflanzenfresser

Othnielia

Peter Galton, ein in den USA lebender britischer **Paläontologe**, beschrieb Othnielia 1997 zu Ehren von Professor Othniel C. Marsh, dem bedeutenden Fossilienjäger aus dem 19. Jahrhundert, der allein fast 500 Dinosaurier und andere ausgestorbene Tiere benannte.

Dieser kleine, vogelfüßige Dinosaurier ist mit 1,5 m Länge und nur 20-25 kg Gewicht einer der kleinsten überhaupt.

Er besaß einen kleinen Kopf mit großen Augen. Die schnabelförmige Schnauze benutzte er zum Abpflücken von niedrigen Pflanzen, die er mit seinen meißelförmigen Zähnen zerkleinerte. Wie andere Ornithischier auch besaß Othnielia wahrscheinlich Backentaschen zum Sammeln von Futter.

Othnielia lief wohl aufrecht auf den langen Hinterbeinen. Jedes Hinterbein hatte vier Zehen, während die kleinen Hände fünffingrig waren.

Mit Hilfe der langen Schenkel und Füße konnte Othnielia wohl ziemlich flink laufen, was vor allem auf der Flucht vor Feinden wichtig war. Der lange Schwanz hielt dabei die Balance und gestattete ihm sogar, Haken zu schlagen.

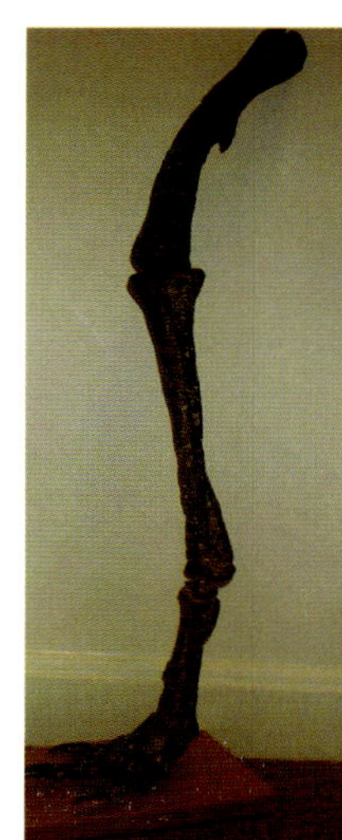

Knochen von Othnielia

Altirhinus

Hochnasensaurier

Nachdem man Altirhinus zunächst für ein kleines Iguanodon (s. S. 156) gehalten hatte, wurde er 1996 von dem britischen Paläontologen David Norman beschrieben. Mit 8 m Länge und 4 Tonnen Gewicht war Altirhinus deutlich kleiner als Iguanodon, aber sah ihm ziemlich ähnlich.

Altirhinus

Der Schädel war 75 cm lang, wies ein schnabelartiges Maul zum Abbeißen von niedrigen Pflanzen auf sowie einen hohen Buckel in der Nasenregion, von dem auch sein Name stammt. Wahrscheinlich bewegte Altirhinus sich auf den Hinterbeinen fort, aber beim Grasen am Boden ließ er sich vermutlich auf die Vorderbeine nieder, auch wenn diese nur etwa halb so lang waren wie die Hinterbeine.

Fossilien mehrerer Erwachsener zusammen mit einigen Jungtieren wurden in der Mongolei entdeckt. Die sogenannte Khuktek-Schicht bildete sich in der Oberkreide vor 125-100 Mio. Jahren. In derselben Schicht wurden auch Psittacosaurus (s. S. 152) und **Shamosaurus** gefunden.

Der Nasenbuckel von Altirhinus bestand aus Knochen und begünstigte vielleicht das Riechvermögen. Außerdem könnte er zur Verständigung mit anderen Altirhinus gedient haben, entweder durch Töne oder sein Aussehen. Nach einer anderen Theorie diente er der Paarfindung.

DATEN

Zeitalter:	Kreide
Unterordnung:	Ornithopoda
Charakteristik:	Zwei-/vierbeiniger Pflanzenfresser

Dryosaurus

Baumsaurier

Dryosaurus wurde 1894 von dem berühmten Saurierjäger Othniel Charles Marsh beschrieben. Da er an verschiedenen Stellen in den USA sowie in Tansania gefunden wurde, scheint er ziemlich weit verbreitet gewesen zu sein.

DATEN

ZEITALTER:	KREIDE
UNTERORDNUNG:	ORNITHOPODA
CHARAKTERISTIK:	WALDBEWOHNENDER PFLANZENFRESSER

Dryosaurus besaß einen langen Hals, lange, schlanke Beine und einen langen, steifen Schwanz. Die Arme waren kurz und trugen fünf Finger, während die Füße nur vier Zehen besaßen. Er wurde etwa 3 m lang und 1,5 m hoch und wog bis 80 kg. Mit den kräftigen Hinterbeinen konnte er ziemlich rasch laufen und war sicher imstande, seinen Verfolgern häufig zu entkommen.

Drysoaurus hatte einen Hornschnabel und lange, scharfe Zähne, mit denen er seine Pflanzennahrung recht gut kauen konnte. Er konnte auch Futter in seinen Backentaschen speichern, ganz so wie ein Hamster. Die Augen waren ziemlich groß, daher sah er wohl recht gut.

Aus dem Vergleich von Hirngröße und Körpergröße schließt man auf eine durchschnittliche Intelligenz.

Orodromeus

Bergläufer

John Horner und David Weishampel benannten und beschrieben Orodromeus 1988. Orodromeus war ein kleiner, leichter und vermutlich recht flinker Dinosaurier. Er bewohnte Gebirgsgegenden im heutigen Montana in den USA.

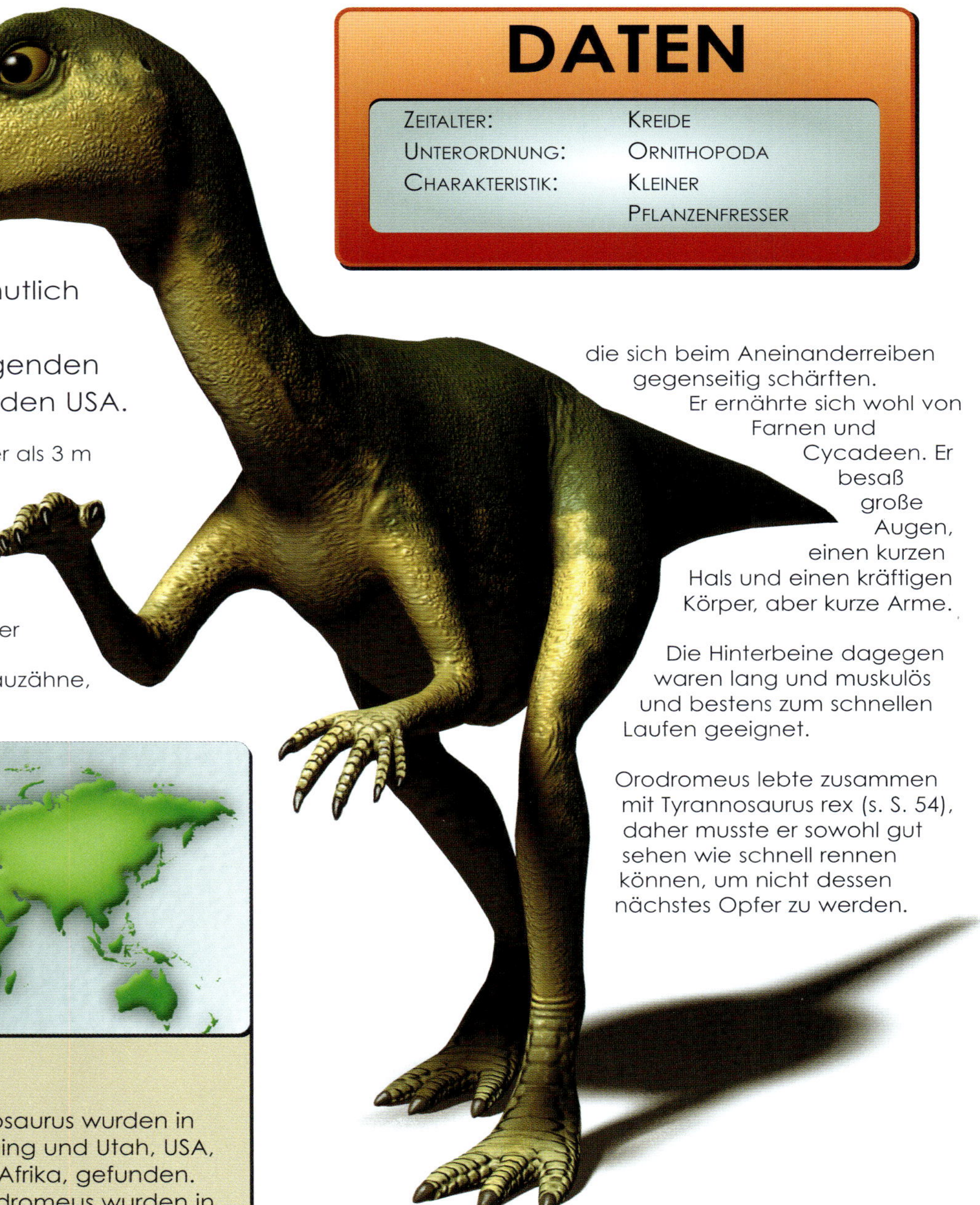

DATEN

ZEITALTER:	KREIDE
UNTERORDNUNG:	ORNITHOPODA
CHARAKTERISTIK:	KLEINER PFLANZENFRESSER

Orodromeus war weniger als 3 m lang. Er war leicht, aber kräftig. Das Maul war vorn ein zahnloser Schnabel, aber weiter hinten befanden sich Kauzähne, die sich beim Aneinanderreiben gegenseitig schärften. Er ernährte sich wohl von Farnen und Cycadeen. Er besaß große Augen, einen kurzen Hals und einen kräftigen Körper, aber kurze Arme.

Die Hinterbeine dagegen waren lang und muskulös und bestens zum schnellen Laufen geeignet.

Orodromeus lebte zusammen mit Tyrannosaurus rex (s. S. 54), daher musste er sowohl gut sehen wie schnell rennen können, um nicht dessen nächstes Opfer zu werden.

FOSSILIEN

Fossilien von Dryosaurus wurden in Colorado, Wyoming und Utah, USA, und in Tansania, Afrika, gefunden. Fossilien von Orodromeus wurden in Montana, USA, entdeckt.

Fossilfunde

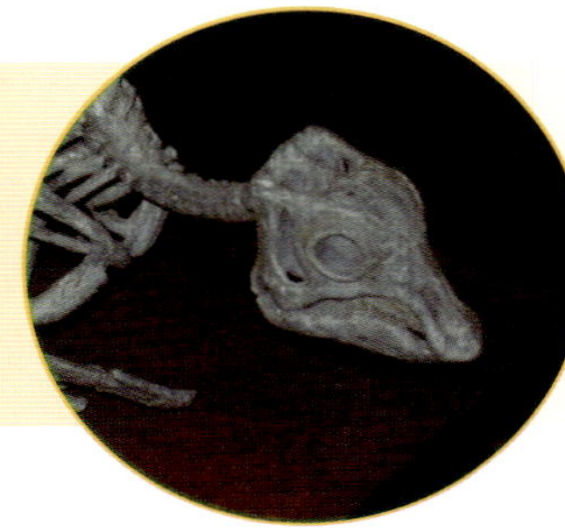

Man kann überall dort Dinosaurierfossilien finden, wo geologische Schichten von der Obertrias bis zum Ende der Oberkreide anstehen.

Häufige Fossilien

Die häufigsten Fossilien sind Knochen und Zähne, weil sie die härtesten Teile der Dinosaurier sind. Die meisten Dinosaurier wurden nach Knochenfunden beschrieben. Obgleich Tyrannosaurus rex (s. S. 54) nicht der größte Raubdinosaurier ist (Giganotosaurus auf S. 56 war größer), ist er das bekannteste und für viele Forscher auch wichtigste Dinosaurierfossil. Das erste Skelett wurde 1902 von dem **Paläontologen** Barnum Brown bei Hell Creek in Montana, USA, entdeckt. Das vollständigste Skelett eines Tyrannosaurus, „Sue" genannt, steht heute im Field Museum in Chicago.

Fossilien von Brachiosaurus (s. S. 94) wurden in Afrika und Nordamerika gefunden. Die ersten Fossilien von Stegosaurus fand M. P. Felch 1876, beschrieben wurde er 1877 von Othniel C. Marsh. Inzwischen wurden zahlreiche Fossilien im westlichen Nordamerika, Westeuropa, Südindien, China und Südafrika entdeckt.

Auch von Triceratops kennt man viele Skelette, meist aus Westkanada und den westlichen USA. Beschrieben wurde er von Othniel Marsh 1889 nach einem Skelett in der Nähe von Denver, Colorado. Zunächst wurde das Skelett fälschlich für das eines ausgestorbenen Bisons gehalten. Der erste Schädel eines Triceratops wurde 1888 von John Bell entdeckt; inzwischen sind es über 50 Schädel, dazu noch weitere Skelettreste.

Verhalten und Lebensweise

Aus den Knochen kann man viel über Lebensweise und Verhalten lernen. 1927 zum Beispiel fand man in einem Steinbruch in Utah, USA, Skelette von über 40 Allosaurus (s. S. 72) aller Altersklassen. Untersuchungen ergaben, dass ihr Leben hart war, weil sie zahlreiche Verletzungen und Krankheitsspuren aufwiesen. Ein besonders großes Skelett, das von „Big Al", zeigte Spuren von Dutzenden von Verletzungen, vor allem an den Beinen. Schließlich konnte dieses Tier wohl nicht mehr laufen und starb durch Verhungern oder Verdursten.

Sue, der Tyrannosaurus rex aus dem Field Museum in Chicago

Skelett von Brachiosaurus

Das Stegosaurusskelett Spike aus Colorado

Rekonstruktion

Die ersten Reste von Iguanodon (s. S. 156) wurden in Südengland entdeckt. Es war einer der ersten Dinosaurier, die wissenschaftlich beschrieben wurden. Seine Rekonstruktion war aber ein Desaster, weil der Daumenstachel dem Tier irrtümlich auf die Nase gesetzt wurde. Erst als 1878 eine ganze Herde in Belgien ausgegraben wurde, rekonstruierte man Iguanodon in seiner richtigen – aufrechten – Haltung.

Skelett von Allosaurus

Corythosaurus

Helmtragender Entenschnabelsaurier

FOSSILIEN

Fossilien wurden in den westlichen USA und in Kanada gefunden. Der erste Fund gelang Barnum Brown 1912 in Alberta, Kanada.

Corythosaurus bedeutet „Helmechse“. Dieser Entenschnabelsaurier wurde 1914 von Barnum Brown beschrieben, und der Name bezieht sich auf den innen hohlen, seitlich abgeflachten Knochenkamm auf dem großen Kopf, der an einen Helm erinnert.

Aussehen

Corythosaurus wurde etwa 10 m lang und war an der Hüfte 2 m hoch. Er wog rund 4 Tonnen. Die Arme waren viel kürzer als die Hinterbeine, deshalb denkt man, dass er sich auf die Hinterbeine erheben konnte, um sich umzusehen oder auch, um kurze Strecken zu laufen. Dabei hielt der lange Schwanz die Balance. Fossile Fußspuren beweisen aber, dass er die meiste Zeit über auf allen vieren lief und wahrscheinlich mit seinem zahnlosen Schnabel dabei niedrige Pflanzen abgraste. Das Kauen übernahmen Hunderte von scharfen Zähnen weiter hinten im Maul. Diese Zähne konnten zeitlebens durch neue ersetzt werden, wenn sie abgenutzt waren.

Über den Zweck des Kopfkammes ist viel diskutiert worden. Einige Forscher denken, dass er bei der Balz oder zum Imponieren benutzt wurde (Männchen haben größere Helme als Jungtiere und Weibchen). Fossilien von Corythosaurus wurden zusammen mit denen anderer Dinosaurier gefunden. Das bedeutet, dass es gemischte Herden gab, die gemeinsam grasten oder wanderten. Wenn das stimmt, wäre es für Corythosaurus nützlich gewesen,

Artgenossen an ihrem Kamm zu erkennen. Auch der vermutlich gute Geruchssinn half dabei, Artgenossen in der Herde herauszufinden.

Fast alle Forscher stimmen heute darin überein, dass Corythosaurus die Luftkammer im Inneren des Kammes zur Lauterzeugung benutzte. Wahrscheinlich waren die Rufe von Corythosaurus tief und dröhnend und müssen über große Strecken hörbar gewesen sein.

FAKTEN

- 1916 wurde das kanadische Schiff *Mount Temple*, das zwei Skelette von Corythosaurus nach England bringen sollte, vom deutschen U-Boot *Möwe* torpediert und sank. Nun liegen die Skelette am Boden des Nordatlantiks.
- Er ist der am besten bekannte Entenschnabelsaurier, da wir mehr als 20 Schädel besitzen.
- Früher dachte man, dass Corythosaurus im Wasser lebte, weil es schien, als wären Finger und Zehen mit Schwimmhäuten versehen. Später zeigte es sich, dass die „Schwimmhäute" bloß flache Verdickungen sind.
- Corythosaurus lebte im westlichen Nordamerika zwischen dem Gebirge und einem Binnenmeer. Vielleicht wanderte er zur Eiablage von der Küste in höher gelegene Gebiete.

DATEN

Zeitalter:	Kreide
Unterordnung:	Ornithopoda
Familie:	Hadrosauridae
Charakteristik:	Kammtragender Pflanzenfresser
Merkmale:	Helmartiger Kopfkamm
Nahrung:	Zweige von Nadelbäumen, Ginkos, Blätter, Früchte

Maiasaura

Wandernder Entenschnabelsaurier

FOSSILIEN

Fossilien wurden in Montana, USA, gefunden. Die ersten Reste fand man 1977 auf einer Ranch bei Choteau in Montana.

Maiasaura bedeutet „Gute Mutterechse“. Der Name wurde von dem **Paläontologen** Jack Horner geprägt, nachdem er mehrere Nester mit Resten von Eiern und Jungtieren darin gefunden hatte. Das war der erste Hinweis darauf, dass Dinosaurier Brutpflege betrieben.

Aussehen

Maiasaura war ein **Hadrosaurier**, der vor etwa 75 Mio. Jahren die Küstenebenen von Montana bewohnte. Anders als viele Hadrosaurier hatte sie nur einen kleinen Kopfkamm – außerdem kurze Knochenstacheln über den Augen. Der Kopf war lang und hoch und endete in einem kurzen, breiten Hornschnabel. Der abgeflachte Schädel maß bis 82 cm und war 35 cm hoch. Der Schnabel war zahnlos, doch weiter hinten war das Maul mit zahlreichen selbstschärfenden Zähnen zum Kauen bestückt.

Maiasaura wurde bis etwa 9 m lang und wog 3-4 Tonnen. Meist lief sie auf vier Beinen, konnte sich aber wohl aufrichten, um an höher gelegene Pflanzen zu kommen oder auf der Flucht vor Feinden. Die Arme waren viel kürzer als die kräftigen Beine.

Familienleben

An manchen Stellen wurden riesige Mengen von Fossilien gefunden (eine Stelle enthielt über 10 000!), darunter auch Eier und Jungtiere. Daher glauben die Forscher, dass Maia-saura ein Herdentier war.

Die Entdeckung von Maiasaura revolutionierte unsere Anschauung über die Aufzucht der Jungen und stellt die traditionelle Meinung in Frage, dass Dinosaurier ihre Eier im Stich ließen und sich nicht um die Jungen kümmerten.

Skelett von Maiasaura

Der berühmteste Fund wurde an der heute als „Egg Mountain" bezeichneten Stelle gemacht. Dort gibt es mehrere Nester von Maiasaura, von denen eines die Knochen von einigen Wochen alten Jungtieren enthielt. Dass die Jungtiere sich so lange nach dem Schlüpfen noch im Nest aufhielten, beweist, dass die Eltern sich noch um die Jungen kümmerten. Die Babys waren beim Schlüpfen etwa 35 cm lang und erreichten nach einem Jahr bereits 3,5 m Länge – ein imponierendes Wachstum.

Rings um die Eier wurden große Mengen an fossilen Pflanzen gefunden. Daher waren die Nester wohl mit Pflanzenmaterial überdeckt, bei dessen Verrotten Wärme entstand, die beim Ausbrüten half.

FAKTEN

- 1985 wurde ein Knochenstück von Maiasaura auf einen achttägigen Flug des Skylab 2 mitgenommen.
- Maiasaura ist das offizielle Staatsfossil von Montana.
- Eine erwachsene Maiasaura musste jeden Tag etwa 90 kg an Samen, Blättern und Beeren fressen.

DATEN

Zeitalter:	Kreide
Unterordnung:	Ornithopoda
Familie:	Hadrosauridae
Charakteristik:	Mittelgrosser Entenschnabelsaurier
Merkmale:	Kleiner Kopfkamm, grosser Schädel, breiter Schnabel
Nahrung:	Niedrige Pflanzen und gelegentlich höhere Blätter

Edmontosaurus

Zahntragender, blätterfressender Entenschnabelsaurier

Edmontosaurus bedeutete „Echse aus Edmonton". Er wurde 1917 beschrieben.

Aussehen

Edmontosaurus wurde 13 m lang und wog etwa 3,5 Tonnen. Wie viele Entenschnabelsaurier hatte er einen flachen Kopf mit einem breiten, schnabelförmigen Maul.

Der Schnabel war zahnlos, doch weiter hinten war das Maul mit Hunderten von Zähnen in sechs Reihen vollgepackt, mit denen auch sehr harte Nahrung zerkaut werden konnte. Waren sie abgenutzt, wurden sie von neuen Zähnen ersetzt.

Dieser **Pflanzenfresser** lief auf allen vieren, richtete sich aber auf die Hinterbeine auf, um in Baumwipfeln zu fressen. Die Vorderbeine waren viel kürzer als die hinteren.

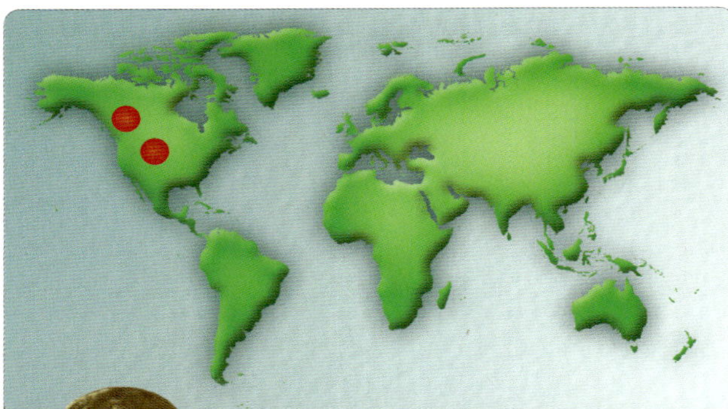

FOSSILIEN

Fossilien wurden in den westlichen USA und in Kanada gefunden. Der erste Fund stammt von 1912.

DATEN

Zeitalter:	Kreide
Unterordnung:	Ornithopoda
Familie:	Hadrosauridae
Charakteristik:	Blätterfressender Entenschnabelsaurier
Merkmale:	Hunderte von Zähnen, Backentaschen
Nahrung:	Nadeln, Zweige und Samen von Nadelbäumen

Edmontosaurus

Skelett von Edmontosaurus

Verteidigung

Edmontosaurus war ein schwerfälliges Tier, das auf Augen, Gehör und Geruch vertrauen musste, um seinen Feinden zu entkommen, darunter auch Tyrannosaurus rex (s. S. 54). Von mumifizierten Resten wissen wir, dass Edmontosaurus eine feste, schuppige, auf Hals, Rücken und Schwanz mit größeren Buckeln (Tuberkeln) besetzte Haut besaß.

Der beste Schutz dieser harmlosen Pflanzenfresser war wohl die Herde. Eine Massenansammlung von Fossilien in Alberta (Kanada) beweist, dass sie in Herden lebten. Vielleicht führten sie saisonale Wanderungen durch, etwa vom Nordrand von Alaska (wo es im Winter kaum essbare Pflanzen gab) zu den reicheren Sumpfgebieten Albertas.

FAKTEN

- Das Skelett eines Edmontosaurus im Museum von Denver zeigt am Schwanz Bissspuren eines Tyrannosaurus rex. Erstaunlicherweise heilte die Wunde – der Edmontosaurus überlebte also den Angriff. Die Heilung beweist auch, dass der Edmontosaurus als lebendes Tier gebissen wurde. Also war Tyrannosaurus kein reiner Aasfresser, wie man noch in den 70er-Jahren glaubte.

- Wahrscheinlich folgte Tyrannosaurus rex den wandernden Herden von Edmontosaurus und schnappte sich kranke oder alte Tiere.

- Die ersten Funde verleiteten Forscher zu der Annahme, Edmontosaurus hätte im Wasser gelebt, weil sie Schwimmhäute an seinen Händen zu sehen glaubten. Sonst spricht aber nichts für eine aquatische Lebensweise, und die „Häute" sind wohl nur einfache gequetschte Knochenpolster.

Parasaurolophus

Hornkammtragender Entenschnabelsaurier

FOSSILIEN

Fossilien wurden in Kanada und den USA gefunden. Der erste Fund wurde 1922 in Alberta gemacht.

Aussehen

Parasaurolophus besaß den seltsamsten Kopfkamm von allen Sauriern. Der hornartige Kamm entsprang am Hinterrand des Schädels und konnte 1,8 m lang werden. Er bildete eine Röhre und enthielt Gänge, die die Nase mit der Spitze des Kamms verbanden.

Parasaurolophus war einer der größten Pflanzenfresser der Kreidezeit. Er wurde bis 10 m lang und fast 5 m hoch und wog etwa 3,5 Tonnen. Die Vorderbeine waren kürzer als die Hinterbeine – wahrscheinlich lief er auf allen vieren, wenn er niedrige Pflanzen abweidete, konnte sich aber auf die Hinterbeine erheben (wobei der Schwanz als Balance diente), um sich umzusehen, an höhere Pflanzen zu gelangen oder auf der Flucht.

Parasaurolophus bedeutet „ähnlich einem Hornsaurier“. Er wurde 1922 von William A. Parks beschrieben und lebte vor 75-65 Mio. Jahren in den Wäldern Nordamerikas.

DATEN

Zeitalter:	Kreide
Unterordnung:	Ornithopoda
Familie:	Hadrosauridae
Charakteristik:	Entenschnabelsaurier mit bizarr gestaltetem Kopfkamm
Merkmale:	Hornartiger Kopfkamm
Nahrung:	Blätter, Zweige, Kiefernnadeln

Flucht und das Leben in der Herde waren die einzigen Möglichkeiten, sich vor Feinden zu schützen.

Mit seinem langen Hals konnte er sowohl am Boden grasen wie hoch in die Bäume hinaufreichen.

Der entenschnabelartige Schnabel diente zum Abbeißen von Blättern und anderen Pflanzenteilen – Zähne zum Zerkauen saßen weiter hinten im Rachen. Das Maul war schmal und kürzer als bei den meisten anderen Entenschnabelsauriern.

FAKTEN

- Das Gehirn war nur etwa faustgroß.
- Die großen fossilen Ohrknochen legen nahe, dass Parasaurolophus viel tiefere Töne als das menschliche Ohr hören konnte.
- Fossile Reste zeigen, dass die Haut von Parasaurolophus zäh und bucklig war.

Die Stimme von Parasaurolophus

Der eigenartige Kamm enthielt ein Labyrinth von Luftkam-mern und stand mit der Nase in Verbindung.

Viele Forscher glauben, dass dies den Kamm zu einem guten „Resonanzkörper" machte und dass er tiefe, dröhnende Laute hervorbrachte, wenn Luft durch ihn geblasen wurde. 1995 wurde in New Mexico mit Hilfe von Computern und CT- Scans an einem fossilen Schädel versucht, die Laute von Parasaurolophus zu rekonstruieren.1997 war dann erstmalig nach 75 Mio. Jahren der „Gesang eines Dinosauriers" wieder zu hören. Parasaurolophus stieß tiefe, dröhnende Laute aus, deren Tonhöhe veränderlich war.

Man denkt sogar, dass diese Laute individuell verschieden waren und dazu dienten, einzelne Parasaurolophus zu erkennen, nicht nur, sie von anderen Dinosauriern zu unterscheiden!

Skelett von Parasaurolophus

Gryposaurus

Greifsaurier

FOSSILIEN

Fossilien wurden in Kanada und den USA, gefunden und wahrscheinlich auch in Südamerika.

Gryposaurus wurde 1914 von dem kanadischen **Paläontologen** Lawrence Lambe beschrieben. Der Name bezieht sich auf die vogelähnliche Gestalt des Kopfes.

Nach seiner Entdeckung wurde Gryposaurus zunächst mit Kritosaurus verwechselt, einem sehr ähnlichen Saurier, der gleichfalls aus Kanada und Argentinien stammte und 1910 beschrieben worden war. Noch zwei weitere, sehr ähnliche Fossilien, der 1856 entdeckte Trachodon und der 1993 beschriebene Naashoibitosaurus, wurden in den gleichen Schichten gefunden.

DATEN

Zeitalter:	Kreide
Unterordnung:	Ornithopoda
Familie:	Hadrosauridae
Charakteristik:	ntenschnabeltragender Pflanzenfresser

Mit 9 m Länge und 3 Tonnen Gewicht ist Gryposaurus ein mittelgroßer Hadrosaurier. Fossile Schädel zeigen, dass Gryposaurus eine auffallend gebogene Nasenpartie mit aufwärts gerichteten Nasenöffnungen besaß. Der Kopf war lang und schmal und hatte den charakteristischen Entenschnabel.

FAKTEN

- Wenn er sich auf die Hinterbeine aufrichtete, konnte Gryposaurus ziemlich hoch in Bäumen Blätter, Nadeln und Zweige abpflücken. Backenzähne halfen beim Zerkauen der Nahrung.
- In der „Two Medicine Formation" in Montana fand man außer Gryposaurus noch viele andere Dinosaurier.

Gryposaurus

Haut

Von Gryposaurus wurden zusammen mit Knochen auch Abdrücke der Haut entdeckt. Sie bestand aus kleinen Schuppen, jede weniger als 1 cm groß. Sie bedeckten den gesamten Körper, waren aber wohl auf dem Schwanz etwas größer.

Hypacrosaurus

Hochkammsaurier

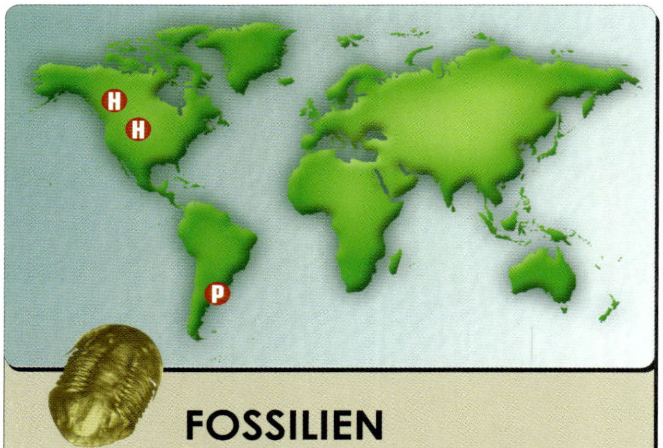

FOSSILIEN

Fossilien von Hypacrosaurus wurden in Montana, USA, und Alberta, Kanada, gefunden. Fossilien von Piatnitzkysaurus wurden in Argentinien, Südamerika, entdeckt.

Hypacrosaurus besaß lange, kräftige Hinterbeine mit jeweils 3 hufartigen Zehen. Die Vorderbeine waren kürzer und vierzehig, aber trotzdem gut zum Laufen geeignet. Der flache Schnabel war zahnlos, aber die 40 Zahnreihen hinten im Maul waren stark genug, um selbst die zähesten Pflanzenteile zu zermalmen.

Hypacrosaurus besaß große Augen und einen guten Geruchssinn, die ihm dabei halfen, sich vor großen Raubsauriern wie Tyrannosaurus rex (s. S. 54) und Albertosaurus in Sicherheit zu bringen.

Am Glacier Creek in Montana wurden Nester mit Eiern und frisch geschlüpften Jungtieren entdeckt, der größte jemals gemachte Fund von Hadrosaurier-Babyskeletten.

Hypacrosaurus wurde 1913 von dem amerikanischen Fossilienjäger Barnum Brown beschrieben.

Er ähnelte sehr dem Corythosaurus (s. S. 174), doch war der Kamm niedriger, schmaler und weniger rundlich. Er wurde etwa 9 m lang und wog 2-3 Tonnen.

DATEN

Zeitalter:	Kreide
Unterordnung:	Ornithopoda
Familie:	Hadrosauridae
Charakteristik:	Großäugiger Pflanzenfresser

Piatnitzkysaurus

Piatnitzkys Saurier

DATEN	
Zeitalter:	Jura
Unterordnung:	Therapoda
Familie:	Titanuridae
Charakteristik:	Raubsaurier

Piatnitzkysaurus wurde 1979 von José Bonaparte in Argentinien entdeckt und zu Ehren seines besten Freundes, Piatnitzky, benannt. Er gleicht sehr dem Allosaurus (s. S. 72).

Er besaß einen kräftigen, etwa 4,3 m langen Körper, dazu einen langen, steifen Schwanz, der beim Laufen wohl waagerecht gehalten wurde. Der Hals war kurz und muskulös, und oberhalb der Nase befand sich ein Paar Knochenwülste, die von den Augen bis zur Nasenöffnung verliefen. Die Arme waren kurz, aber kräftig, und alle drei Finger trugen scharfe Krallen.

Piatnitzkysaurus bewohnte bewaldete Gebiete und jagte pflanzenfressende Dinosaurier. Die kräftigen Kiefer und scharfen Zähne waren bestens zum Zerschneiden von Fleisch geeignet.

Wir kennen bisher nur zwei Skelette von Piatnitzkysaurus, daher haben die Forscher noch eine Menge über diesen Saurier zu lernen.

Die Bildung von Fossilien

Ein Fossil ist die im Gestein erhaltene Spur eines Lebewesens. Für die Entstehung von Fossilien braucht es Millionen von Jahren. Nach dem Tod eines Dinosauriers zerfallen normalerweise die Knochen ziemlich bald. Wurde er aber sehr schnell nach dem Tod von einer Lage Sand oder Erde überdeckt, findet dieser Zerfall nicht statt.

Nach der Überdeckung des Kadavers durch das Sediment verwesen die Weichteile, und nur die harten Knochen und Zähne bleiben erhalten.

Das Sediment wird nach und nach dicker, und schließlich bildet sich Gestein, etwa Kalkstein, Tonstein, Sandstein oder Schiefer. Mineralien aus dem Wasser innerhalb des Gesteins sickern in die Knochen und verwandeln sie im Lauf der Zeit in Gestein. Erst Millionen Jahre später erscheint das versteinerte Fossil wieder an der Oberfläche, wenn das Deckgestein durch Wind oder Wasser erodiert ist.

Es gibt vergleichsweise wenige Dinosaurierfossilien, weil sie Landtiere waren. Es sind viel mehr wasserlebende Tiere erhalten, weil sie am Meeresgrund oder am Grund von Seen viel schneller von Schlamm eingebettet werden.

Wie Fossilien entstehen

Es gibt verschiedene Möglichkeiten der Einbettung von Dinosaurierfossilien. Unter dem Sediment kann

Ankylosaurus

Fossil von Rhamphorynchus

mineralhaltiges Wasser in die Knochen eindringen, dann versteinern sie langsam und werden zu „Petrefakten".

Manchmal löst säurehaltiges Wasser die Knochen auf und hinterlässt einen Hohlraum. Den kann man mit Gips oder Latex ausfüllen und bekommt so einen genauen Abdruck des Knochens.

In anderen Fällen werden solche Hohlräume von Sediment oder anderen Mineralien ausgefüllt, etwa Kieselerde, Kalk oder eisenhaltigem Pyrit. Dann bekommen wir einen exakten Steinkern des Knochens.

Manchmal wird das tote Tier zwischen verschiedene Tonschichten gelagert. Dann findet man zuweilen den Abdruck, wenn man die Schichten spaltet. In seltenen Fällen können sogar die Spuren von Federn oder Haut erhalten sein.

Die seltensten Fossilien sind solche, wo der Kadaver in sehr trockener Umgebung sehr schnell austrocknet und geradezu mumifiziert wurde. Dann kann man noch die Struktur der Haut, ja sogar Hautfalten erkennen. Farben erhalten sich leider nicht, sondern das Fossil nimmt die Farbe des umgebenden Gesteins an.

Andere Fossilien

Abgesehen von Knochenresten gibt es noch weitere Fossilien, nämlich Fußspuren oder Fährten, Nester mit Eiern, Kratzspuren am Boden, Bissspuren an Knochen, fossiler Dung, Magensteine und anderes. Aus solchen Fossilien können wir viel über die Lebensweise und das Verhalten lernen. Fußspuren und Fährten zeigen uns zum Beispiel, ob Dinosaurier allein oder in Herden lebten und wie schnell sie liefen.

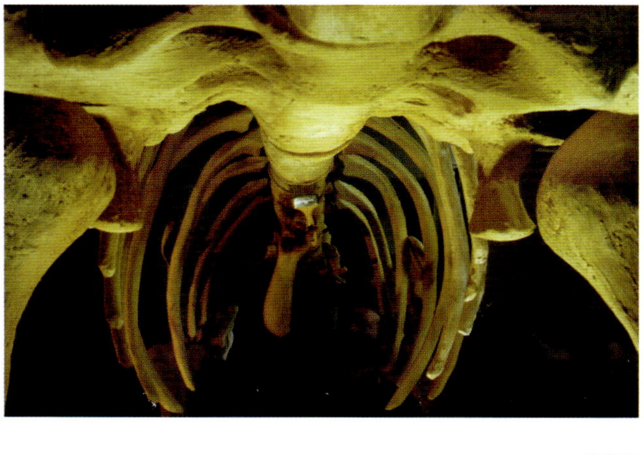

Abguss eines Skelettes von Titanosaurus

Dimorphodon

Primitiver fischfressender Flugsaurier

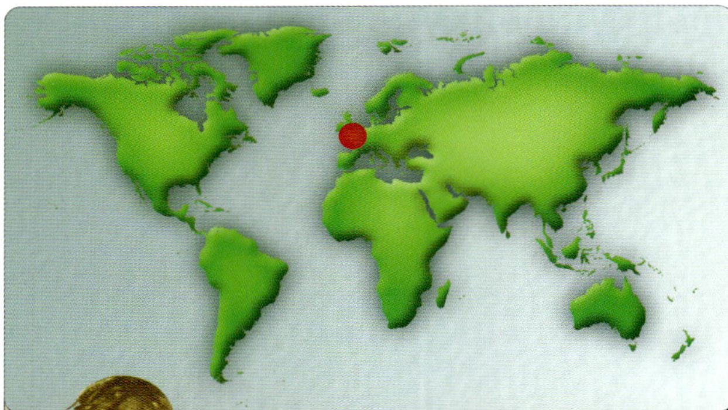

FOSSILIEN

Fossilien wurden in England gefunden. Die ersten Funde machte Mary Anning 1828 bei Lyme Regis.

Der Name Dimorphodon bedeutet „zwei Zahntypen“. Er wurde 1859 von dem Paläontologen R. Owen beschrieben und besitzt zwei verschieden Typen von Zähnen – die vorderen sind länger als die hinteren.

Aussehen

Dimorphodon war ein Flugsaurier (Pterosaurier), der zur selben Zeit wie die Dinosaurier existierte. Er lebte vor 206-180 Mio. Jahren und ist damit einer der frühesten bekannten Flugsaurier; zugleich ist er mit 1 m Länge recht klein. Die Flügel sind lederartige Membranen, die zwischen dem Körper, den Schenkeln der Hinterbeine und dem vierten Finger der Arme ausgespannt sind. Die innen hohlen Knochen verringerten das Gewicht.

Der Kopf war massig und extrem groß im Vergleich zum Körper, und man nimmt an, dass der große Schnabel lebhaft gefärbt war, vielleicht als Erkennungszeichen für Artgenossen. Wie alle Flugsaurier besaß er riesige Augen und sah deshalb sehr gut.

Am anderen Ende befand sich ein langer, dünner Schwanz, der in einem eigenartigen rhombenförmigen Hautlappen endete. Der Schwanz diente wohl zur Stabilisation beim Fliegen oder auch dazu, am Boden die Balance zu halten.

DATEN

Zeitalter:	Jura
Unterordnung:	Rhamphorynchoidea
Familie:	Dimorphodontidae
Charakteristik:	Primitiver Flugsaurier
Merkmale:	Zwei verschiedene Zahntypen im Schnabel
Nahrung:	Fische, Insekten und vielleicht andere Kleintiere

FAKTEN

- Dimorphodon besaß eine Flügelspannweite von 1,7 m.
- Das Exemplar, das Mary Anning fand, war das erste vollständig erhaltene Fossil eines Flugsauriers.
- Er könnte mit den Füßen an Felswänden gehangen und auf an die Oberfläche kommende Fische gelauert haben – dann segelte er hinunter und fischte sie aus dem Wasser.

Wie er sich fortbewegte

Wir wissen nicht genau, wie sich Dimorphodon am Boden fortbewegte. Spuren weisen darauf hin, dass er auf vier Beinen lief, aber manche Forscher meinen, dass er sich auch auf die Hinterbeine aufrichten und auf ihnen relativ rasch laufen konnte. Im Unterschied zu anderen Flugsauriern saßen bei Dimorphodon die Beine mehr seitlich am Körper, so dass sein Gang ziemlich watschelnd gewesen sein muss. Daraus schließen manche **Paläontologen**, dass er die meiste Zeit nicht am Boden, sondern in Bäumen oder an Felsen hängend verbracht hat und sich mit den Fingern und Zehen festhielt.

Früher nahm man an, dass Dimorphodon sich auf den Zehen aufrichten und so ziemlich schnell rennen konnte. Neuere Funde beweisen nun, dass er seine Zehen nicht abwinkeln konnte. Er hatte gewissermaßen „Plattfüße“, und das verhinderte wohl eine schnelle Fortbewegung auf dem Erdboden.

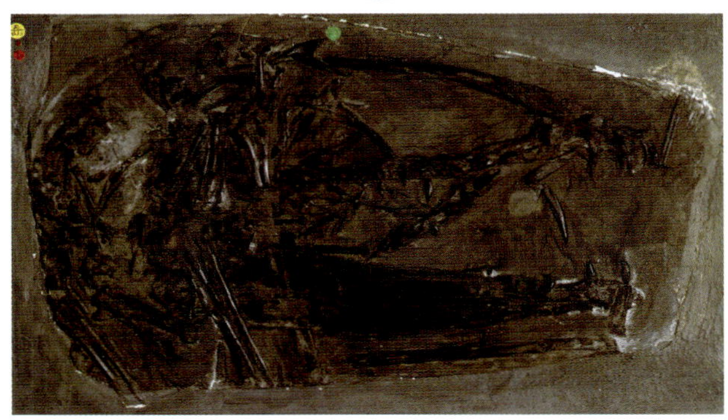

Schädel von Dimorphodon

Fossilisiertes Skelett von Dimorphodon

Caudipteryx

Flügelloser gefiederter Dinosaurier

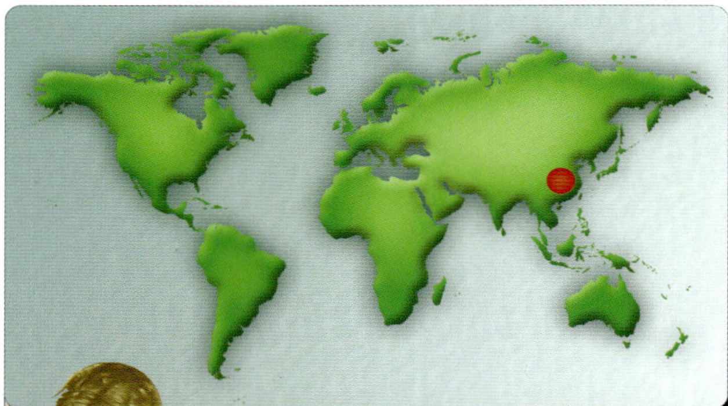

FOSSILIEN

Fossilien wurden 1997 in der Provinz Liaoning in China gefunden und von Philip Currie beschrieben.

Caudipteryx bedeutet „Schwanzfeder" und bezieht sich auf das kurze Schwanzgefieder dieses Dinosauriers.

Aussehen

Caudipteryx war ein kleiner, zweibeiniger Dinosaurier, der lange Hinterbeine, sehr kurze Arme und einen kurzen Schwanz besaß. Er wurde etwa 1 m hoch und wog etwa so viel wie ein großer Truthahn. Das kurze Maul war mit langen, spitzen Zähnen besetzt. Mit seinen langen Beinen und seinem vergleichsweise geringen Gewicht muss er ziemlich schnell gewesen sein.

Der Körper war mit kurzen, flaumigen Federn bedeckt und trug längere, stachlige Federn an Armen und Schwanz. Die Schwanzfedern waren bis 20 cm lang und wie ein Fächer gestaltet, Wahrscheinlich wurden sie bei der Balz benutzt. Obwohl die Arme mit langen Federn besetzt und mehr kleinen Flügeln als Armen glichen, konnte Caudipteryx nicht fliegen.

Allerdings waren die Federn in anderer Hinsicht sehr nützlich, nämlich zur Wärmeisolation. Vielleicht wurden sie auch zu Schauzwecken Rivalen gegenüber oder zur Balz gebraucht, oder zum Bebrüten der Eier.

Nahrung

Caudipteryx lebte in Sumpfgebieten, wo er vielleicht im Wasser watend kleine Fische fing. Allerdings wurden im Magen von Fossilien kleine Steine gefunden. Da solche Gastrolithen meist zum Verdauen pflanzlicher Nahrung dienen, könnte er sich zum Teil auch von Pflanzen ernährt haben.

DATEN

Zeitalter:	Jura
Unterordnung:	Theropoda
Familie:	Caudipteridae
Charakteristik:	Langbeiniger, gefiederter Dinosaurier
Merkmale:	Auffällige Schwanzfedern, Federn und flügelartige Arme
Nahrung:	Kleine Fische

FAKTEN

- Die Zähne von Caudipteryx waren nach außen gerichtet, das verlieh ihm das Aussehen eines „Raffzahnes".
- Caudipteryx ist eines der vielen sehr gut erhaltenen Fossilien, die in der Provinz Liaoning in China entdeckt wurden. Sie sind deshalb so interessant, weil sie so gut erhalten sind, dass man manchmal den Abdruck von Federn oder Haut erkennen kann oder sogar Muster wie Bänder oder Flecken. Das gibt uns einen Eindruck von dem tatsächlichen Aussehen der Dinosaurier.

Abstammung der Vögel

Die meisten Forscher glauben heute, dass die Vögel von Dinosauriern abstammen. Allerdings halten manche Forscher den Archaeopteryx (s. S. 192) für den Vorfahren aller Vögel. Andere glauben, dass die modernen Vögel von den Maniraptoren abstammen, einer Gruppe Dinosaurier, zu deren früheren Vertretern Caudipteryx gehört, die aber auch die jüngeren Velociraptor (s. S. 66) und Deinonychus (s. S. 58) einschließen. Diese späteren Formen besaßen bereits das drehbare Handgelenk, das für den Flug nötig ist.

Mit seinen Federn und flügelförmigen Armen könnte Caudipteryx das Bindeglied zwischen Dinosauriern und Vögeln gewesen sein.

Archaeopteryx

Flügel- und federtragender zweibeiniger Fleischfresser

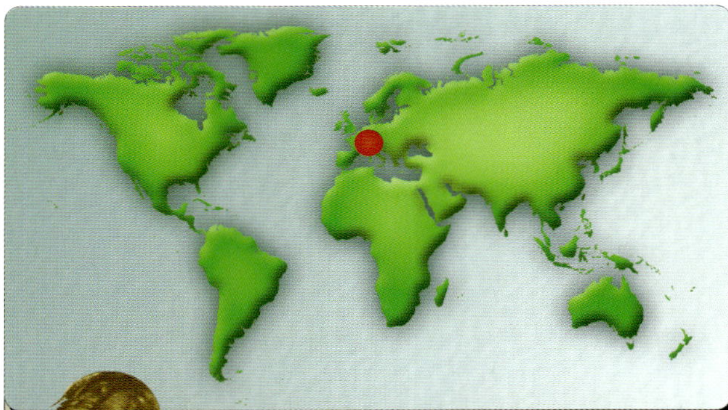

FOSSILIEN

Fossilien wurden in Bayern, Deutschland, gefunden.

Archaeopteryx bedeutet „Urfeder". Er wurde 1861 von Hermann von Meyer beschrieben. Er wird oft als „Urvogel" und als das Bindeglied zwischen Dinosauriern und Vögeln bezeichnet.

Vogelmerkmale	Dinosauriermerkmale
Gefiederte Flügel mit reduzierten Fingern	Zum Festhalten geeignete Krallen an den Flügeln
Gabelbein	Zähne
Vogelähnliches Gehirn	Langer, knöcherner Schwanz
Hohlknochen	Kiefer (kein Schnabel)
Federn an Körper und Schwanz	

Diese Tabelle zeigt die Merkmale, die Archaeopteryx mit Vögeln beziehungsweise Dinosauriern teilt.

Konnte Archaeopteryx fliegen?

Seit seiner Entdeckung streiten Wissenschaftler darüber, ob dieses Tier fliegen konnte oder nicht.

2004 wurde am National History Museum in London ein Experiment gemacht, um diese Frage zu klären. Dabei wurde das Gehirn von Archaeopteryx gescannt. Es ergab sich, dass das Hirn viel mehr dem eines heutigen Vogels glich als dem eines Dinosauriers.

Aussehen

Archaeopteryx war krähengroß und wog etwa 325 g. Er besaß kurze, breite Flügel und einen langen Hals und langen Schwanz. Die Kiefer waren mit spitzen, konischen Zähnen besetzt. Die langen Beine bestanden aus langen Schenkeln und kurzen Waden. Flügel, Körper und Schwanz waren voll befiedert. Mit seinen großen Augen konnte er hervorragend sehen. Er besaß also Federn und Flügel wie ein Vogel, aber Zähne, Skelett und Krallen wie ein Dinosaurier.

2005 wurde ein besonders gut erhaltenes Exemplar genauer untersucht. Die zweite Zehe konnte weiter ausgestreckt werden als die übrigen, ähnlich wie die „rückziehbare" Klaue von Velociraptor (s. S. 66). Die Hinterzehe zeigte nicht nach hinten, daher konnte Archaeopteryx sich damit nicht an Zweigen festhalten.

Fossil von Archaeopteryx

FAKTEN

- Wir kennen nur 10 Exemplare von Archaeopteryx und eine einzelne Feder.
- Das Gehirn von Archaeopteryx war nur so groß wie eine Kastanie. Aber im Vergleich zum Körper war es dreimal so groß wie das gleich großer Reptilien.
- Die Flügelspannweite maß 50 cm.
- Es gab Flugsaurier sowohl vor wie nach Archaeopteryx, aber sie besaßen keine Federn, sondern eine Flughaut.

Die Bereiche, die Augen und Bewegungen steuern, waren vergrößert wie beim Vogel, und auch das Innenohr (das Gleichgewichtsorgan) war vogelartig. Das Gehirn war also das eines fliegenden Tieres!

Dr. Angela Milner, die das Experiment durchführte, glaubt daher, dass Archaeopteryx fliegen konnte, wenn auch nicht sehr gut. Diese Meinung hat sich inzwischen durchgesetzt.

DATEN

Zeitalter:	Jura
Unterordnung:	Theropoda
Familie:	Archaeopterygidae
Charakteristik:	Gefiederter Fleischfresser
Merkmale:	Gefiederte Flügel
Nahrung:	Insekten, Kleintiere

Pteranodon Ingens

Geflügelter, zahnloser Flugsaurier

FLUGSAURIER

FOSSILIEN

Fossilien wurden in den USA und in England gefunden, die ersten 1876.

DATEN

Zeitalter:	Kreide
Unterordnung:	Pterodactyloidea
Familie:	Pteranodontidae
Charakteristik:	Fleischfresser
Merkmale:	Gewaltige Flügelspannweite
Nahrung:	Fische, Weichtiere, Krebse

Pteranodon lebte zur gleichen Zeit wie Tyrannosaurus rex. Er war kein echter Dinosaurier, aber mit ihnen verwandt.

Pteranodon ingens besaß eine Spannweite von 9-10 m und wog 20-25 kg.

Wahrscheinlich glich er mit seinen behaarten Flughäuten mehr einer riesigen Fledermaus als einem Vogel. Die sehr dünne, aber extrem stabile Flughaut war zwischen Körper, Beinen und Fingern ausgespannt. Diese Flugsaurier besaßen keine Federn.

Pteranodon konnte sich auf dem Boden fortbewegen, doch in der Luft glich er einem riesigen Gleiter. Er konnte mit seinen riesigen, sehr leichten Flügeln sehr weit fliegen, weil er die Thermik oberhalb der warmen Sumpfwälder zum Gleitflug benutzte.

FAKTEN

- Der große Knochenkamm auf dem Kopf diente als Steuerruder.
- Die lebhaft gefärbten Kämme der Männchen waren größer als die der Weibchen und dienten der Anlockung der Weibchen und der Balz.
- Der Unterkiefer war mehr als ein Meter lang.
- Er war ein wendiger, eleganter und schneller Flieger, der vermutlich fast 50 km/h erreichen konnte.

Nahrung

Er besaß keine Zähne, war aber ein **Fleisch fresser**. Fossilien, die man an der Küste fand, beweisen, dass Fische einen wichtigen Teil seiner Nahrung bildeten. Der schaufelförmige Schnabel war gut dazu geeignet, Fische von der Wasseroberfläche zu schnappen. Sein exzellentes Sehvermögen half ihm dabei, die Fische im Wasser zu entdecken, wenn er im Gleitflug darüber segelte.

Hesperornis

Flügelloser meeresbewohnender Dinosaurier

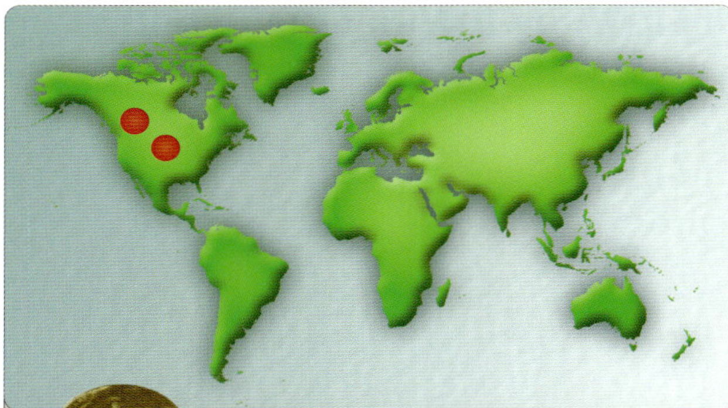

FOSSILIEN

Fossilien wurden in den USA und in Kanada gefunden, die ersten 1871.

Hesperornis bedeutet „westlicher Vogel“. Er wurde 1871 von dem **Paläontologen** Othniel C. Marsh beschrieben. Die Entdeckung von Hesperornis war sehr wichtig, denn sie füllte eine Lücke in der Fossilüberliefung der Vögel.

Hesperornis gehört zur Gruppe der Hesperornithiformes, der einzigen Gruppe wirklich meereslebender Dinosaurier während des gesamten Mesozoikum. Sie scheinen nur die nördliche Hemisphäre besiedelt zu haben und waren flügellose Schwimmvögel, die im Meer nach Fischen tauchten.

DATEN

Zeitalter:	Kreide
Unterordnung:	Odontornithes
Familie:	Hesperornithidae
Charakteristik:	zahntragender Tauchvogel
Merkmale:	Reduzierte Flügel, bezahnter Schnabel
Nahrung:	Fische, Tintenfische, Ammoniten

Aussehen

Hesperornis glich einem Vogel mit Zähnen. Er war etwa 1,5 m lang und 1 m hoch. Er besaß nur sehr kleine, wahrscheinlich ziemlich nutzlose Flügel. Die Hinterbeine befanden sich sehr weit hinten am Körper und trugen mit Schwimmhäuten versehene Füße. Der große Kopf saß auf einem langen Hals. Der lange Schnabel trug im gesamten Unterkiefer und in der hinteren Hälfte des Oberkiefers kleine, spitze Zähne.

Von einer anderen Art aus derselben Gruppe, Paraheserornis, kennen wir die Abdrücke dicker, haarähnlicher Federn. Wahrscheinlich besaß Hesperornis auch derartige Federn. Sie dienten nicht zum Fliegen, sondern wärmten das Tier im Wasser.

Hesperornis war ein kraftvoller Schwimmer und Taucher. Anders als heutige flügellose Vögel, etwa Pinguine, schwamm er nicht mit den winzigen Flügeln, sondern durch Stöße der kraftvollen, breiten Hinterfüße.

Die Flügel mögen höchstens zum Steuern unter Wasser gedient haben. Hesperornis besaß dichte, schwere Knochen, die den Auftrieb verringerten, so dass er besser tauchen konnte. Der stromlinienförmige Körper war bestens an das Schwimmen und Tauchen angepaßt.

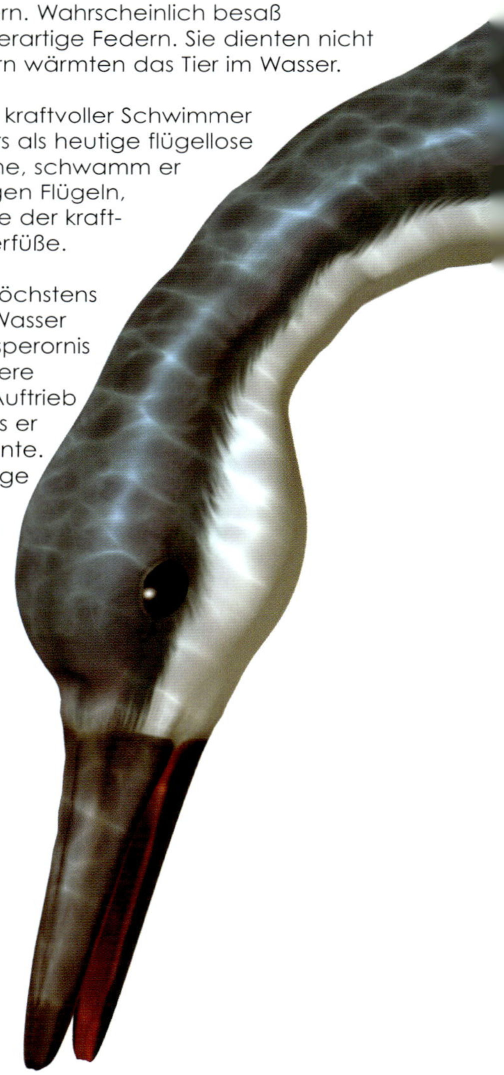

An Land war Hesperornis unbeholfen. Wegen der weit hinten ansetzenden Hinterbeine konnte er vielleicht nicht einmal richtig stehen oder watscheln. Vermutlich rutschte er an Land auf dem Bauch und stieß sich mit den Hinterfüßen ab. Er ging wohl nur zur Eiablage an Land. Zum Schutz der Eier nistete er vermutlich in Gruppen und suchte schwer zugängliche, felsige Stellen auf.

FAKTEN

- Knochen von Hesperornis fand man in den Mägen von Mosasauriern (s. S. 42).
- Hesperornis war der größte flugunfähige Schwimmvogel in der Oberkreide.
- Unfähig zu fliegen und zu laufen, war Hesperornis sowohl im Wasser wie an Land durch Fressfeinde gefährdet.

Rhamphorynchus

Fliegendes Reptil

FLUGSAURIER

FOSSILIEN

Fossilien beider Sauriergruppen wurden in England, Deutschland und Portu-gal gefunden. Die am besten erhaltenen stammen aus Bayern in Süddeutschland und zeigen Abdrücke von Weichteilen, zum Beispiel von Flügeln und Schwanz.

Rhamphorhynchus war ein Flugsaurier, der im Oberjura lebte. Er hatte eine Spannweite von bis zu 1,75 m. Die Flügel waren häutig und spannten sich zwischen einem verlängerten Finger der Hand und dem Knie der Hinterbeine aus.

Rhamphorhynchus besaß einen langen, schmalen Schwanz, der am Ende einen rhombischen Hautlappen trug. Er diente dazu, die Balance zu halten.

Die langen, schmalen Kiefer von Rhamphorhynchus waren mit unglaublich spitzen Zähnen besetzt, wahrscheinlich, um damit Fische zu fangen. Man nimmt an, dass Rhamphorhynchus den Schnabel durchs Wasser zog, in der Hoffnung, auf Beute zu stoßen, die dann von den nadelspitzen Zähnen gepackt wurde. Er jagte höchstwahrscheinlich nicht an Land, weil die kleinen Hinter-beine kaum zum Laufen geeignet waren.

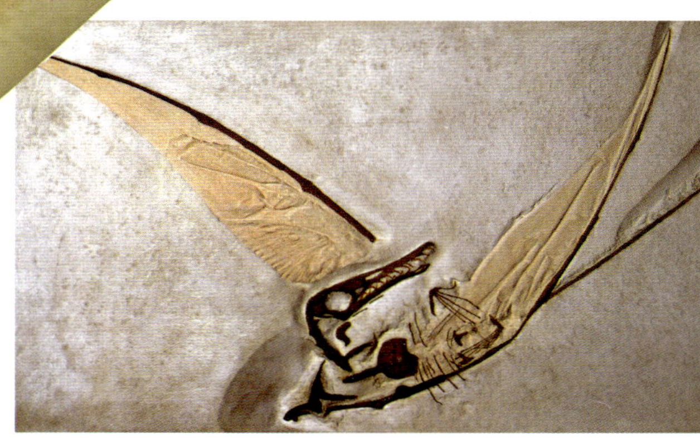

DATEN

Zeitalter:	Jura
Unterordnung:	Rhamphorhynchoidea
Familie:	Rhamphorhynchidae
Charakteristik:	Fliegendes Reptil
Merkmale:	Vogelähnl. Fleischfresser
Nahrung:	Fische, Weichtiere, Insekten

Pterosauria

Die Flugsaurier

DATEN

Zeitalter:	Trias - Jura
Unterordnung:	Pterodactyloidea
Familie:	Pterosauridae
Charakteristik:	Fliegende Reptilien
Merkmale:	Vogelähnl. Fleischfresser
Nahrung:	Fische, Weichtiere, Insekten

Pterosaurier waren fliegende Reptilien, die es von der Obertrias bis zur Oberkreide gab, also vor 228-65 Mio. Jahren. Flugsaurier waren die ersten Wirbeltiere, die fliegen konnten. Von den ersten Fossilien dachte man, sie gehörten wasserlebenden Reptilien. Doch Georges Cuvier stellte Anfang des 19. Jahrhunderts fest, dass es sich um fliegende Tiere handelte.

FAKTAEN

- Die Knochen der Flugsaurier waren hohl wie die der Vögel.
- Flugsaurier besaßen ein großes Gehirn und sahen sehr gut.
- Manche Flugsaurier waren mit besonders faserigen Haaren bedeckt.
- Vielleicht hat die Konkurrenz mit frühen Vögeln zum Aussterben der Flugsaurier beigetragen.

Die Flügel der Flugsaurier bestanden aus einer festen, lederartigen Haut, die zwischen den Flanken, dem vierten Finger und der oberen Hälfte der Beine ausgespannt war.

Es existierten viele verschiede Typen von Flugsauriern mit unterschiedlichen Flughäuten. Manche Arten schlugen vielleicht mit den Flügeln und konnten aktiv fliegen. Andere waren nur Gleitflieger, die warme Aufwinde zum Fliegen brauchten.

Nur wenige Flugsaurier besaßen Schwimmhäute an den Zehen. Ob sie die wirklich zum Schwimmen oder nicht nur zum Gleiten benutzten, ist fraglich.

Beim großen Aussterben der Dinosaurier am Ende der Kreidezeit starben auch alle Flugsaurier aus.

Quetzalcoatlus

Federschlangenflugsaurier

FOSSILIEN

Fossilien von Quetzalcoatlus wurden in Texas, gefunden. Fossilien von Tropeognathus wurden in Gesteinen der Santana-Formation in Nordostbrasilien gefunden und konnten sehr präzise auf 115 Mio. Jahre datiert werden.

Er lebte zur gleichen Zeit wie Tyrannosaurus rex (s. S. 54) und Triceratops (s. S. 136), und es muss ein eindrucksvoller Anblick gewesen sein, ihn auf der Nahrungssuche über Sumpfgebiete der südlichen USA segeln zu sehen. Er war viermal so groß wie die größten heutigen aasfressenden Vögel, der Kondor und die Geier.

Der Hals war 3 m lang und der lange, zahnlose Schnabel erreichte 2 m Länge. Der Kopf trug einen Knochenkamm. Die drei Finger der Hand waren mit scharfen Krallen bewehrt, und die Füße waren länger als ein Männerbein.

Quetzalcoatlus wurde 1975 nach dem gefiederten Schlangengott der Azteken benannt, obgleich er selbst wohl keine Federn besaß, sondern einen feinen Pelz wie die Fledermäuse.

Wie bei den Vögeln und den anderen Flugsauriern waren auch seine Knochen hohl, um Gewicht zu sparen – sehr wichtig bei seiner enormen Größe. Er nutzte die warmen Aufwinde zum Segeln und ernährte sich wohl von Fischen und ans Ufer gespültem Aas.

Mit einer Spannweite von 12 m oder mehr war er eines der größten jemals existierenden fliegenden Tiere. Er wog vielleicht 70 kg, etwa so viel wie ein Mensch.

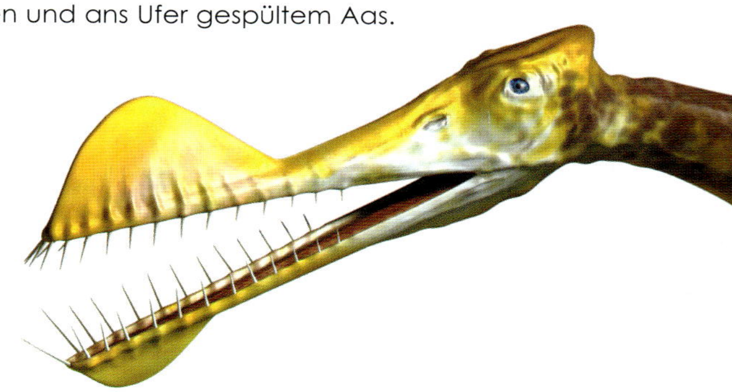

Tropeognathus

Kielkieferflugsaurier

DATEN

Zeitalter:	Kreide
Unterordnung:	Pterosauria
Charakteristik:	Fliegende Reptilien
Merkmale:	Fischfressender Flugsaurier

Mit einer Spannweite von 6 m war auch Tropeognathus ein großer Flugsaurier.

Mit 12-14 kg Gewicht war er aber viel leichter als Quetzalcoatlus und besser imstande, Fische und Tintenfische von der Wasseroberfläche zu fischen. Er durchpflügte dabei wohl mit dem Schnabel das Wasser wie ein Flamingo.

Beim Fischen halfen ihm die langen, spitzen Zähne, 26 im Oberkiefer und 22 im Unterkiefer.

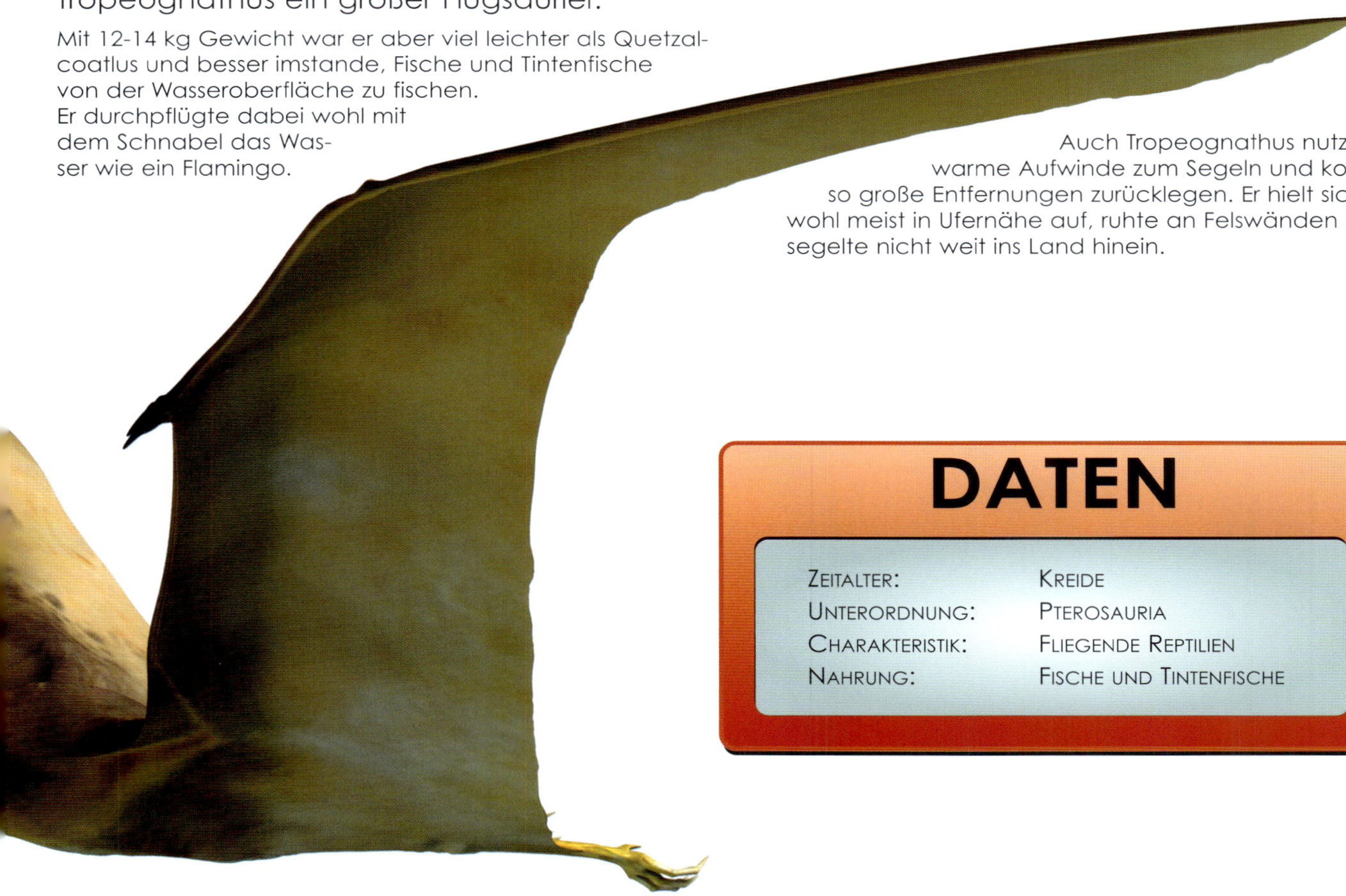

Auch Tropeognathus nutzte warme Aufwinde zum Segeln und konnte so große Entfernungen zurücklegen. Er hielt sich wohl meist in Ufernähe auf, ruhte an Felswänden und segelte nicht weit ins Land hinein.

DATEN

Zeitalter:	Kreide
Unterordnung:	Pterosauria
Charakteristik:	Fliegende Reptilien
Nahrung:	Fische und Tintenfische

Neu entdeckte Dinosaurier

Ständig werden neue Dinosaurier entdeckt. Hier werden die interessantesten der in den letzten Jahren neu entdeckten Dinosaurier vorgestellt.

Dilong paradoxus („paradoxer Kaiserdrachen")

Entdeckt: 2004 in der Provinz Liaoning, China
Beschrieben: 2004
Zeitalter: Unterkreide
Dieser winzige Verwandte des Tyrannosaurus rex (s. S. 54) war mit primitiven haarähnlichen Federn bedeckt, die wohl als Wärmeisolierung dienten. Er war 1,6 m lang und wog etwa 11 kg. Forscher hoffen, dass die weitere Untersuchung ihnen Aufschlüsse über die Evolution der Tyrannosaurier geben wird. Die Entdeckung eines Tyrannosauriers mit Federn ist besonders aufregend, weil es diese Dinosaurierfamilie ist, aus der die Vögel entstanden sind.

Europasaurus holgeri („Holgers Saurier aus Europa")

Entdeckt: 1998 in Norddeutschland
Beschrieben: 2006
Zeitalter: Jura

Dieser Dinosaurier wurde 2006 beschrieben. Er gehört zu den **Sauropoden** und wurde etwa pferdegroß, während viele seiner Verwandten groß wie ein Autobus waren. Es scheint, dass er auf einer Insel lebte, die zu klein war, um große Dinosaurier ernähren zu können. Daher wurde Europasaurus immer kleiner, damit er in dem kleinen Gebiet mit seinen beschränkten Ressourcen überleben konnte.

Microraptor („Kleiner Dieb")

Entdeckt: 1999 in China
Beschrieben: 2000
Zeitalter: Kreide

Dieser zweibeinige Raubsaurier war nur 70 cm lang und wog 1-2 kg. Seine Füße waren zum Klettern geeignet, und er lebte wahrscheinlich auf Bäumen. Er trug ein dichtes Federkleid und besaß regelrechte Flügel. Das war wohl der vogelähnlichste Dinosaurier, den wir kennen.

Abdruck von Microraptor

Yinlong („Verborgener Drache")

Entdeckt: 2004 in der Provinz Xinjiang, China
Beschrieben: 2006
Zeitalter: Oberjura

Dieser kleine Pflanzenfresser (1,2 m lang) ist der früheste **Ceratopside**, den wir kennen, ein früher Verwandter von Triceratops (s. S. 136). Er war noch klein genug, um auf den Hinterbeinen laufen zu können. Sein Name kommt von dem Filmtitel *Crouching Tiger, Hidden Dragon*, der in der Nähe der Fundstelle gedreht wurde.

Sauroposeidon („Saurier des Erdbebengottes“)

Entdeckt: 1994 in Oklahoma, USA
Beschrieben: 1999
Zeitalter: Untere bis mittlere Kreide

Dieser riesige Pflanzenfresser besaß den längsten Hals aller Dinosaurier. Er wog etwa 60 Tonnen und war 18 m hoch. Er hätte in ein Fenster im sechsten Stock eines Hauses hineinsehen können!

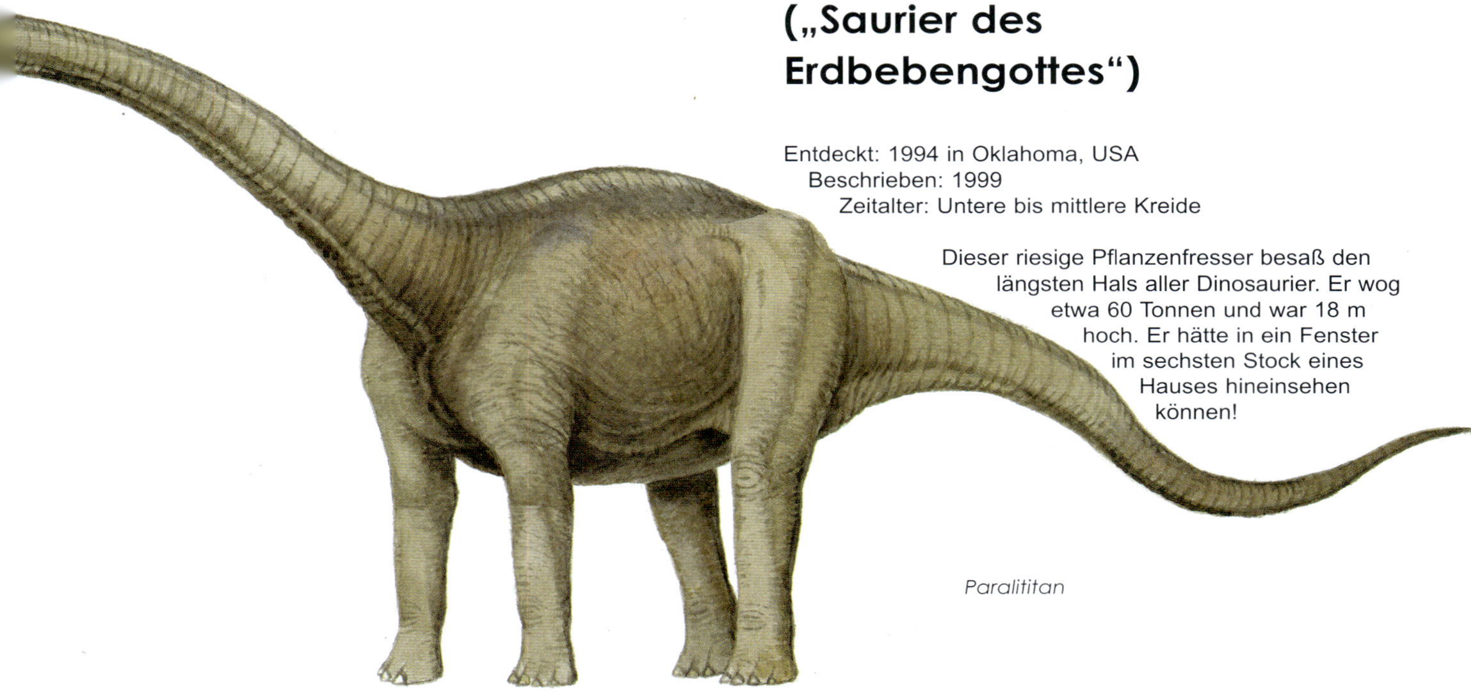

Paralititan

Paralititan („Sumpftitan“)

Entdeckt: 2004 in Ägypten
Beschrieben: 2001
Zeitalter: Kreide

Dieser riesige Pflanzenfresser wog 50 Tonnen und wurde 27 m lang und 9 m hoch. Vermutlich lebte er in Mangrovensümpfen.

Mapusaurus roseae („Erdsaurier aus dem rosa Gestein“

Entdeckt: 1997 in Patagonien, Argentinien (Südamerika)
Beschrieben: 2006
Zeitalter: Oberkreide

Mit mehr als 12 m Länge war dieser riesige Raubdinosaurier größer als Tyrannosaurus rex. Er wog mehr als 8 Tonnen.

Er glich dem Tyrannosaurus rex sehr, aber der Schädel war länger und schmaler. Forscher glauben, dass er in Rudeln jagte und sogar den Argentinosaurus (s. S. 96) überwältigen konnte.

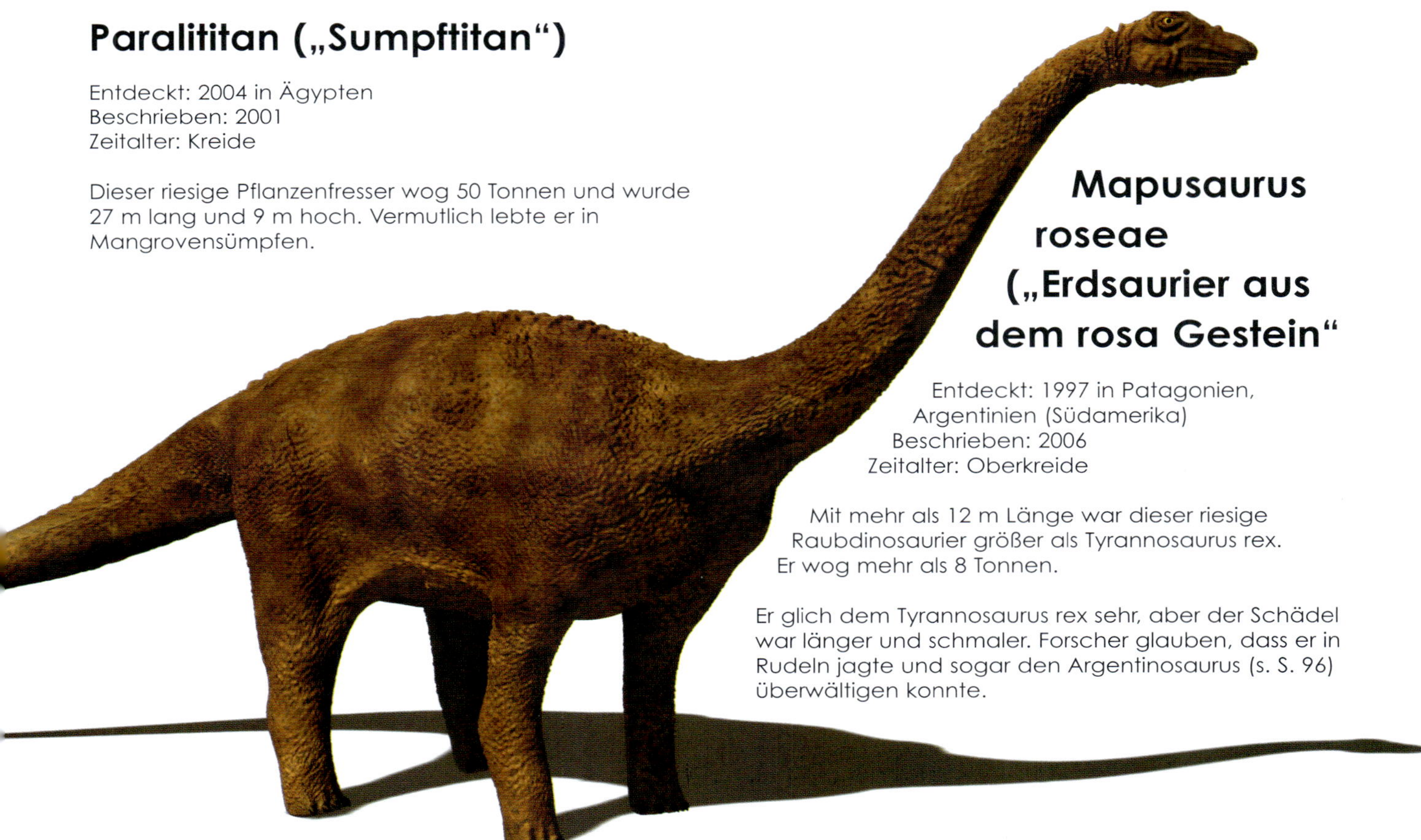

Der langhalsige Argentinosaurus war wahrscheinlich ein Vetter von Sauroposeidon.

Die Jagd Nach Fossilien

Alles, was wir über Dinosaurier wissen, stammt von den Fossilien. Meist sind es Knochen, aber man kann auch Fußspuren, Eier und gelegentlich Hautreste oder Kot finden.

Eine Fundstelle kann zufällig entdeckt werden, wenn man beispielsweise an dieser Stelle mit anderen Arbeiten beschäftigt ist – oder geplant, mit der Absicht, dort nach Fossilien zu suchen.

Dinosaurier haben alle Kontinente bewohnt. Allerdings lagen zu ihrer Zeit die Kontinente an anderen Stellen als heute. Auch das Klima war anders. Die meisten Fossilien stammen von Meerestieren aus flachen, küstennahen Gewässern, wo ihre Kadaver leicht von Schlick oder Schlamm begraben werden konnten. Weil alle Dinosaurier Landtiere waren, gibt es relativ wenige Fossilien, denn ihre Körper wurden meist von Aasfressern verzehrt oder durch Wind zerstreut. Nur wenn sie schnell überdeckt wurden, konnten Fossilien entstehen. Manchmal wurden die Kadaver auch vom Wasser eines Flusses in einen See geschwemmt und dort fossilisiert.

Die ersten Fossilien

Die ersten wissenschaftlich untersuchten Dinosaurierfossilien stammen aus England. Länder, in denen besonders viele Dinosaurierfossilien gefunden wurden, sind die USA, Kanada, China, die Mongolei, Argentinien und Tansania. Allerdings wurden bisher nicht alle Länder der Welt gleich gut untersucht.

Ausgrabungen und Präparation

Paläontologen benutzen bei ihren Ausgrabungen Techniken, um die Fossilien möglichst unbeschädigt zu bergen. Es soll so viel Information wie möglich erhalten bleiben, und die Fossilien sollen auf dem Transport ins Labor möglichst wenig beschädigt werden. Dort werden sie aus dem Gestein herauspräpariert, wissenschaftlich untersucht und schließlich für das Publikum ausgestellt.

Wenn die Knochen grob aus dem Gestein ausgegraben sind, wird der Gesteinsblock aus dem umgebenden Gestein herausgeschlagen, dann mit in Gips getränktem Papier oder Stoff umhüllt, der nach dem Erhärten des Gipses als ganzer Block abtransportiert werden kann, ohne dass dem Fossil darin etwas geschehen kann.

Die wissenschaftliche Bearbeitung beginnt schon an der Fundstelle mit der genauen Beschreibung der Lage der Fossilien und der Gesteinsschicht, in der sie gefunden wurden.

Im Labor wird das umgebende Gestein mit kleinen Meißeln oder mit Hilfe von Säuren abgetragen. Nach der Präparation wird jeder Knochen beschrieben, gemessen und analysiert, um die Artzugehörigkeit festzustellen oder herauszufinden, ob das Fossil zu einer neuen Art gehört.

Warum starben die Dinosaurier aus?

Die Dinosaurier überdauerten 150 Mio. Jahre und waren die erfolgreichste Tiergruppe überhaupt.

Sie starben alle vor 65 Mio. Jahren aus, ebenso die Flugsaurier und die meisten Meeresreptilien. Siebzig Prozent aller Tierarten auf der Erde starben damals aus. Dieses Ereignis wird als **KT-Aussterben** bezeichnet.

Die meisten Wissenschaftler sehen dafür zwei Ursachen:

- der Einschlag eines Meteoriten (Dies ist die Impakttheorie)
- gewaltige Vulkanausbrüche

Die Impakttheorie

Der Einschlag des Meteoriten vernichtete alles im Umkreis von 400-500 km. Außerdem wirbelte er riesige Mengen Staub auf, der die Sonne verdunkelte, verursachte gigantische Waldbrände, Stürme und Tsunamis.

Der Einschlag löste auch eine Kettenreaktion von Erdbeben und Vulkanausbrüchen aus.

Meteorit

Das Klima auf der gesamten Erde ver-änderte sich. Die Feuer, Stürme und Tsunamis vernichteten sehr viele Tiere unmittelbar.

Die Feuer zerstörten aber auch einen großen Teil der Pflanzenwelt. Nach dem Einschlag war die Erde von Staubwolken umgeben, die das Sonnenlicht ein halbes Jahr lang verdunkelten. Es wurde sehr kalt, staubig und dunkel, und die Tiere hatten Mühe zu atmen. Aber auch die Pflanzen gingen ohne Sonnenlicht ein. Erst verhungerten die **Pflanzenfresser** und dann die **Fleischfresser**.

Der Einschlag löste selbst in vordem sicheren Gebieten gewaltige Erdbeben aus, und tiefe Spalten entstanden überall.

Zur gleichen Zeit wie der Meteoriten-einschlag brachen überall auf der Erde Vulkane aus – aus ihnen strömte dünnflüssige Lava, die alles ringsumher verbrannte. Große, von Dinosauriern

Pflanzenfressender Sauropode

bewohnte Landstriche verschwanden unter Decken aus geschmolzenem Gestein. Auch die Vulkane stießen Staub und dazu noch giftige Gase in die Atmosphäre, die zum Teil als saurer Regen auf die Erdoberfläche zurückfielen.

Auch unter Wasser brachen Vulkane aus und trieben Tiefenwasser bis an die Oberfläche. Dieses Wasser war sauerstoffarm und tötete den größten Teil des Oberflächen-planktons. Die Meeressaurier starben, weil manche sich von Plankton ernährten, andere von Planktonfressern.

Andere Theorien

Es gibt aber auch noch einige andere Theorien:

- Das Klima kühlte sich ab. Die Dinosaurier konnten sich daran nicht anpassen.
- Sinkender Wasserspiegel der Meere verkleinerte die Lebensbereiche der Meeres-Flachwassertiere.
- Als die Ozeane zurückwichen, entstanden Land-brücken, über die Dinosaurier in andere Gebie-te einwanderten. Dabei kamen sie in Kontakt mit anderen Dinosauriern und brachten ihnen Krankheiten, gegen die diese nicht immun waren.
- Die riesigen Pflanzenfresser dezimierten den Pflanzenwuchs und verhungerten. Als Folge fanden auch die Fleischfresser keine Nahrung mehr und verhungerten ebenfalls.
- Schlangen, Eidechsen, Vögel und andere Kleintiere überlebten. Doch es ist ein Rätsel, weshalb manche Tiere diese Aussterbewelle überlebten und andere nicht.

Archaeoceratops

Vulkanausbruch

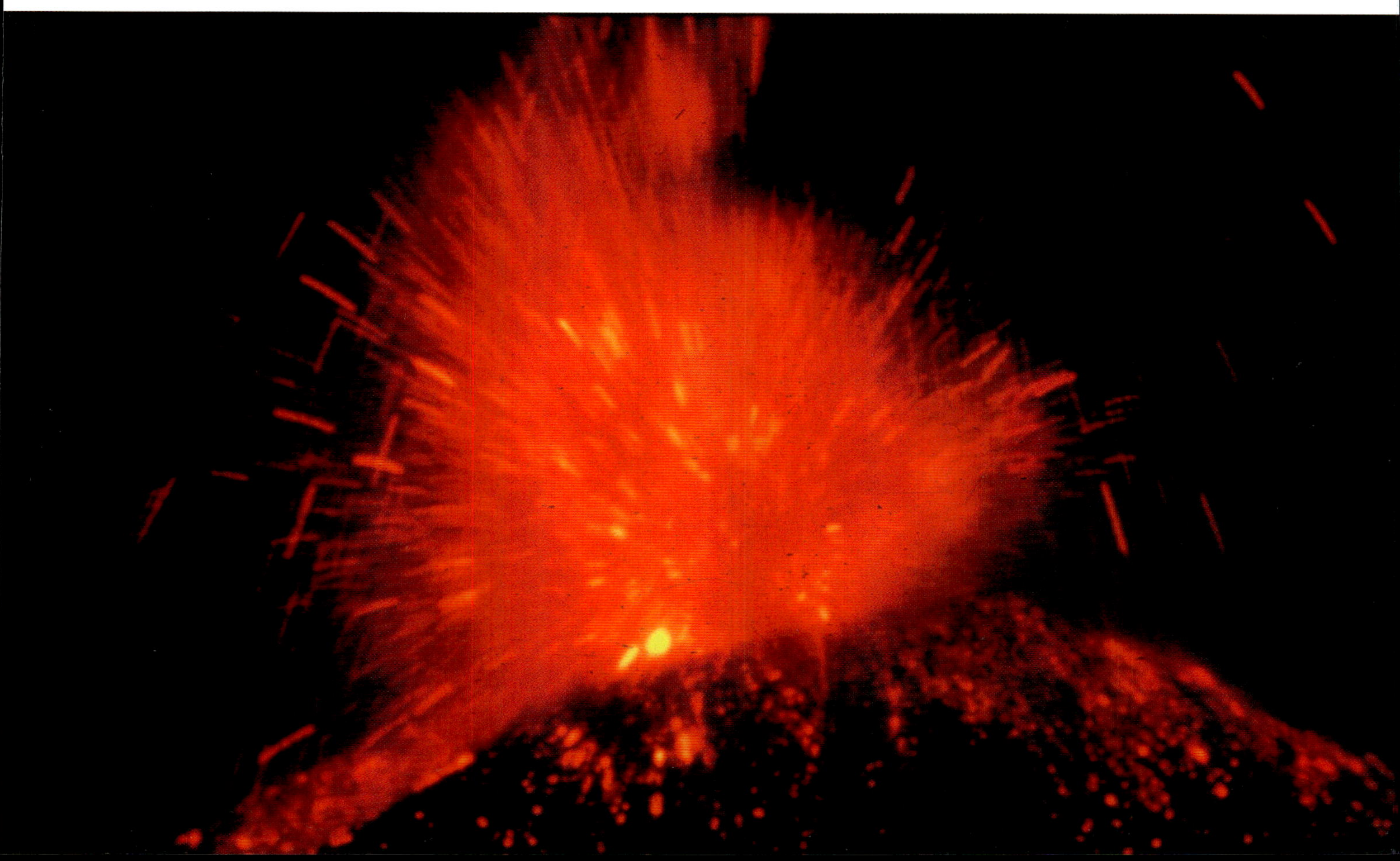

Die Synapsid

Synapsida sind Tiere, die nur eine einzige Öffnung jederseits am Schädel aufweisen. Im Perm (vor 300-248 Mio. Jahren) gab es zwei Typen von Wirbeltieren – Synapsida, die ältesten Vorfahren der Säugetiere, und Sauropsida.

Die Klasse Sauropsida umfasst alle Reptilien (auch die Dinosaurier) und gemäß ihrer Abstammung auch die Vögel. Zur Klasse Synapsida gehören die Pelycosauria (etwa Dimetrodon, s. S. 16), die Therapsida (die Vorfahren der Säugetiere) und die Säugetiere. Die Säugetiere sind die einzigen überlebenden Synapsida und zugleich heute die dominante Wirbeltiergruppe auf der Erde, die auch eines der größten Tiere überhaupt stellen – den Blauwal.

Pelycosaurier

Der früheste bekannte Synapside ist Archaeothyris. Er lebte im Karbon (vor 350-300 Mio. Jahren) und gehörte zu der ältesten Gruppe der Synapsida, den sehr erfolgreichen Pelycosauria. Sie wurden im Oberkarbon und im Perm zur dominanten Gruppe von Landtieren.

Sie waren kaltblütige Tiere und besaßen ein kleines Gehirn.

Therapsida

Die Therapsida waren eine modernere Gruppe der Synapsida, die im Unter-perm entstanden und im Oberperm und in der Trias zur dominanten Tiergruppe wurden. Sie enthiel-ten **Fleischfresser** und **Pflanzenfresser** und erreichten Größen von rattengroßen Lebewesen bis zu mächtigen, eine Tonne schweren Pflanzen-fressern.

Das Große Aussterben

Die Therapsida blieben Millionen von Jahren lang dominant, bis eine Reihe gigantischer Vulkanausbrüche am Ende des Perm 70 % aller Arten von Landtieren und 90 % der Meerestiere auslöschte. Das war das größte Aussterbeereignis in der gesamten Erdgeschichte. Obwohl die meisten ausgestorben waren, überlebten einige Therapsida bis in die Trias. Alle Pelycosauria starben jedoch aus.

Die überlebenden Therapsida spalteten sich in drei Gruppen auf: schnabeltragende Pflanzenfresser, die Dicynodonten, von denen viele ein Paar hauerartige Zähne besaßen (wie Lystrosaurus!); die Cynodonten (s. S. 210); und die Therocephalia, die die Untertrias nicht überlebten.

Synapsida contra Sauropsida

Von der Untertrias an hatten die Synapsida sich mit den Sauropsida zu messen, darunter die frühesten Archosauria. Einige waren klein und leicht gebaut, andere aber bereits so groß wie oder größer als die größ-ten Therapsida. Die meisten dieser frühen Sauropsiden waren Fleisch-resser, deren reptilischer Stoff-wechsel gut an das trockene Monsunklima auf der einzigen existierenden großen Landmasse Pangäa angepasst war. Das gab ihnen einen Vorteil gegenüber den Synapsida. Hatten die Synapsida also während des Perm dominiert, so waren nun die Sauropsida die herrschende Tiergruppe.

Dimetrodon

Die Cynodontia

Cynodontia bedeutet „Hundezahn" und bezeichnet die direkten Vorfahren der Säugetiere. Sie lebten von der Trias bis zum Unterjura mit den Archosauria (den Vorfahren der Dinosaurier) zusammen.

Zähne und Kiefer

Die Zähne der Cynodontia besaßen mehrere Höcker anstatt eines einzigen. Damit konnten sie viel unterschiedlichere Nahrung zu sich nehmen. Bei geschlossenem Maul berühren sich die Zähne im Ober- und Unterkiefer großflächig und konnten dadurch die Nahrung effektiver kauen.

Zugleich mit der abweichenden Zahnstruktur war das Kiefergelenk aus weniger Knochen zusammengesetzt als das der älteren Synapsida. Die „eingesparten" Knochen wurden später Teile des Innenohres der Säugetiere. Das bessere Gehör verlieh ihnen bessere Kenntnis ihrer Umwelt – ein großer Vorteil –, die zusätzliche Information musste aber verarbeitet werden, und dafür brauchten sie ein größeres Gehirn.

Evolution

Die Cynodontia entwickelten auch einen sekundären Gaumen am Munddach. Dadurch wurde die Luft erst hinten im Rachen zu den Lungen geleitet, und die Cynodontia konnten daher zu gleicher Zeit kauen und atmen. Solch einen Gaumen besitzen auch heute noch alle Säugetiere außer erwachsenen Menschen.

Anders als die großen Dicynodontia wurden die Cynodontia nach und nach kleiner und säugerähnlicher. Die größten Cynodontia waren nur so groß wie ein Wolf und damit viel kleiner als ihre Zeitgenossen, die Archosaurier.

Ob infolge von Veränderungen des Klimas, der Vegetation, von Konkurrenz seitens anderer Tiere oder einer Kombination verschiedener Faktoren – die meisten größeren Cynodontia und Dicynodontia starben vor Beginn des Jura aus. Ihr Platz wurden von den Dinosauriern eingenommen, den Nachfahren der Archosauria. Die überlebenden Cynodontia waren klein und entwickelten sich zu den ältesten echten Säugetieren.

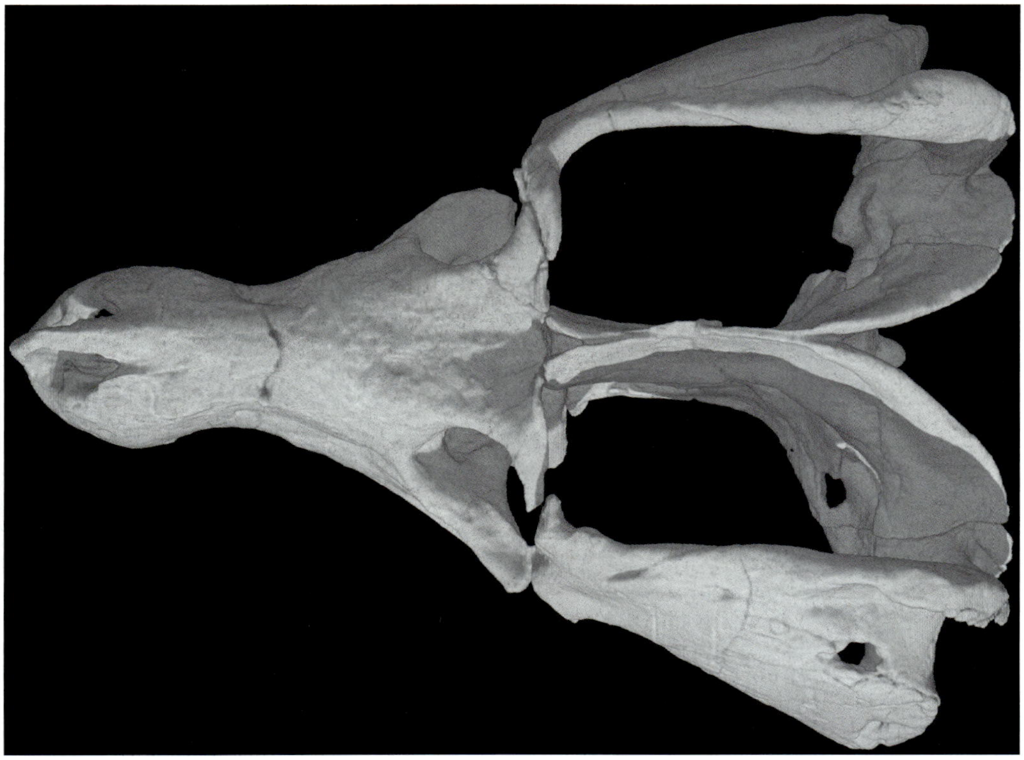

Schädel eimes Cynodontiers

Cynognathus

Dieser wolfgroße Cynodontier lebte in der mittleren Trias, vor 245-230 Mio. Jahren. Er war ein schneller, vierbeiniger Räuber und besaß kräftige, mit verschiedenartigen Zähnen besetzte Kiefer – spitze Vorderzähne, lange Eckzähne und scharfe Backenzähne. Er jagte in Rudeln, vermutlich pflanzenfressende Therapsida wie Kannemeyeria.

Cynognathus war etwa 1,5 m lang, vielleicht auch schon warmblütig und behaart – aber das wissen wir nicht, weil Weichteile wie Haare fossil nicht erhaltungsfähig sind.

Sein Name bedeutete „Hundekiefer" und wurde 1876 von H. F. Seeley geprägt. Fossilien kennen wir aus Südafrika und Argentinien.

Schädel von Cynognathus crateronotus

Die frühesten Säugetiere

Die ältesten echten Säugetiere entstanden gemeinsam mit den Archosauriern in der Trias, nach der großen Aussterbewelle am Ende des Perm.

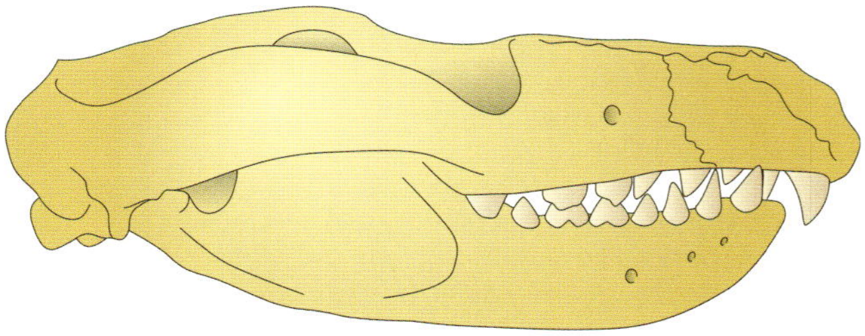

Die Säugetiere stammen von den Cynodontia (s. S. 210) ab. Wie die anderen Synapsida besitzen sie nur eine einzige Schädelöffnung, dort, wo die Kiefermuskeln ansetzen. Im Unterschied zu den anderen Synapsida besitzen die Weibchen aber Milchdrüsen, mit deren Sekret, der Milch, die Jungen ernährt werden. Das ist das wichtigste Merkmal der Säugetiere.

Ein weiteres, nur den Säugetieren eigenes Merkmal ist der Neocortex, der Teil des Gehirns, in dem die Sinne, Bewegungen und beim Menschen auch Sprache und Denken gesteuert werden.

Für das erste Säugetier wird allgemein Megazostrodon gehalten, ein winziger Vierfüßer mit langem Schwanz und einer langen Schnauze. Dieses Tierchen war nur 10 cm lang und wog 200 g, es jagte wohl Insekten. Ein vollständiges Skelett wurde in Lesotho in Südafrika entdeckt.

Die meisten frühen Säugetiere waren kleine, spitzmausähn-liche Nachttiere, die hauptsächlich Insekten fraßen. Erst im Jahr 2000 wurde in China ein 1 m langes Fossil von Repenomamus ausgegraben.

Ein Säugerfossil aus China hatte die Reste eines jungen Psittacosaurus (s. S. 152) im Magen, was beweist, dass größere Säugetiere selbst Dinosaurier jagten. Diese Fund veränderte schlagartig unsere Ansichten über das Zusammenleben der frühen Säugetiere und Dinosaurier.

Trotzdem standen selbst die größeren Säugetiere so lange im Schatten der Dinosaurier, bis diese ausstarben.

Fossil von Megazostrodon

MONOTREMATA (KLOAKENTIERE)

Während sie das große Aussterben am Ende des Dinosaurierzeitalters noch überlebten, starben die Multituberculata vor etwa 34 Mio. Jahren aus (etwa 30 Mio. Jahre nach den Dinosauriern).

Die Monotremen („eine Öffnung") unterscheiden sich in verschiedenen Merkmalen von anderen Säugetieren. Ihre Genital-, Harn- und Analgänge öffnen sich alle in einen einzigen Gang (die Kloake), daher ihr Name. Außerdem legen sie noch Eier, anstatt lebende Junge zu gebären; und obgleich sie Milchdrüsen besitzen, haben sie keine Zitzen – die Milch wird in ein Milchfeld auf der Bauchseite abgegeben.

Früher existierten verschiedene Monotremata, aber nur zwei haben überlebt – das Schnabeltier und der Ameisenigel. Beide Familien leben heutzutage nur noch in Australien und Neuguinea, doch wurde 1991 in Argentinien ein fossiler Zahn eines Kloakentieres entdeckt.

MULTITUBERCULATA

Diese Unterklasse der Säugetiere trat im mittleren Jura in Erscheinung. Es waren kleine, nagerartige Tiere mit Zähnen, die viele in Reihen angeordnete Spitzen trugen, daher der Name Multituberculata, was „viele Spitzen" bedeutet.

Fledermäuse sind die einzigen Säugetiere, die nicht nur gleiten, sondern aktiv fliegen können.

Die Beuteltiere

Heute existieren rund 330 Arten der Beuteltiere. Das bekannteste ist sicher das Känguru.

Das bisher älteste Fossil eines Beuteltieres wurde 2003 in China gefunden und gehört der Art Sinodephys szalayi an. Es war etwa so groß wie ein Hörnchen (15 cm lang und 30 g schwer). Wahrscheinlich verbrachte es die meiste Zeit in Bäumen und jagte dort nach Würmern, Maden und Insekten. Seine Fähigkeit zu klettern war sicher von Vorteil, um Feinden zu entkommen.

Das größte jemals existierende Beuteltier war Diprotodon, der 1,7 m hoch, 3 m lang und bis 2,5 Tonnen schwer wurde. Er war ein pflanzenfressender Vierbeiner. Die starken Krallen an den Vorderbeinen mögen zum Graben nach Wurzeln gedient haben. Wir kennen mehrere Fußspuren, die Ein-drücke von Haaren zeigen; so wissen wir, dass Diprotodon einen Pelz trug. Er lebte vor 1,6 Mio. bis 40 000 Jahren und hat noch die Einwanderung der ersten Menschen nach Australien erlebt, denn manche Knochen zeigen Kerben von Werkzeugen, die wohl von frühen Aborigines stammen. Wahrscheinlich beruht der Bunyip, ein Tier in der Mythologie der Aborigines, auf dem Diprotodon.

Thylacoleo carnifex

Thylacoleo carnifex, der „Beutellöwe“, existierte vor 2,4 Mio. bis 50 000 Jahren. Auch er war ein Vierbeiner, etwa 1,5 m lang und bis zu 200 kg schwer. Seine Vorderbeine waren extrem kräftig und die Krallen rückziehbar. Manche Forscher vermuten, dass er klettern konnte, vielleicht um seine Beute in Sicherheit zu bringen.

Kiefer und Zähne des Beutellöwen waren sehr eigenartig. Er besaß sehr große Schneidezähne, und Kalkulationen ergaben, dass er den kräftigsten Biss aller lebenden und ausgestorbenen Säugetiere hatte. Der Biss eines 100 kg schweren Beutellöwen wäre kräftiger gewesen als der eines 250 kg schweren Löwen.

Dieses eindrucksvolle Tier gleicht dem „dropbear“ in der Mythologie der Aborigines – ein Tier, das auf Bäumen lauert und sich auf den arglosen Wanderer fallen lässt!

Fossil von Sinodelphys szalayi

Der Beutelwolf

Das zuletzt ausgestorbene Raubtier unter den Beuteltieren ist der Beutelwolf (Thylacinus) oder „Tasmanische Tiger“. Er war etwa wolfsgroß und gestreift wie ein Tiger. Er jagte aber allein und konnte den Rachen weiter öffnen als alle anderen Säugetiere.

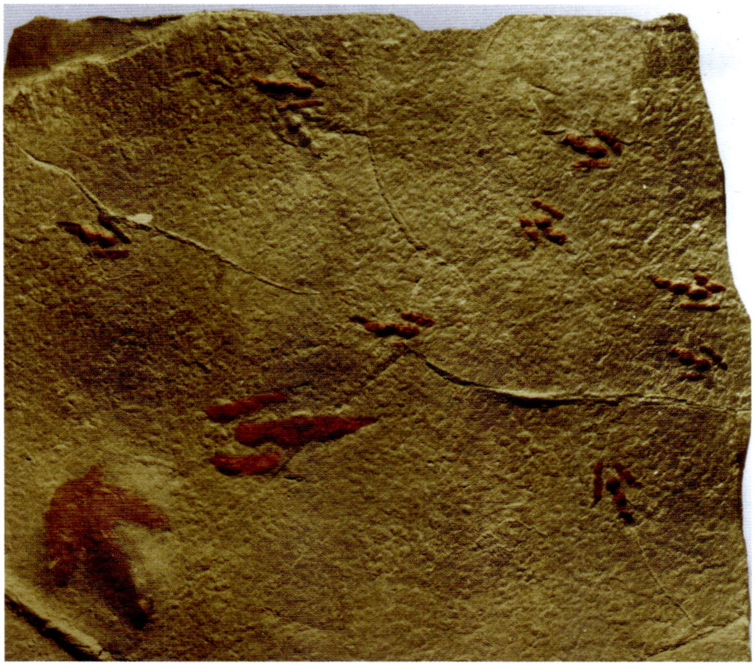

Dinosaurierfährten

Noch im 19. Jahrhundert war der Beutelwolf in Tasmanien verbreitet, aber dann wurde er stark dezimiert und gilt heute als ausgerottet. Der letzte bekannte Beutelwolf starb 1936 in Gefangenschaft. Allerdings überlegen Wissenschaftler, ob man ihn aus vorhandenen Resten klonen könnte.

Plazentatiere

Heute bilden die Plazentatiere die dominante Unterklasse der Säugetiere. Wir kennen fast 4000 Arten – zum Beispiel Mäuse, Katzen, Hunde, Wale, Delfine und Menschen. Ihr Name bezieht sich auf die Plazenta, ein Organ der Weibchen, das die Verbindung zwischen Muttertier und Fötus bildet und ihn vor dem mütterlichen Immunsystem schützt.

Eomaia scansoria

Das erste Plazentatier ist wohl Eomaia scansoria, das im Jahr 2000 in Yixin in China entdeckt wurde und etwa 125 Mio. Jahre alt ist und somit aus der Unterkreide stammt, als die Dinosaurier die Erde beherrschten.

Wie die meisten frühen Säugetiere war es ein nagerartiges Tier, etwa 10 cm lang und 20-25 g schwer. An dem Fossil sind noch die winzigen Fußknochen und sogar Reste des Haarkleides erkennbar!

Es wird noch diskutiert, ob Eomaia tatsächlich bereits ein echtes Säugetier war oder nicht zu den unmittelbaren Vorfahren gehörte.

Wale

Dasgrößte plazentale Säugetier aller Zeiten ist der Blau wal. Das größte gemessene Exemplar war 33,5 m lang und wog 190 Tonnen. Der Blauwal ist auch das absolut lauteste Tier – seine Rufe sind unter Wasser Hunderte von Kilometern weit hörbar und erreichen 188 Dezibel – das ist lauter als ein Düsenflugzeug. Wale sind die einzigen meeresbewohnenden Säugetiere und eine von zwei Gruppen, die ihr ganzes Leben im Wasser verbringen (die anderen sind die Seekühe).

Zwei Fossilien von Eomaia scansoria

Delfin

Fossilien beweisen, dass die Wale von Huftieren abstammen, die sich wieder ans Leben im Meer angepasst haben. Das älteste Walfossil, das wir kennen, Himalayecetus subathuensis, ist 53,5 Mio. Jahre alt und wurde in Indien am Fuß des Himalaya gefunden, in einem Gebiet, das damals ein Meer war. Dieser urtümliche Wal war 3 m lang und besaß noch funktionstüchtige Beine – vielleicht ging er noch an Land.

Andrewsarchus

Das größte Landraubtier war wohl Andrews-archus. Dieser massige, wolfsähnliche Räuber lebte vor 60-32 Mio. Jahren. Er war 4-5 m lang und wog 2 Tonnen. Der riesige, 1 m lange Schädel besaß scharfe Schneidezähne und flachere Backenzähne, mit denen vielleicht Knochen zerknackt wurden. Anders als der ähnliche Wolf hatte Andrewsarchus hufartige Füße. Vielleicht war er ein Vorfahr der Wale. Das erste Fossil wurde 1923 von Kan Chen Pao in der Mongolei entdeckt und nach dem Paläontologen Roy Chapman Andrews, dem Leiter der Expedition, genannt.

Frühe Raubtiere

Die „Carnivora“ genannte Ordnung der Säugetiere entstand vor etwa 55 Mio. Jahren (10 Mio. Jahre nach dem Aussterben der Dinosaurier) und umfasst die hunde- und katzenartigen Raubtiere wie Wolf und Löwe.

Die Carnivora besitzen einen verlängerten Eckzahn (den einspitzigen, langen Zahn vorn im Kiefer) und ein Paar verlängerter, messerartiger Backenzähne, den „Reißzahn“, der wie eine Schere arbeitet, wenn sich die Kiefer schließen. Die beiden Zahntypen sind Anpassungen an das Durchbohren und das Zerschneiden von Fleisch.

Creodontia

Die ursprünglichsten Raubtiere waren die Creodontia, die etwa vor 30 Mio. Jahren allmählich ausstarben, vermutlich infolge der Konkurrenz mit den moderneren Raubtieren, die größere Gehirne besaßen und effektiver laufen konnten.

Carnivora

Die ältesten Carnivora gehören zu einer Miacida genannten Gruppe. Das waren kleine, marderartige Tiere mit lang gestrecktem Körper, kurzen Beinen und einem langen Schwanz. Die Tatzen waren breit, die Zehen standen weit auseinander, und der erste Finger

Mungo

war opponierbar (wie bei uns der Daumen). Sie konnten wohl gut klettern, wobei der lange Schwanz die Balance hielt. Diese frühen Raubtiere fingen Eidechsen, Vögel, andere kleine Säugetiere und Insekten.

Hundeartige und Katzenartige

Aus diesen frühesten modernen Raubtieren entstanden zwei Familien, die Hundeartigen und die Katzenartigen. Zu den Hundeartigen gehören Hunde, Bären, Kleinbären und Marder. Die Katzenartigen umfassen die echten Katzen, Schleichkatzen und Hyänen.

SÄBELZAHNKATZEN

Die bekanntesten prähistorischen Raubtiere sind die Säbelzahnkatzen. Es waren große, löwenartige Raubtiere mit extrem langen, spitzen Eckzähnen, die mehr als 10 cm lang werden konnten.

Die am besten bekannte Säbelzahnkatze ist Smilodon. Er entstand von 2 Mio. Jahren und existierte bis vor 10 000 Jahren. Er war etwa 1,5 m lang, 1 m hoch und wog mehr als 200 kg. Die Eckzähne waren bis zu 18 cm lang. Er war kein schneller Läufer, sondern sprang seine Beute an. Daher glauben manche Forscher, dass er in Rudeln jagte – einige Tiere hätten das Beutetier aufgestört, damit andere es angreifen konnten. Diese Ansicht wird auch durch Fossilien gestützt, die schwere, verheilte Wunden aufweisen. Man glaubt daher, dass sich verwundete Tiere von Aas ernährten, das von anderen aus dem Rudel erlegt worden war.

Es gab viele verschiedene Tiere mit säbelartigen Eckzähnen; nicht alle waren Katzen. Ein Beispiel ist Thylacosmilus, der vor 3 Mio. Jahren lebte. Er besaß riesige Eckzähne, war aber ein Beuteltier und damit näher mit den Känguruhs verwandt als mit den Katzen.

Skelett von Smilodon

Erfundene Dinosaurier

Dinosaurier in Büchern

Ein häufiges Thema für Dinosauriergeschichten ist die Entdeckung einer „Verlorenen Welt", in der Dinosaurier noch existieren.

Die *Reise zum Mittelpunkt der Erde* ist ein 1864 publizierter Roman des Schriftstellers Jules Verne. Darin geleitet ein exzentrischer Professor seinen Neffen und einen Begleiter zum Mittelpunkt der Erde, wo sie eine gefährliche Welt voller ausgestorbener Tiere vorfinden – sie werden fast von einem Ichthyosaurus gefressen, der mit einem Plesiosaurus kämpft und ihn tötet.

Die Vergessene Welt, geschrieben von Sir Arthur Conan Doyle, wurde 1912 publiziert. Der exzentrische Professor Challenger führt eine Gruppe Abenteurer zu einem mysteriösen Plateau im amazonischen Urwald, wo es noch Dinosaurier gibt. Darunter ist auch der Pterodactylus, von dem sie ein Exemplar fangen und nach England zurückbringen. Dort entkommt er aber, und so können die Abenteurer ihre Geschichte nicht beweisen.

In Michael Crichtons Büchern *Jurassic Park* und *The Lost World* kommen Dinosaurier vor, die von Wissenschaftlern aus fossilem genetischem Material wiedererweckt und in einem Erlebnispark auf einer Insel ausgesetzt wurden.

Dinosaurier sind auch in Kinderbüchern sehr populär. In der amerikanischen Serie *„Harry and His Bucketful of Dinosaurs"* springt Harry in seinen Kasten mit Spielzeugdinosauriern und wird auf magischem Weg in die „Dinowelt" transportiert, wo seine Spielzeuge nun lebendige, lebensgroße Dinosaurier sind.

Dinosaurier im Film

Gertie der Dinosaurier entstand 1914. Ein Zeichner namens Winsor McCay schließt eine Wette mit seinen Kollegen ab, dass er einen Dinosaurier zum Leben erwecken könne. Er zeichnet Gertie, und als sie lebendig wird, geht Winsor in die Zeichnung hinein und trifft sie dort. Ein Modell von Gertie steht an einem See in Disneyland in Florida.

Die *Vergessene Welt* wurde erstmalig 1925 verfilmt. Inzwischen gibt es vier Remakes.

In dem 1933 gedrehten Film *King Kong* treten ein wilder Stegosaurus und ein fleischfressender Apatosaurus auf. Tatsächlich waren beide harmlose Pflanzenfresser! Kong kämpft auch mit einem Tyrannosaurus rex, besiegt ihn und kämpft anschließend mit einem Flugsaurier und einem Plesiosaurier.

Verschiedene Dinosaurier kommen in Walt Disneys Trickfilm *Fantasia* von 1940 vor.

Dinosaurier ist ein 2000 von den Walt Disney Pictures gedrehter Film, der auf realem Hintergrund computeranimierte Dinosaurier zeigt. Er verfolgt die Abenteuer des jungen Iguanodon Aladar, der mit einer Herde friedlicher Dinosaurier zu ihren Brutplätzen wandert. Aladar bleibt gemeinsam mit einigen schwächeren Genossen – einem Brachiosaurus, einem Styracosaurus und einem Ankylosaurus – hinter der Herde zurück, aber die vier retten die Herde, die von dem furchtbaren Carnotaurus angegriffen wird.

Jurassic Park und die nachfolgenden Filme zeigen Dinosau-rier sehr realistisch. Am Beispiel der Wiedererschaffung von Dinosauriern – eingebettet in eine spannende Abenteuergeschichte – warnt er uns vor den Gefahren, die Geldgier und die Folgen unüberlegter Wissenschaft bringen können.

Ein berühmter Filmdinosaurier ist Rex, der grüne Spielzeugdinosaurier aus den Filmen *Toy Story 1* und 2 – ein ängstlicher Dinosaurier, der dauernd besorgt darüber ist, nicht „fürchterlich genug" zu sein.

Dinosaurier in Cartoons

Dino kommt in *The Flintstones* vor, einer amerikanischen Serie, die zu einer der populärsten Trickfilmserien im Fernsehen wurde. Dino war das Haustier der *„Familie Feuerstein"*, einer Steinzeitfamilie, die Dino wie einen Hund hält. Auch diese Serie wurde zweimal verfilmt, 1994 und 2000.

Der Trickfilm In einem Land vor unserer Zeit und seine 11 Nachfolger zeigen die Erlebnisse eines verwaisten Apatosaurus namens Littlefoot. Seine Freunde sind die jungen Dinosaurier:

- Cera, ein streit- und herrschsüchtiges Triceratopsmädchen
- Ducky, ein süßes, anhängliches Saurolophusmädchen
- Petrie, ein junger Flugsaurier, der sich vor dem Fliegen fürchtet
- Spike, ein ständig hungriger Stegosaurus

Die Freunde erleben viele Abenteuer und lernen viel über das Leben. Dabei müssen sie dauernd vor dem gefürchteten „Scharfzahn", dem Raubsaurier, auf der Hut sein.

Erfundene Dinosaurier

Dinosaurier im Fernsehen

Kurz nach 1990 erhielten sogar die Dinosaurier ihre Seifenoper! Dinosaurs war eine Actioncomedy mit Menschen in Dinosaurierkostümen. Sie stellten eine Familie „zivilisierter Dinosaurier" dar, die Sinclairs, die mit den gleichen Problemen zu kämpfen haben wie Menschen. Alle Familienmitglieder waren verschiedene Dinosaurier – der Vater Earl ein Megalosaurus, während seine Frau Fran als Allosaurus auftrat.

Die 1974 gesendete Science-Fiction-Serie Doctor Who enthielt eine Geschichte „Invasion der Dinosaurier", worin mit einer Zeitmaschine Dinosaurier nach London gebracht wurden.

Dinosaurier in Computerspielen

Dinosaurier kommen natürlich auch in Computerspielen vor, zum Beispiel:

- **Prince Tricky** in Star Wars Tricky ist ein Triceratops.
- In **Dino Crisis** bekämpfen die Spieler Dinosaurier.
- In **Dino Stalker** war der Held ein Pilot aus dem Zweiten Weltkrieg, der – abgeschossen – in der Vorzeit wieder erwacht.
- **Greymon** und **MetalGreymon** sind Dinosaurier im Monsterspiel und der Trickserie Digimon.

„Berühmte" Dinosaurier

Hier zwei „berühmte" Dinosaurier.

Barney
Barney and Friends ist eine Fernsehshow. Barney, ein roter Dinosaurier, der entfernt einem Tyrannosaurus gleicht, hilft durch Lieder und Spiele Kindern beim Lernen. Barney wurde 1987 erfunden, und *Barney and Friends* wurde 1992 erstmalig gesendet.

Godzilla
Godzilla war ein radioaktives prähistorisches Monster, das in einer Reihe von Filmen Tokio und andere japanische Städte angriff. Godzilla wurde radioaktiv verstrahlt, wuchs infolge dessen zu riesiger Größe und bekam enorme Kraft. Er spielte in über 28 japanischen Filmen mit. In weniger schrecklicher Form trat er auch in einer Serie von Cartoons auf, zusammen mit seinem kleineren Begleiter Godzuki. 1998 wurde auch in Amerika ein Godzilla-Film gedreht, in dem er New York bedroht.

Drachen

Komodowaran

Viele Menschen glauben, dass die Entdeckung der gewaltigen Knochen von Tieren, die wie riesige Echsen ausgesehen haben müssen, die Drachenmythen entstehen ließen.

Im Westen wurden Drachen immer als böse und gefährlich angesehen, während sie im Osten, vor allem in China, als weise und kraftvoll geschätzt werden.

Drachensagen gehen auf andere Ursachen als die Entdeckung von Dinosaurierknochen zurück. Westliche Drachen müssen zum Beispiel unbedingt Feuer speien. Es mögen die leuchtenden Meteoriten oder Kometen am Nachthimmel früherer Zeiten gewesen sein, die die Vorstellung fliegender, feuerspeiender Monster genährt haben – Kometen wurden im Mittelalter „Drachensterne" genannt.

Die meisten frühen Drachen wurden als beinlos beschrieben. Das Wort Drachen kommt von dem lateinischen„draco" (Schlange). Man glaubte, diese riesigen Monster würden ihre Opfer umschlingen und zu Tode drücken – ganz so wie große Riesenschlangen.

Mit der Zeit vereinigten sich diese – und andere – Vorstellungen zu dem, was wir heute als Drachen ansehen – fürchterliche, echsenartige Monster mit Flügeln, die Feuer speien können. Sie galten als Hüter von Schätzen und in Erzählungen oft als das Symbol der Habsucht.

Am nächsten kommt solchen Drachen heute der „Komododrache" aus Indonesien. Er ist ein großer Waran und zugleich die größte lebende Echse der Welt. Er wird bis 3 m lang und ist mit spitzen Zähnen und scharfen Krallen ausgerüstet. Er ist ein Raubtier, das in seltenen Fällen sogar Men-schen angegriffen und getötet hat.

Wikingerschiff mit Drachenkopf am Bug

FAKTEN

- Der Rote Drache ist das Emblem von Wales. In vielen Sagen der keltischen Mythologie erscheinen Drachen.

- Ein weiblicher Drache namens Tiamat kommt im babylonischen Schöpfungsmythos vor – sie wurde von Marduk, dem Herrn der Götter, erschlagen, der ihren Leib zerteilte und aus einer Hälfte die Erde, aus der anderen den Himmel schuf.
- Sankt Georg, der Patron Englands, ist der berühmteste Drachentöter. Das geschah allerdings nicht in England, sondern weit entfernt in Syrien.
- Drachen kommen auch in der ältesten Geschichte der Menschheit vor, demGilgamesch-Epos, das vor mehr als 3000 Jahren verfasst wurde.
- Die Wikinger verzierten den Bug ihrer Langboote mit Drachenköpfen, um ihre Feinde damit zu erschrecken.
- Das Sternbild Draco – der Drache – befindet sich zwischen dem Großen und dem Kleinen Bären (oder Wagen).

- Im Mittelalter versuchten Betrüger mit „Babydrachen" ihren Kunden Geld aus der Tasche zu ziehen. Sie stellten sie aus dem Körper von Eidechsen und aus Fledermausflügeln her.
- Im 17. Jahrhundert entstand der Begriff Dragoner für Soldaten, die zwar auf Pferden ritten, aber zu Fuß kämpften. Er bezieht sich auf die großkalibrigen, „feuerspeienden" Musketen, mit denen sie kämpften (eine Muskete ist ein primitives Gewehr).

Chinesische Drachen

Die ältesten Drachensagen stammen aus China. Die Drachen des Ostens galten immer als wohlwollend. Sie sehen auch anders aus, denn sie haben meist keine Flügel, aber einen schlangenartigen Leib, Krallen wie ein Adler, eine Mähne aus Federn und riesige Augen. Sie werden oft mit einer magischen Perle dargestellt, die sie zum Hüter der Blitze macht. Sie besitzen außerdem Hörner wie ein Hirsch.

FAKTEN

- Das chinesische wort für drachen ist „leong".
- Eines der 12 chinesischen tierkreiszeichen ist der Drache. Von kindern, die im jahr des drachen Geboren wurden, heißt es, dass sie zuverlässig, Mutig, gesund, energisch und großzügig werden.
- Ein chinesisches sprichwort heißt „hoffen, dass Ein kind ein drache wird" – das bedeutet, das Kind soll wie ein kraftvoller und erfolgreicher Drache werden.
- In der chinesischen mythologie sind die drachen Das symbol für glück.

Die Drachen des Ostens entstanden wahrscheinlich aus Stammestotems, die Tiere in hochstilisierter Weise darstellten und oft Attribute verschiedener Lebewesen vereinigten. Später wurden daraus die Drachen als mythische Wesen, die auch die Fähigkeit besitzen, ihre Gestalt zu verändern.

Die chinesischen Drachen sollen Macht über die Elemente besitzen, also auch über das Wetter. Sie brachten den notwendigen Regen und herrschten über alle Arten von Wasser – Seen, Flüsse und den Ozean. Ihnen wird Weisheit und ein langes Leben zugeschrieben.

Drachen wurden stets in Verbindung mit Wasser gesehen, und man stellte sich vier Drachenkönige vor, die für die Meere im Osten, Westen, Norden und Süden verantwortlich waren.

Die Drachen wurden in der Kunst in verschiedener Weise dargestellt und nach einem bestimmten Schlüssel: Ein in Seide gestickter Drache mit fünf Krallen bedeutete einen König; vier Krallen standen für einen Prinzen; und nur drei bedeuteten jemanden von geringerem Adel. Der Drache war unter vielen Dynastien das Zeichen des Kaisertums. Der legendäre Erste Kaiser Huang Di (der Gelbe Kaiser) benutzte dieses Symbol, und es heißt, er habe sich nach seinem Tod in einen Drachen verwandelt und sei gen Himmel gefahren. Auch sein Kaiserthron wurde Drachenthron genannt. Weil er der erste Kaiser war, bezeichnen sich die Chinesen von alters her als „Kinder des Drachens".

Heutzutage spielen Drachen immer noch eine wichtige Rolle bei chinesischen Festen. Beim chinesischen Neujahrsfest zum Beispiel werden „Drachenbootrennen" abgehalten. Die Boote haben wundervoll geschnitzte Drachenköpfe am Bug und werden von bis zu zwölf Leuten gerudert. Auch „Drachentänze" werden auf Festen gezeigt – große Drachen aus Holz und Stoff, mit Masken für den Kopf und langen Leibern werden von Leuten an Stangen und unter Tänzen durch die Straßen getragen. Diese „Drachentänzer" müssen sehr sportlich und gut trainiert sein.

Loch-Ness-Ungeheuer

Der See Loch Ness im Schottischen Hochland ist ein riesiges Gebiet für die Suche nach einem Monster – er ist 36,8 km lang, fast 1,5 km breit, durchschnittlich 137 m und an manchen Stellen sogar 305 m tief.

Viele Leute glauben an das Ungeheuer, das in den finsteren Wassern von Loch Ness wohnen soll. Obgleich viele Beobachtungen existieren, gibt es noch keinen Beweis für die Existenz des Ungeheuers. Auch die Suche nach ihm mit Hilfe von Sonargeräten war erfolglos – es wurden allerdings große Objekte geortet, die bisher nicht identifiziert werden konnten. Die Suche nach dem „Monster" geht daher weiter.

Im *Leben des Heiligen Columban* aus dem sechsten Jahrhundert gibt es eine Geschichte, wie der Heilige einen Ort von einem Ungeheuer im Fluss Ness befreit und dieses in die Tiefen des Sees verbannt.

Beobachtungen

Die erste moderne angebliche Beobachtung des Ungeheuers geschah 1933, und damals prägten die Zeitungen erstmals den Begriff „Ungeheuer von Loch Ness". Seither wollen Leute das Monster mehr als 1000 Mal beobachtet haben. Die meisten Beschreibungen enthalten einige oder alle der folgenden Merkmale:

- ein schlangenartiger Hals oder Leib
- ein schlangen- oder pferdeähnlicher Kopf
- v-förmige Wellen im Wasser
- offenes Maul
- Hörner oder Fühler auf der Kopfoberseite
- dunkelgraue Farbe (wie ein Elefant)
- Viele Beobachtungen beschreiben das Geschöpf als im Wasser „planschend" oder „sich wälzend".

Theorien

Die meisten Wissenschaftler glauben, dass diese Beobachtungen ein Lebewesen wie einen ausgestorbenen Plesiosaurus beschreiben. Plesiosaurier lebten von der Obertrias bis zur Oberkreide. Die Ähnlichkeit zwischen ihnen und den Beschreibungen des Ungeheuers von Loch Ness führte zu der Ansicht, dass eine ganze Kolonie von Plesiosauriern das Große Aussterben überlebt habe, vielleicht in Höhlen unter dem See. Eine derartige riesige Unterwasserhöhle wurde 1989 von dem Küstenwachmann George Edwards entdeckt. Viele Biologen meinen allerdings, dass Loch Ness nicht einmal eine winzige Anzahl solcher Lebewesen beherbergen könnte, selbst wenn es möglich wäre, dass sie eine so lange Zeit überdauern konnten.
Andere glauben, dass eine Kolonie von Plesiosauriern

im Meer überdauert haben könnte und dass manchmal Jungtiere in den See eindringen, aber nicht mehr hinauskönnen, weil sie zu groß geworden sind.

Beweise

2003 wurden tatsächlich fossile Knochen eines Plesiosauriers im Loch Ness gefunden. Doch die Untersuchung durch Wissenschaftler ergab, dass die vier Wirbel von woanders stammten und mit Absicht im Loch Ness versenkt worden waren.

Die meisten Fotos des Ungeheuers sind unscharf, und das berühmteste Foto, das sogenannte „Foto des Arztes" aus den 30er-Jahren des vorigen Jahrhunderts, ist eine Fälschung.

In den 70er-Jahren machte eine Forschergruppe mit Hilfe von Sonargeräten einige Unterwasseraufnahmen. Sie zeigen eine ungefähr plesiosaurierförmige Struktur, vor allem eine rhombenförmige „Flosse". Man ist sich aber nicht einig, ob das Foto wirklich eine Flosse oder nur Luftblasen im Wasser zeigt.

Sonarbild von Nessie

Glossar

Aas tote Tiere, die von Aasfressern verzehrt werden

Aasfresser ein Tier, das sich von Aas (toten Tieren) ernährt und normalerweise nicht selbst andere Tiere jagt. Aasfresser besitzen in der Regel einen sehr guten Geruchssinn

Abweiden die Nahrungssuche hoch oben in Bäumen oder Sträuchern, das Fressen von Blättern oder Zweigen

Ammoniten ausgestorbene Meeresmollusken (Weichtiere) mit spiralförmig aufgerollter Schale. Ammoniten gehören zu den Tintenfischen und waren im Mesozoikum sehr artenreich und häufig

Ankylosaurier Eine Gruppe schwer gepanzerter, pflanzenfressender Dinosaurier, die vor 76-68 Millionen Jahren lebten. Die Ankylosaurier teilten sich in drei Gruppen – die echten Ankylosaurier (wie Ankylosaurus, s. S. 118-119), die Polacanthiden und die Nodosauriden, die „Knotenechsen". Die Nodosauriden unterschieden sich von den beiden anderen Gruppen der Ankylosaurier durch die Stacheln, die bei ihnen an Hals und Schultern nach außen ragten.

Archosaurier in der Trias lebende Reptilien, aus denen später die Dinosaurier entstanden

Art eine Kategorie in der Klassifikation der Lebewesen, sowohl der Pflanzen wie der Tiere. Die Art ist die Gruppe von Lebewesen, deren Angehörige sich nicht nur miteinander paaren, sondern sich auch fruchtbar fortpflanzen. Die Art ist daher die wichtigste Kategorie in der Klassifikation des Lebens

Aussterben das Verschwinden einer ganzen Tierart. Es kann durch äußere Einflüsse (Naturgewalten, Katastrophen, Klimaveränderungen) geschehen oder durch die Konkurrenz mit anderen, besser angepassten Arten

Baumfarn eine Farnpflanze mit einem zentralen Stamm, von dem die Blätter oder Wedel entspringen. Sie waren im Mesozoikum weit verbreitet und kommen heute nur noch an wenigen Stellen auf der Erde vor

Beuteltiere lebendgebärende Säugetiere, deren Junge bei der Geburt winzig sind und deren weitere Entwicklung in einem häutigen Beutel bei der Mutter stattfindet

binokulares Sehen die Fähigkeit, beide Augen auf einen Gegenstand zu richten. Nur dadurch ist es möglich, Entfernungen abzuschätzen.

biped ein Tier, das sich auf zwei Beinen (den Hinterbeinen) fortbewegt

bipedal zweibeinig

Bonebed eine Fossillagerstätte, an der sehr viele Fossilien aus der gleichen Periode zu finden sind. Die Fossilien können zur gleichen Zeit und am gleichen Ort entstanden sein, oder sie können im Lauf der Zeit an diesem Ort zusammenge-schwemmt worden sein.

Brüten die Erhaltung gleichmäßiger und hoher Temperatur der Eier oder Jungtiere, um die Entwicklung oder das Wachstum zu gewährleisten. Entweder brütet ein Elterntier, oder die Eier werden mit Pflanzenmaterial überdeckt, dessen bei der Verrottung entstehende Wärme die Eier ausbrütet

Canini die spitzen Eckzähne der Raubtiere

Carnivora zwei Gruppen räuberischer, fleischfressender Säugetiere. Sie bestehen heute aus den Hundeartigen und den Katzenartigen

Ceratopsiden eine Gruppe pflanzenfressender Dinosaurier mit unterschiedlich vielen Hörnern am Kopf

Coelurosaurier die „Hohlschwanzechsen" – die ersten Angehörigen dieser Gruppe waren sehr klein, aber unter den späteren, großen Coelosauriern befanden sich wahrscheinlich die Vorfahren der heutigen Vögel

Cycadeen urtümliche, palmenähnliche Bäume mit einem Stamm in der Mitte und langen Blättern. Sie waren besonders im Mesozoikum häufig und weit verbreitet. Heute gibt es nur noch wenige Arten

diapsid ein Schädel mit zwei Öffnungen an den Seiten. Die Dinosaurier, aber auch alle anderen Reptilien, außer den Schildkröten und den säugerähnlichen Reptilien, waren und sind diapsid

Dinosaurier landlebende Reptilien des Mesozoikum. Sie beherrschten die Erde 150 Millionen Jahre lang und brachten die größten jemals lebenden Landtiere hervor

Echsen mit Hornschuppen bedeckte, lungenatmende Wirbeltiere, die sich aus Amphibien entwickelt haben, aber im Unterschied zu diesen ihre mit festen Schalen versehenen Eier an Land ablegen

Erosion der Prozess der Veränderung der Erdoberfläche durch Kräfte der Natur, zum Beispiel Wasser, Wind, Sonne, Eis

Evolution der Prozess der Entwicklung von einer Art in eine andere. Auch die gesamte Entwicklung der Tier- und Pflanzenwelt im Lauf der Erdgeschichte. Evolution ist immer ein langwieriger Prozess, den wir kaum beobachten können, aber wir sehen die Ergebnisse der Evolution und erklären diese durch die Evolutionstheorie

Farne eine Gruppe altertümlicher Pflanzen mit langen Blättern, die meistens in Sumpfgebieten gedeihen. Sie wuchsen im Paläozoikum zu großen Bäumen heran

Femur der Schenkelknochen am Hinterbein

Fibula das Wadenbein, Knochen im Hinterbein

Fleischfresser auch als Karnivoren bezeichnet. Tiere, die andere Tiere jagen und fressen. Sie besitzen in der Regel spitze oder scharfe Zähne zum Festhalten oder Töten der Beute und zum Zerschneiden von Fleisch

Flugsaurier Pterosauria, siehe dort

Fossilien die Reste von Pflanzen oder Tieren, die durch Fossilisation im Gestein erhalten geblieben sind. Bei Tieren sind es meistens Knochen, manchmal aber auch Fuß- oder Bissspuren, Eier oder Kot

Fußspuren Spuren von Dinosauriern und anderen vorzeitlichen Tieren, die sie in feuchtem Boden hinterlassen haben. Die Spuren wurden anschließend überdeckt, sie versteinerten im Lauf der Zeit und wurden erst später wieder durch die Erosion freigelegt. Spuren gehören auch zu den Fossilien und zeigen uns viel aus dem Leben der Dinosaurier, zum Beispiel, wie schnell sie liefen oder in welcher Umwelt sie lebten

Geologe ein Wissenschaftler, der sich mit den Gesteinen, ihrem Aufbau, der chemischen Zusammensetzung und ihren Veränderungen im Lauf ihrer Geschichte befasst

Ginko ein sehr urtümlicher samentragender Baum mit fächerförmigen Blättern. Er war im Mesozoikum häufig, heute gibt es nur noch einen einzige Art, die in Japan vorkommt

Grasen die Nahrungssuche am Erdboden, das Fressen von Gras oder sonstigen niedrigen Pflanzen

Hadrosaurier Entenschnabelsaurier, eine Gruppe pflanzenfressender Dinosaurier mit charakteristischem entenschnabelförmigem Maul. Sie waren in der Kreidezeit sehr häufig und zogen oft in riesigen Herden umher

HerbivorenPflanzenfresser, siehe dort

Ichthyosaurier meeresbewohnende Saurier der Vorzeit. Sie lebten ausschließlich im Meer, besaßen Flossen wie ein Fisch, waren Räuber und bekamen lebende Junge

Inzisoren Schneidezähne, geeignet zum Abbeißen und Zerschneiden. Sie befinden sich gewöhnlich vorn im Maul

Jura die mittlere Periode des Erdmittelalters (Mesozoikum); sie dauerte von 206-144 Millionen Jahren

Juraküste ein Abschnitt der englischen Kanalküste bei Lyme Regis, wo Mary Anning viele der Fossilien fand, die sie zu einer der berühmtesten Entdeckerinnen von Fossilien machten

juvenil ein Jungtier

kaltblütig kaltblütige Tiere müssen ihre Körpertemperatur mit Hilfe äußerer Faktoren regulieren, zum Beispiel sich sonnen, um sich aufzuwärmen, oder sich im Schatten verkriechen, um sich abzukühlen. Sie besitzen keine innere Wärmeregulation

Glossar

Koniferen Nadelbäume, immergrüne Bäume und Sträucher, die ihre Blätter (meistens Nadeln) nicht regelmäßig abwerfen

Kreidezeit die letzte Periode des Erdmittelalters (Mesozoikum), die Zeit vor 144-65 Millionen Jahren

KT-Aussterbeereignis ein Massenaussterben, das sich am Ende der Kreidezeit ereignete und bei dem die Dinosaurier und viele andere Tierarten verschwanden. Es wird vermutet, dass der Einschlag eines riesigen Meteoriten an der Küste von Mexiko dieses Massenaussterben verursachte

Lesothaurus ein Dinosaurier aus der Trias, der in Südafrika entdeckt wurde

Massenaussterben ein durch Naturkatastrophen hervorgerufenes Aussterben sehr vieler Tierarten zu gleicher oder – im geologischen Maßstab – sehr kurzer Zeit. Das größte Massenaussterben ereignete sich am Ende des Perm

Membran eine dünne Gewebsschicht, die den Embryo im Ei umgibt

Mesozoikum Erdmittelalter. Das Zeitalter der Reptilien. Es umfasst die Zeit von vor 248-65 Millionen Jahren und schließt die Perioden Trias, Jura und Kreide ein

Molaren Mahlzähne. Zähne, die zum Zermahlen oder Kauen der Nahrung dienen. Sie befinden sich meist im hinteren Bereich des Rachens und besitzen häufig eine große Kaufläche

Mosasaurier eine Gruppe schlangenförmiger, meist sehr großer, räuberischer meeresbewohnender Reptilien. Sie waren vor allem in der Kreidezeit häufig

Nachkomme ein Tier, dessen Abstammung bis zu einer bestimmten Art oder Gruppe zurückverfolgt werden kann. Die Abstammung kann in einem Stammbaum abgebildet werden und beruht auf der Evolution

Nebenwirbel zusätzliche Knochenplatten seitlich an der Wirbelsäule mancher Dinosaurier. Sie dienten zur Verstärkung der Wirbelsäule

Nothosaurier Gruppe von fischfressenden Meeresreptilien

Omnivoren Allesfresser. Tiere, die sich sowohl von Fleisch wie von Pflanzen ernähren

Ornithopoda pflanzenfressende Dinosaurier mit einem Schnabel, die sich in der Regel auf den Hinterbeinen fortbewegten. Sie existierten von der Untertrias bis zum Ende der Kreidezeit. Ornithopoda bedeutet Vogelfüßler

Orthacanthus ein urtümlicher Hai, der im Perm lebte

Ossikel erbsenförmige Verknöcherungen der Haut

Paläontologe Wissenschaftler, der Fossilien erforscht. Allgemein ein Wissenschaftler, der Pflanzen und Tiere der Vorzeit sucht, bearbeitet und bestimmt, neue Arten ausgestorbener Tiere beschreibt, und der Theorien darüber aufstellt, wie die vorzeitlichen Lebewesen ausgesehen haben könnten, wie sie sich verhalten haben, in welcher Umwelt sie lebten und wie die Evolution des Lebens insgesamt verlaufen ist

Paläozoikum das Erdaltertum; die Zeit von vor 600-248 Millionen Jahren und umfasste die Perioden Kambrium, Ordovizium, Silur, Devon, Karbon und Perm

Pangäa der „Superkontinent“, der aus der Vereinigung aller Landmassen der Erde bestand. Ein derartiger Superkontinent existierte zum Beispiel im Perm. Seit der Trias begann diese Landmasse aufzubrechen, zwischen den Kontinenten entstanden der Atlantische und der Indische Ozean, und die heutigen Kontinente bildeten sich und wanderten infolge der Kontinentaldrift zu ihren heutigen Positionen. Die Bildung des Superkontinentes muss enorme Auswirkungen auf das Erdklima gehabt haben

Petridophyten die Farnpflanzen, sporentragende, beblätterte, im Mesozoikum teilweise baumartige Pflanzen

Pflanzenfresser auch als Herbivoren bezeichnet. Tiere, die sich ausschließlich von Pflanzen ernähren. Sie besitzen oft einen zahnlosen Schnabel und zum Zermahlen oder Zerkauen geeignete Backenzähne

Plesiosaurier große, meeresbewohnende Reptilien mit langem Hals und vier großen Flossen. Sie lebten im Mesozoikum, gehören aber nicht zu den Dinosauriern

Prämolaren hinter den Eckzähnen, aber vor den Backenzähnen (Molaren) befindliche Zähne

Primaten eine Gruppe der Säugetiere, die die Familie der Affen, aber auch den Menschen und seine prähistorischen Vorfahren umfasst

primitiv ursprünglich, an der Basis des Stammbaumes stehend

Pteranodons eine Gruppe von Flugsauriern, die normalerweise einen zahnlosen Schnabel und einen kurzen Schwanz besitzen

Pterosauria Flugsaurier. Fliegende Reptilien, die mit Hilfe einer großen, zwischen den Fingern ausgestreckten Flughaut fliegen konnten. Sie gehören nicht zu den Dinosauriern, lebten aber zur gleichen Zeit

quadruped Adj. für ein Tier, das sich auf vier Beinen fortbewegt

Raubtier, Räuber ein Tier, das andere Tiere jagt und frisst

Rhynchosauria pflanzenfressende, meist mit einem schnabelartigen Maul versehene Reptilien aus dem frühen Mesozoikum

Säugetiere haartragende, warmblütige Wirbeltiere, die ihre Jungen mit Milch aus Milchdrüsen ernähren, fast ausschließlich lebendgebärend sind und sich in der Trias aus synapsiden Reptilien entwickelten

Sauropoden gigantische pflanzenfressende, im Allgemeinen auf vier Füßen laufende Dinosaurier mit langem Hals, einem sehr kleinen Kopf und einem langen Schwanz. Zu ihnen gehören die größten jemals existierenden Landtiere

Schachtelhalmgewächse sehr ursprüngliche sporentragende Pflanzen, die im Paläozoikum und Mesozoikum häufig waren und zum Teil enorme Größen erreichten

Schädelöffnungen auch als Schädelfenster bezeichnet. Öffnungen oder Fenster an verschiedenen Stellen im Schädel. Sie dienen zur Reduktion des Gewichts und als Ansatzstelle für die Kaumuskeln und entstanden in verschiedenen Reptiliengruppen an verschiedenen Stellen.

Scutum eine knöcherne Platte in oder auf der Haut des Tieres. Viele pflanzenfressende Dinosaurier trugen derartige Platten in unterschiedlicher Zahl und verschiedener Verteilung auf der Haut als Schutz gegen die Angriffe von Fressfeinden

Sehnen die zähen Gewebestränge, mit denen die Muskeln mit den Knochen verbunden sind

semibiped Tiere, die sowohl nur auf den Hinterbeinen als auch auf allen vieren laufen können, wie das heutzutage an manchen Eidechsen oder Leguanen zu sehen ist: Normalerweise bewegen sie sich auf allen vieren fort, bei Gefahr oder beim Angriff können sie sich aber auf die Hinterbeine erheben und auf ihnen rennen

Stegosaurier eine Gruppe pflanzenfressender Dinosaurier aus dem Jura und der Unterkreide, die vor allem in Nordamerika und China gefunden wurden. Stegosaurier zeichnen sich durch die alternierend angeordneten großen Knochenplattem auf ihrem Rücken aus sowie durch lange Stacheln am Schwanzende

Synapsida altertümliche Sauriergruppe aus dem Perm und der Untertrias mit nur einer Schädelöffnung. Aus ihnen entstehen später die Säugetiere

Tarnung ein Farbton oder Farbmuster, das das Tier mit seiner Umwelt verschwimmen lässt. Wichtig als Schutz vor Freßfeinden

Territorium das Gebiet, in dem ein Tier lebt und das es gegen fremde Tiere oder gegen Artgenossen verteidigt

Thecodontia Vorfahren der Dinosaurier im späten Paläozoikum und frühen Mesozoikum

Theropoden schnelle, auf den Hinterbeinen laufende (bipede), fleischfressende Dinosaurier mit kürzeren, krallentragenden, zu Greiforganen umgewandelten Vorderbeinen

Tibia das Schienbein, ein Knochen am Hinterbein

Trias die erste Periode des Erdmittelalters (Mesozoikum), die Zeit von vor 248-206 Millionen Jahren

Vorfahr eine Tierart, von dem eine andere, verwandte Tierart abstammt

Warmblüter Tiere, die in der Lage sind, ihre Körpertemperatur gleichmäßig hoch zu erhalten, ohne auf Faktoren der Umgebung angewiesen zu sein. Dies geschieht durch einen verbesserten Blutkreislauf, der von einem aus mehreren Kammern bestehenden Herzen angetrieben wird, sowie mit Hilfe eines wärmeisolierenden Schutzes aus Federn oder Haaren

wasserlebend Tiere, die ihr ganzes Leben im Süßwasser oder im Meer verbringen (aquatisch)

Wirbel die Knochen, die sich miteinander zur Wirbelsäule der Wirbeltiere verbinden

Wirbellose Tiere, die kein knöchernes Rückgrat besitzen. Dazu gehören Würmer, Weichtiere, Krebse, Insekten und Spinnen

Wirbeltiere Tiere, die eine aus Knochen bestehende Wirbelsäule (oder ein Rückgrat) besitzen. Alle Fische, Amphibien, Reptilien, Vögel und Säugetiere gehören zu den Wirbeltieren

INDEX

INDEX

INDEX

T

Danksagung

Der Verlag und die Autoren danken allen, die bei der Zusammenstellung der Originalausgabe DINOSAUR ENCYCLOPEDIA wichtige Beiträge geleistet haben, für ihre Mitarbeit.

Illustrationen
HL Studios

Layout
HL Studios

Redaktion
Jennifer Clark, Lucie Williams

Fotorecherche
Sam Morley

Projektleitung
HL Studios

Herstellung
Elaine Ward

Bildnachweis